Barbara Dobrick

Vom Lieben und Sterben

Barbara Dobrick

Vom Lieben und Sterben

Konflikte, Nöte und Hoffnungen Angehöriger

KREUZ

In Erinnerung an C. M.
1948 bis 2009

All dein Glück wie nie gewesen

All dein Glück wie nie gewesen,
aller Scherz wie nicht von hier,
und da möchtest du es schon mal lesen,
daß es jemandem so ging wie dir.

Ganz genau so unbegründet
mitten aus der Fahrt zu Fall –
Daß ein Ich sein Echo findet
in dem sterneleeren Überall.

Wie ein Lied aus bessern Tagen
streift dich der Gefangnen Chor –
Ausgesprochene Versagersagen
reißen den Gestrauchelten empor.

Oder du auf deiner Einmannliege,
nachts, auf dem verrutschten Tuch,
wirst du deiner Einzigkeit gewahr –
und es wär schon gut, wenn jetzt ein Buch
über dir zusammenschlüge
wie ein lichtgesäumtes Flügelpaar.

Peter Rühmkorf[1]

Inhalt

Vorwort 9

Was ist ein guter Abschied vom Leben?
Fantasien, Idealvorstellungen und die Wirklichkeit 13

Katastrophale Diagnosen und ihre Wirkungen 39

Ungleichheit und Ungleichzeitigkeit 64

Medizin als unhaltbares Versprechen oder Kunst
der Linderung 101

Beziehungskonflikte wirken weiter
und verändern sich 134

Verbindende und trennende Gefühle 163

Warum der Anfang des Lebens auch dessen Ende
mitbestimmt 183

Die letzten Stunden 206

Danach 224

Anmerkungen 230

Literaturverzeichnis 237

Vorwort

Der Tod treibt die Menschen um seit alters her. Vom Tod sprechen Literatur, Kunst, Musik, Philosophie immerfort – und Religion. Kultur ist unsere Antwort auf das, was nicht zu fassen ist. Aber jeder ist mit der Aufgabe allein, die Ängste zu beantworten, die unweigerlich mit der Drohung verbunden sind, andere Menschen zu verlieren, und mit der Gewissheit, selbst irgendwann sterben zu müssen. Allein zurückzubleiben, das ist für manche eine schrecklichere Vorstellung als die vom eigenen Tod. So oder so – wenn wir ans Sterben denken, denken wir immer auch an die Liebe, an das, was uns im Leben hält, die Gemeinschaft, der wir angehören, die Menschen, mit denen wir verbunden waren und sind.

Obwohl ich weiß, dass manche jeden Gedanken an den Tod so rasch es geht beiseiteschieben möchten, kann ich mir nur schwer vorstellen, dass dies tatsächlich gelingt. Mir waren solche Gedanken immer nah, haben mich seit Kindertagen beschäftigt. Und ich hatte geglaubt, im Lauf der Zeit für mich Antworten gefunden zu haben auf meine Angst vor endgültigen Trennungen durch den Tod. Ich hatte geglaubt, ich sei ein wenig vorbereitet. Das war eine Täuschung. Als meine Freundin Franziska an Krebs erkrankte und starb, stand ich mit leeren Händen da. Ihre letzte Lebenszeit hat mich vollständig hilflos gemacht, und ich war erschüttert wie nie zuvor.

Vermutlich ist die eigene Endlichkeit das intimste Thema überhaupt. Selbst wenn wir viel und offen miteinander sprechen, *davon* sprechen wir nicht, denn dabei geht es um unseren innersten Kern. Manche können sagen, welche Haltung sie beispielsweise zu Sterbehilfe oder lebensverlängernden Maßnahmen haben. Aber was unsere eigentlichen *Gefühle* angeht, bleiben wir im Vagen und Geheimen. Entscheidendes *muss* verborgen bleiben. Was andere betrifft sind wir also auf

Mutmaßungen angewiesen, auch bei unseren nächsten Angehörigen und engsten Freunden – wenn wir überhaupt über deren Gefühle angesichts *ihrer* Sterblichkeit nachdenken. Gravierende Fehleinschätzungen liegen jedenfalls nahe.

Als Franziska krank geworden war, ging ich davon aus, dass auch sie Vorstellungen davon haben würde, wie sie ihr Lebensende meistern wollte, und dass sie mich an einigen dieser Vorstellungen teilhaben lassen würde. Das war auch deshalb selbstverständlich für mich, weil es in den vier Jahren zuvor in ihrem Umfeld mehrere Todesfälle gegeben hatte, über die wir intensiv gesprochen hatten. Aber dann war nichts so, wie ich es mir hätte denken können.

Vor gut zwanzig Jahren schrieb ich das Buch »Wenn die alten Eltern sterben. Das endgültige Ende der Kindheit«. Auslöser war der Tod von Franziskas Eltern, die innerhalb kurzer Zeit beide gestorben waren. Franziska war es, die mich lehrte, dass der Tod der Eltern in lang anhaltende Verstörungen führen kann. Ich nahm Anteil und versuchte zu verstehen, besuchte Franziska in ihrem Elternhaus, als sie dort die Hinterlassenschaften ihres Vaters und ihrer Mutter sortierte, Hinterlassenschaften auch im übertragenen Sinn. Lange Zeit waren all unsere Gespräche davon bestimmt, wie schwer dieser Abschied für sie war, mit welch dramatischen und widersprüchlichen Gefühlen er einherging.

Dasselbe galt für mich, als Franziska todkrank war und starb: Der Abschied von ihr hat mich in unvorhersehbares Erleben und in dramatische und widersprüchliche Gefühle gestürzt. Vieles habe ich zunächst überhaupt nicht verstehen können. Als ich nach und nach Erklärungen fand, war damit die Vermutung verbunden, dass manche auch für andere gelten könnten. Ich fragte also: Was widerfährt *anderen* Angehörigen, wenn einer ihrer liebsten und nächsten Menschen mitten aus dem Leben heraus an einer Krebserkrankung stirbt? Welche Konflikte, welche Nöte tauchen häufig auf? Wodurch werden Beziehungen zwischen Sterbenskranken und ihren Angehörigen besonders belastet? Was geschieht in den letzten Monaten, Wochen und Stunden tatsächlich? Und wie ist all das zu verstehen? Dieses Buch ist der Versuch, diese Fragen zu beantworten.

Es geht um Angehörige von Menschen, die bei ihrem Tod zwischen Anfang dreißig und Anfang siebzig waren, um Menschen also, die starben, bevor sie das durchschnittlich zu erwartende Lebensalter erreicht hatten. Das ist etwas anderes, als alt zu sterben. Und es ist besonders schwer. Ich kenne etliche Geschichten von Männern und Frauen, die mit über achtzig an Krebs starben – versöhnt mit ihrem Leben und ihren Angehörigen und ohne schreckliche Kämpfe, auch ohne medizinisch verursachtes Leid, sondern mit gutem palliativen Beistand. Aber ich habe nur zweimal von Menschen gehört, denen das in jüngeren Jahren – mit Mitte fünfzig, Anfang sechzig – möglich war.

Manches, was in diesem Buch thematisiert wird, dürfte auch für jene gelten, deren Angehörige an anderen in absehbarer Zeit zum Tod führenden Krankheiten leiden, und manches auch für jene, die sich auf den Tod eines alten Angehörigen vorbereiten müssen. Was allerdings die medizinischen Besonderheiten anlangt und die persönliche und gesellschaftliche Sicht auf die Erkrankung, beziehe ich mich ausschließlich auf tödlich verlaufende Krebserkrankungen.

Ich danke all jenen, die mir erzählt haben von ihrem Erleben, ihren Reflexionen. Ich danke ihnen für ihr Vertrauen, ihre Offenheit und vor allem für ihren Mut, sich noch einmal Schrecken und Schmerz zu nähern, die sie durchlebt hatten. Die Gespräche haben mich bewegt und reich beschenkt![1] Ich danke auch jenen Gesprächspartnern, die in ihrem Alltag mit Sterbenden zu tun haben – als Mediziner, in der Hospizarbeit – und die mich teilhaben ließen an ihren Erfahrungen.

Über die Situation der Angehörigen von sterbenden Krebskranken wurde in all den Sachbüchern über Tod und Sterben, die in den letzten dreißig Jahren entstanden sind und unser

Denken beeinflusst haben, kaum realitätsgerecht oder nur am Rande geschrieben. Allerdings gibt es bewegende Schilderungen von Einzelschicksalen – einige davon beziehe ich ein. Manche lesen sich wie ein dramatischer Appell: Hört auf mit den Beschönigungen des Sterbens! Nehmt zur Kenntnis, was wirklich geschieht! Diesem Appell möchte ich mich anschließen und ihn verstärken durch den Versuch, das zu schildern, was bei aller Unterschiedlichkeit doch regelmäßig geschieht, geschehen kann.

Ich hoffe, dass das anderen helfen wird, die ähnliche Dramen durchleben müssen, Dramen, von denen man möglichst nicht gänzlich unvorbereitet getroffen werden sollte. Zum einen, weil sie dann noch schwerer zu ertragen sind; zum anderen, weil Unwissenheit die Fähigkeiten, den Kranken und Sterbenden beizustehen, einschränkt.

Es ist ein großer Unterschied, ob wir Erlebnissen ausgesetzt sind, von denen wir noch nie gehört haben, oder ob wir bereits etwas über sie wussten. Das Erleben lässt sich nicht vorwegnehmen, aber es entlastet zu wissen: Ich bin nicht die Erste und schon gar nicht die Einzige, der dies widerfährt und die nach Erklärungen sucht für Phänomene, die im Sturm der Gefühle nicht verstanden werden können.

Mir hat dabei vor allem eins im Weg gestanden: Die Vorstellung, einem in gesunden Tagen sich seiner selbst bewusstem Menschen würde in einem guten Umfeld mit offenen Gesprächen und einfühlsamer Begleitung geradezu selbstverständlich eine konstruktive letzte Lebenszeit möglich sein und ein guter Abschied. Daran hatten mich auch Erfahrungen ganz anderer Art nicht grundlegend zweifeln lassen. Wie diese Wunschvorstellungen – wohl nicht nur bei mir – entstanden und warum sie so haltbar sind, erzähle ich im ersten Kapitel. In allen weiteren Kapiteln geht es um das, was Angehörige mit ihren Kranken und Sterbenden *tatsächlich* erleben. Dabei versuche ich herauszuarbeiten, was verallgemeinerbar und deshalb für viele erhellend sein könnte.

Was ist ein guter Abschied vom Leben?
Fantasien, Idealvorstellungen und die Wirklichkeit

Wer hätte das gedacht, dass ich mein Leben trotz einer Krebsdiagnose ohne jede Hoffnung bis zum Schluss genießen würde? Sollte mir das nicht reichen? Was sollte ich denn sonst noch wollen?
Tiziano Terzani[1]

»Hab ich mir gedacht. Phase eins«, sagt Jack Nicholson zu Morgan Freeman in dem amerikanischen Spielfilm »Das Beste kommt zum Schluss« von 2007. Die beiden Krebspatienten sind mit ihren Infusionsständern auf dem Krankenhausflur unterwegs. »Was?«, fragt Morgan Freeman. Nicholson antwortet: »Die fünf Phasen!« Freeman versteht sofort, was sein Zimmergefährte meint, und die beiden zählen abwechselnd die Phasen des Sterbens auf, die Elisabeth Kübler-Ross beschrieben hat: nicht wahrhaben wollen, Zorn, Verhandeln, Depression, Zustimmung. Diese fünf Phasen sind so bekannt, dass sie ohne Weiteres in einem populären Kinofilm erwähnt werden können.

Die aus der Schweiz stammende Ärztin Kübler-Ross hat 1969 folgende Entwicklung beschrieben: Wenn Patienten erfahren, dass sie bald sterben werden, durchleben sie fünf Phasen. Zunächst wollen sie die Information nicht wahrhaben und ziehen sich zurück; wenn sie sie jedoch realisieren, werden sie zornig; später hoffen sie, den Krankheitsverlauf positiv beeinflussen zu können; sie erleben eine Zeit der Depression; schließlich akzeptieren sie ihren bevorstehenden Tod.[2]

Der Dialog zwischen Nicholson und Freeman zeigt, zu welchen Vorstellungen das berühmte Buch übers Sterben geführt hat: Todkranke absolvieren psychisch eine Art Parcours, nehmen die Hindernisse mehr oder weniger gekonnt, um schließlich das Ziel zu erreichen – ein friedliches Sterben. Das klingt beruhigend und tröstlich: Zum Schluss können wir annehmen, was nicht abzuwenden ist. Zum Schluss sind wir fähig zu einem versöhnlichen Abschied von unseren Liebsten und Nächsten und vom Leben selbst. Zum Schluss finden wir innere Ruhe und deshalb einen würdevollen und so weit wie möglich selbst bestimmten Tod.

Jack Nicholson und Morgan Freeman lassen es, ehe es so weit ist, noch einmal richtig krachen. Sie arbeiten eine »Löffelliste« ab, eine Liste mit allen Wünschen, die sie sich erfüllen möchten, bevor sie den Löffel abgeben. Sie reisen um die Welt, aber dabei auch nach innen. Sie sehen sich die Pyramiden und das Taj Mahal an, essen in Paris Kaviar und liefern sich ein Autorennen – und sie sprechen über den Tod und über Konflikte, die der eine mit seiner Frau, der andere mit seiner Tochter hat. Diese Konflikte lösen sie in letzter Minute und sind so schließlich fähig, in Frieden mit sich und ihren Mitmenschen zu sterben. Das Berührende an diesem Film ist, dass die beiden Protagonisten am Ende ihres Lebens eine tiefe Freundschaft zueinander entwickeln und dadurch persönlich reifen. Das aber ist die Voraussetzung für die Bewältigung ihrer Probleme. Der zynische Jack Nicholson wird erlöst aus Liebesunfähigkeit und Einsamkeit und der aufopferungsgewohnte Familienvater Morgan Freeman findet auf der Weltreise zu weitreichender Autonomie.

Auch der deutsche Film »Marias letzte Reise« hat eine starke Hauptfigur. Monica Bleibtreu spielt eine Krebskranke, die sich eigensinnig gegen die Zumutungen eines Krankenhausbetriebs und eines Chefarztes wehrt und mithilfe einer einfühlsamen Krankenschwester zu Hause in ihrem eigenen Bett stirbt. Zuvor besuchen sie die Menschen, die ihr wichtig waren. Innere Ruhe findet die Heldin aber erst, als auch ihr verlorener Sohn aus dem Ausland zurückgekommen ist, sie den untergründig schwelenden Konflikt mit ihrem zweiten Sohn gelöst hat und die Söhne sich untereinander ausgesprochen haben. Auch dies ist ein wunderbarer Film mit einem Happy End im doppelten Wortsinn. Beide Filme erzählen vom versöhnten Sterben und stützen die idealisierenden Vorstellungen, die sich verbreitet haben.

Als ich »Marias letzte Reise« sah, musste ich an Rotraud denken, eine Frau, deren Sterben ich aus nächster Nähe miterlebte, obwohl ich sie zuvor nur flüchtig gekannt hatte. Rotraud starb kurz nach ihrem fünfzigsten Geburtstag an einem Hautkrebs, den sie längst überwunden geglaubt hatte, denn ihre erste Erkrankung lag über zehn Jahre zurück, als sich Metastasen rasant in ihrem Körper ausbreiteten. Auch Rotraud starb in einem alten Haus auf dem Land, gut versorgt in ihrem eigenen Bett. Rotrauds Sterben erschien mir körperlich nicht qualvoll. Ihr Lebensgefährte gab ihr alle vier Stunden eine Morphiumspritze; nachts stellte er sich dafür den Wecker. Rotraud hatte weder schlimme Schmerzen noch dauerhafte Ängste oder Panikattacken.

Unsere Ängste vor dem Ende unseres Lebens speisen sich aus unterschiedlichen Quellen: aus der archaischen Angst vor dem Tod, die jeder von uns bewusst oder unbewusst hat; aus dem Erleben und Bewältigen von Ängsten in der Kindheit, das uns geprägt und insbesondere auch unserer Angst vor dem Tod eine individuelle Form gegeben hat. Darüber hinaus sind aber auch die Vorstellungen, die durch spätere Erfahrungen, durch Lektüre, Gespräche und Filme hervorgerufen werden, von Bedeutung.

Als Kind habe ich miterlebt, dass eine Freundin meiner Mutter jahrelang krebskrank war. Von Qualen war immer wieder die Rede, von schrecklichen Operationen, von langem Siechtum, und ich sah das Mitgefühl und den Kummer meiner Mutter. Meine eigenen Beobachtungen bestätigten, dass die Mittdreißigerin sehr krank war, und es blieb mir nicht verborgen, dass sie nach und nach die Kontrolle über ihren Körper verlor. Die Freundin meiner Mutter pupste fortwährend. Das war für mich als Kind, das vor gar nicht langer Zeit gelernt hatte, seine Körperfunktionen zu kontrollieren und Pupse in Anwesenheit anderer zu unterdrücken, beunruhigend und peinlich.

Als die Freundin meiner Mutter gestorben war, sprach meine Mutter mehrfach darüber, dass die Verstorbene ihrem Mann das Versprechen abgenommen hatte, nie wieder zu heiraten. Meine Mutter empörte das, gleichzeitig aber nahm sie dieses Versprechen »auf dem Totenbett« überaus ernst. Zum ersten Mal hörte ich davon, dass Angehörige auf unzumutbare Weise belastet werden können – sogar weit über den Tod hinaus.

1972 sah ich den Film »Schreie und Flüstern« von Ingmar Bergmann. Die Bilder dieses Films sind für mich unvergesslich. Die Schreie einer im 19. Jahrhundert unter Qualen sterbenden jungen Frau gellen durch das schwedische Herrenhaus, in dem die Krebskranke dem Tod entgegen leidet. Ihre beiden Schwestern sind vor Entsetzen starr. Sie bringen es nicht über sich, der Kranken die Berührungen und Worte zu schenken, nach denen sie sich verzehrt. Nur die Hausangestellte Anna hilft, pflegt die Kranke und beruhigt, tröstet sie durch Zärtlichkeiten, wie eine Mutter sie ihrem kleinen Kind gibt. Der Arzt will der Kranken nichts Schmerzlinderndes verabreichen oder hat nichts dergleichen.

Ganz anders als der Hausarzt, der Rotraud vorbildlich versorgte. Dennoch verstörten mich die letzten Lebensmonate von Rotraud. Nach der Diagnose hatte sie meinen Rat gesucht. Sie wollte ihr Vermögen einer Stiftung zukommen lassen, die den Zweck haben sollte, alleinerziehende Mütter zu unterstützen, und sie bat mich, zu recherchieren, was für eine Stiftungsgründung nötig sei. In unseren langen Gesprächen wurde zunehmend deutlich: Geld war für Rotraud überaus wichtig; sie war aber erst kurze Zeit zuvor durch zwei Erbschaften wohlhabend, wenn auch keineswegs reich geworden. Eigentlich wollte Rotraud ihr Geld mitnehmen, und da das nicht möglich war, wollte sie es Frauen zugutekommen lassen, die genau so lebten, wie sie einst gelebt hatte. Ihr Leben als berufstätige, alleinerziehende Mutter hatte sie als Unglück empfunden, das sie nachträglich mildern wollte. Gleichzeitig aber hätte sie sowohl ihre Tochter als auch ihren Lebensgefährten bestraft, die ja leer ausgegangen beziehungsweise nur mit ihrem Pflichtteil bedacht worden wären. Rotraud war sehr stolz auf ihren Besitz, obwohl sie ihn nicht selbst erarbeitet hatte. Aber sie hatte ihn verdient, denn sowohl ihre Mutter als auch ihr kinderloser Onkel – ihre beiden Erblasser – hatten sie schlecht behandelt, und ihre Mutter hatte Rotraud schon in Kindertagen genötigt, sich dem ekelhaften Erbonkel gegenüber ja freundlich zu verhalten, weil diese Freundlichkeit sich eines Tages bezahlt machen würde.

Rotrauds Gedanken kreisten immerzu um die Möglichkeit, wie sie die Bilanz ihres Lebens – sie sagte, ihr Dasein sei von Anfang bis Ende ohne Glück gewesen – mithilfe ihres so bitter »verdienten« Geldes verbessern könnte. Ich hatte den Eindruck, dass sie die Macht genoss, die damit verbunden war. Nun war *sie* diejenige, die etwas zu hinterlassen hatte, nun war sie diejenige, die strafen oder belohnen konnte. Nun war sie diejenige, der gegenüber man sich willfährig verhalten musste, wenn man in den Genuss ihrer guten Gaben kommen wollte.

Ich erkundigte mich nicht über Stiftungen, sondern bat Rotraud, sich zu überlegen, welche Auswirkungen ihr Handeln auf ihre Tochter haben würde. Rotrauds Tochter war Anfang zwanzig, hatte selbst als Teenager eine schwere Krebserkrankung durchstehen müssen und deshalb noch keine Berufsausbildung. Mutter und Tochter waren entzweit und hatten seit geraumer Zeit keinen Kontakt zueinander. »Wie wäre es für dich gewesen, wenn deine Mutter, mit der du ja auch nicht im Reinen gewesen bist, dir nur den Pflichtteil vererbt hätte?«, fragte ich.

Ich sprach mit ihr auch darüber, was es für ihre Tochter bedeuten könnte, wenn Rotraud nicht wenigstens versuchen würde, sich mit ihr auszusprechen, und nach einer Weile informierte Rotraud ihre Tochter tatsächlich, und die Tochter kam ungefähr zwei Wochen, bevor Rotraud starb, und blieb im Haus bis nach der Beerdigung.

Eine ganze Weile, bevor sie die Kräfte verließen, lag Rotraud schon dauerhaft im Bett und kommandierte zunächst ihren Lebensgefährten und verschiedene Helferinnen herum, zum Schluss auch die Tochter – so wie es eine Großbäuerin einst mit Knechten und Mägden getan haben mochte.

Rotraud nahm nicht nur Abschied, sondern sie nahm wohl auch Rache. Sie behandelte andere so herrisch, wie sie selbst offenbar behandelt worden war. Ich bewunderte die Lang- und Gleichmütigkeit von Rotrauds Lebensfährten, der sich eigentlich schon von ihr hatte trennen wollen, aber nach der Diagnose bei ihr blieb bis zum Ende. Das Bild der Tochter, die mager und blass im Wohnzimmer saß und stoisch wirkend auf den Tod ihrer Mutter nebenan wartete, brachte mich um den Schlaf. Ich verstand, warum eine erfahrene Mitarbeiterin des Hospizvereins nach ihrem Besuch bei Rotraud weinte. Es hatte entsetzliches Unglück in dieser Familie gegeben – seit Generationen schon, und Rotraud sprach viel darüber.

Mich verblüffte, dass Rotraud mich als Zeugin ihrer Lieblosigkeiten duldete, aber nie direkt attackierte, mir sogar eine Kontovollmacht anvertraute, die sie ihrem Lebengefährten, mit dem sie seit einem Jahr zusammenlebte, nicht geben wollte. Vielleicht spürte sie, dass ich womöglich nicht wiedergekommen wäre, wenn sie mich schlecht behandelt hätte. Vielleicht brauchte sie jemanden, den sie mochte, aber kaum kannte, weil so ein Freiraum für Gespräche gegeben war, Freiraum, der entsteht, wenn das Gegenüber keine emotionalen Wünsche hat, wie sie in nahen Beziehungen immer von *beiden* Seiten bestehen.

Rotraud hatte die Idee einer Stiftung irgendwann aufgegeben, die Tochter konnte also uneingeschränkt erben (der Lebensgefährte bekam nichts, gar nichts), und es hatte wieder Kontakt zwischen Mutter und Tochter gegeben und auch längere Gespräche. Versöhnt schien die Tochter jedoch keineswegs. Im Gegenteil. Sie verhielt sich nach dem Tod ihrer Mutter manch anderen gegenüber so verletzend wie zuvor Rotraud.

Ich fühlte mich trotz der emotionalen Distanz sehr mitgenommen und verfiel bei der Beerdigung auf dem Friedhof in haltloses Weinen. Eine starke Spannung brach sich Bahn, die sich in all den Wochen zuvor aufgestaut hatte, und der Schrecken darüber, dass jemand zu Grabe getragen wurde, der sein Leben in Bausch und Bogen für missglückt erklärt hatte, eine Frau, die weder aus der Existenz ihrer Tochter noch aus ihren Liebesbeziehungen, noch aus ihrem interessanten Beruf Zufriedenheit hatte ziehen können. Dieses Unerfülltsein erschütterte mich. Und auch Rotrauds Aggressionen gegenüber ihrem Lebensgefährten und ihrer Tochter brachten mich zum Schluchzen.

Der Mann, mit dem ich damals zusammenlebte, legte auf dem Friedhof den Arm um meine Schulter und hielt mich fest. Dieser Halt war das selbstverständliche Gegenteil dessen, was ich zuvor miterlebt hatte. Ich fühlte mich geborgen auch in dem Gefühl, etwas Ähnliches mit den Menschen, die *mir* nahestehen, niemals erleben zu müssen.

Um gut sterben zu können, muss man mit seinem Leben grundsätzlich zufrieden sein und mit seinen wichtigsten Menschen und mit sich selbst im Reinen – das war für mich die Quintessenz dessen, was ich von Rotraud gelernt hatte. Und ich hatte erlebt – das war eine große Hilfe im Hinblick auf meine eigenen Ängste –, dass an Krebs zu sterben körperlich gesehen nicht immer schrecklich sein muss. Rotraud wirkte nie gequält von Schmerzen, und auch andere Beschwerden hielten sich in durchaus erträglichen Grenzen. In ihren letzten Stunden war Rotraud bewusstlos. Ganz ruhig, nahezu bewegungslos lag sie in ihrem Bett, und irgendwann hörte sie auf zu atmen. Es war ein warmer Sommernachmittag.

Abends saßen wir im Garten und tranken Wein. Aber da war Rotraud schon nicht mehr im Haus. Lebensgefährte und Tochter hatten sie umgehend vom Bestatter abholen lassen. Diese Eile berührte mich unangenehm. Es war, als wollten sie Rotraud keinen Moment länger als nötig bei sich haben. Ich hatte Rotraud zwar zwei Stunden vor und gleich nach ihrem Tod gesehen, hätte aber am Abend gern noch einmal ein wenig bei ihr gesessen.[3]

Rotraud hat mir einiges geschenkt, was für mich sehr kostbar war und blieb: Ich war damals Anfang vierzig und hatte das Gefühl, endlich zu wissen, wie es sein kann und was tatsächlich geschieht, wenn man stirbt. Das war das Wichtigste. Ich habe einige Pflanzen aus Rotrauds Garten in meinem Garten, und in meinem Wohnzimmer steht eine besonders schöne alte Keksdose. Rotraud hatte ihre Tochter beauftragt, mir nach der Beerdigung ein Erinnerungsstück meiner Wahl aus ihrem Haus zu geben. Bevor ich mit der Keksdose loszog, zürnte die Tochter, ihr bliebe nun gar nichts Schönes mehr. Entweder gehöre es zum Besitz des Lebensgefährten oder sei an andere verschenkt worden.

Eine Nacht lang überlegte ich, ob ich das für mich dadurch vergiftet wirkende Geschenk zurückbringen sollte. Aber dann entschied ich mich dagegen. Zum einen, weil ich glaubte, mir stünde ein Andenken durchaus zu, zum anderen, weil ich dachte, auch wenn die Tochter *alles* behalten könnte, würde sie wohl dennoch in dem Gefühl leben, dass ihre Mutter ihr das Entscheidende, etwas wirklich Schönes nämlich, nicht habe hinterlassen wollen. Und damit hatte sie im übertragenen Sinn vielleicht sogar Recht.

Hat Rotraud die Phasen durchlebt, die Kübler-Ross beschrieb? Damals dachte ich nicht darüber nach, sondern erlebte gebannt und erschrocken mit, wie lieblos Rotraud ihren Lebensgefährten und ihre Tochter bis kurz vorm endgültigen Abschied oft behandelte. Wie können die beiden, wie kann insbesondere die Tochter damit fertig werden? Das beschäftigte mich.

Rotraud haderte mit ihrem Leben, war aber doch fähig, ihren frühen Tod zu akzeptieren. Dass sie sterben würde, war ihr völlig klar. Sie erwähnte es selbst immer wieder und unternahm nach einer Behandlung in einer alternativmedizinischen Klinik nur noch halbherzige Versuche, ihren Tod womöglich doch noch abzuwenden. Ihre praktischen Wünsche zu erfüllen war leicht, und ich hatte den Eindruck, dass sie es durchaus genoss, Mittelpunkt ihrer räumlich klein gewordenen Welt und Empfängerin vielfältiger Versorgungsleistungen zu sein. Mal Despotin, mal Kind – so thronte, saß oder lag sie in ihrem Bett und nahm alle Hilfe – mal fordernd, mal selbstverständlich – gern an, auch die des örtlichen Hospizvereins.

Sie war traurig darüber, dass ihr die Zukunft abhandengekommen war, sie manche Pläne nicht mehr verwirklichen konnte, aber vor allem beschäftigte sie ihre Vergangenheit, ihre Kindheit. Zornig war sie auch, zornig darüber, dass ihr Leben nicht besser gewesen war. Die Urheber ihres Unglücks waren nicht mehr am Leben, und sie selbst fühlte sich vor allem als Leidtragende und nicht verantwortlich für wesentliche Lebensentscheidungen. Und wenn man ihre Kindheit betrachtete, dann war das natürlich richtig. Sie war ohne Geschwister in einer Familie aufgewachsen, in der es etliche Schreckensereignisse gegeben hatte, die verheimlicht und vertuscht wurden, weil es den Erwachsenen vor allem um das Ansehen nach außen ging. Rotraud war nicht sicher, ob ihr

Vater tatsächlich ihr Vater war, und es gab mehrere Suizide in der Familie. »Nur über meine Leiche« schien ein Familienmotto zu sein: Lieber nahm man sich das Leben, als offen zu sagen, was war und was ist. In Rotrauds Familie gab es also nicht nur viel Unglück, sondern auch schwer lastende Geheimnisse, viele Tabus.

Rotraud blieb bis zuletzt außerordentlich egozentrisch, wurde aber in manchen Momenten weicher, und manchmal war sie auf liebenswerte Weise kindlich. Ich hatte damals einen jungen Kater. Dieser Kater, von dem ein Foto, das ich ihr mitgebracht hatte, in ihrer Nähe stand, war für sie wie ein Kuscheltier, nach dem sie mich bei jedem Besuch fragte. So wie man Kindern Tiergeschichten vorliest, erzählte ich ihr etwas über die jüngsten Abenteuer des Katers, und sie freute sich darüber wie ein kleines Mädchen über eine gelungene Gute-Nacht-Geschichte.

Vor einigen Jahren hatte ich zufällig Gelegenheit, Rotrauds inzwischen von der Tochter verkaufte Haus noch einmal von innen zu sehen. Von außen war das auf einem Hügel ganz für sich zwischen zwei Dörfern gelegene prächtige Gutshaus unverändert. Aber innen hatten es die neuen Eigentümer vollkommen verwandelt. Rotraud hatte allerlei in dem Haus modernisiert, als sie es nach dem Tod ihrer Mutter übernommen hatte. Eine ganze Menge Geld war investiert worden, aber alles wirkte wie Flickwerk, und die Räume waren dunkel gewesen, im Erdgeschoss regelrecht düster. Ganz anders nun: Nachträglich gezogene Wände und Decken waren entfernt worden; alles war hell, heiter und weit, großzügig und elegant. Eine unglaubliche Metamorphose. Das Haus erschien mir regelrecht erlöst, befreit. Nach diesem Besuch dachte ich noch einmal sehr beklommen und traurig an Rotraud, unter deren Ägide ihr Elternhaus so finster und eng geblieben war wie die Familiengeschichten, die sie erzählt hatte.

Wir sterben, wie wir gelebt haben – das war für mich ein plausibler Satz geworden, auch im Hinblick auf die alten Mitglieder meiner Familie, die inzwischen gestorben sind. Ob und wann dabei die von Kübler-Ross genannten Phasen durchlebt wurden, spielte in meinen Gedanken keine Rolle, obwohl sie großen Eindruck auf mich gemacht hatten, wie auf so viele. Allerdings kamen mir diese Phasen zu schematisch vor, und heute weiß ich, dass sie zu Missverständnissen einladen. Vor allem laden sie dazu ein, das Sterben zu beschönigen.

Kübler-Ross, die sich auf ihre Begegnungen mit rund zweihundert Sterbenden im Krankenhaus bezog, behauptete, dass nahezu alle Patienten friedlich sterben würden, wenn sie aus eigener Kraft oder mithilfe von Gesprächen die von ihr erkannten und benannten Phasen durchlebt haben. Sie provozierte so die Vorstellung einer psychischen Entwicklung am Lebensende, die Erlösungscharakter hat: Wir werden schließlich frei von Angst und Not. *Im Sterben* wohlgemerkt, nicht erst durch den Tod.[4]

Der Blick aufs Sterben begann sich nicht zufällig in eben jener Zeit zu wandeln, in der drei gravierende Veränderungen stattfanden: Die Gesellschaften in den westlichen Industrienationen säkularisierten sich. Medizin und Pharmakologie fanden zuvor ungeahnte Möglichkeiten, auf lebensbedrohliche Krankheiten zu reagieren und auf das Sterben selbst Einfluss zu nehmen. Das Verhältnis zwischen Ärzten und Patienten änderte sich grundlegend.

Solange Schmerzen und Ängste kaum zu lindern und Krankheiten wie Krebs oder Herzleiden nicht zu heilen waren, musste man sich ganz auf die Kraft von Gebeten und den Zuspruch seiner Nächsten verlassen und Trost im Glauben an das ewige Leben suchen, auf das man durch Tapferkeit gerade auch in schwerer Krankheit ein besonderes Anrecht zu erwerben hoffte. Sterben konnte sehr schwer sein. Das wusste man, und die Lebensrealität deckte sich mit entsprechenden Gebeten um eine gute Todesstunde. Allerdings machte die Vorstellung, dass nach dem Ende nicht nur das Paradies, sondern womöglich auch Höllenstrafen warten könnten, die Ewigkeit durchaus zu einer zweischneidigen Sache.

Wenn der Glaube an eine Auferstehung und eine Entschädigung für alles Leid, das man auf Erden durchzustehen hat, nicht mehr besteht, dann wird Leiden inakzeptabel. Dann muss es gelindert werden – durch Ärzte und durch den Versuch, auf die Psyche einzuwirken. Wenn das Leben mit dem Tod zu Ende ist, für Körper *und* Seele, wenn es nur das irdische Leben gibt, dann muss es sinnvoll genutzt, dann soll es ausgekostet werden. Dann ist eine negative Bilanz am Ende unerträglich. Philosophen wussten das allerdings schon vor über zweitausend Jahren: Gutes Sterben setzt ein gutes Leben voraus.

Friedliches, ausgesöhntes Sterben – dieses Ziel ist im wahrsten Sinne des Wortes notwendig, wenn von Patienten verlangt wird, dass sie sich vernünftig, also möglichst sachlich, mit schwerwiegenden Diagnosen auseinandersetzen. Von uns allen wird heute erwartet, dass wir uns als mündige Patienten erweisen, wahrheitsgemäße Aufklärung über Erkrankungen aufnehmen und verarbeiten, so dass wir entscheiden können, welchen Behandlungen wir uns unterziehen. Und nicht zuletzt sollen wir durch die Informationen, die wir erhalten, in der Lage sein, uns bewusst auf unseren Tod vorzubereiten.

Wie schwer das ist, darüber sprechen nicht nur Philosophen seit Jahrtausenden, wobei manche keck behaupteten, das sei gar nicht schwer[5], sondern seit Menschengedenken auch Kunst, Literatur und Musik. Ärzte haben ihren Patienten früher nicht grundlos die Ausweglosigkeit mancher Erkrankungen verschwiegen. Sie wussten, dass auch der Glaube an ein ewiges Leben nur in Ausnahmefällen die Ängste vorm Sterben lindern kann.

Todesangst ist eine Konstante menschlichen Lebens. Der Gedanke an den Tod muss zwar so weit beiseitegeschoben werden, dass wir darüber nicht lebensunfähig werden, aber für viele ist er doch alltäglich, so wie für den Schriftsteller

Urs Widmer: »Man sagt, dass jeder Mensch ab seinem, sagen wir, vierzehnten Lebensjahr bis weit über sein fünfundachtzigstes hinaus einmal am Tag an die Liebe denkt (...) und an den Tod. (...) Bei mir stimmt der Befund. Beziehungsweise, was heißt hier *einmal!* Nahezu ständig und fast immer!«[6]

Jeden Tag an den Tod zu denken heißt nicht, jeden Tag Angst vor ihm zu haben. Wie ausgeprägt unsere existenziellen Ängste sind, ob und wann wir sie spüren, entscheidet sich vor allem durch unsere frühen und frühesten noch unbewussten Erfahrungen, aber auch durch unsere bewussten Begegnungen mit Krankheit und Tod. Viele Menschen vermeiden solche Begegnungen so gut es geht und auch Gedanken an ihr Ende.

Bei Licht betrachtet ist es ziemlich unwahrscheinlich, dass ausgerechnet nach der existenziellen Erschütterung durch die Diagnose einer todbringenden Krankheit und trotz der körperlichen Krankheitsfolgen regelmäßig Reifeentwicklungen in Gang gesetzt werden, die zuvor nicht stattgefunden haben. Das Gegenteil ist viel naheliegender: Wenn aus der zuvor abstrakten Todesdrohung eine konkrete wird, lassen Schock und Schrecken das oft dünne Eis von Selbstkontrolle und Vernunft brechen und Kranke vorübergehend oder dauerhaft gegen Emotionsfluten kämpfen, ohne dass sie diese Fluten bändigen könnten.

Angehörige und Kranke erleben, dass ihre Vorstellungen davon, wie es ist, den Tod tatsächlich bald zu erwarten, ziemlich unrealistisch waren. Ruth Picardie, die kurz vor ihrem dreiunddreißigsten Geburtstag und nur elf Monate nach ihrer Brustkrebsdiagnose starb und klarsichtig, aber fassungslos auf ihren Tod hin lebte, schrieb zwei Monate vor ihrem Ende: »Zunächst einmal wird von dir, wenn du eine unheilbare Krankheit hast, erwartet, dass du äußerst abgeklärt und auf einer höheren Entwicklungsstufe bist.«[7]

In Wirklichkeit finden viele Angehörige ihre Kranken auf einer tieferen Entwicklungsstufe wieder und sind auch deshalb verstört. Elisabeth Kübler-Ross hatte geschrieben, dass Patienten auf den »Ernst ihrer Krankheit so reagieren, wie sie ihr Leben lang Bedrohungen aufgenommen haben, dass sie also (...) ihre gewohnte Verhaltensweise auch hier nicht aufgeben. Wer gewohnt ist, den Kopf in den Sand zu stecken, tut es auch hier, während Kranke, die sich sonst schwierigen Situationen offen gestellt haben, jetzt auch volle Klarheit bevorzugen.«[8] Gerade auch diese Sätze haben zu falschen Vorstellungen, zur Verharmlosung, geführt. In Wirklichkeit erscheinen die Kranken ihren Angehörigen oft völlig fremd in ihrem Verhalten. Und das ist eigentlich auch naheliegend, denn Angst peinigt uns nicht nur, sondern kann uns auch verändern.

Um Todkranken Angst zu ersparen, verschwiegen Ärzte und Angehörige ihnen einst das, was ihnen bevorstand. Heute beschönigen sie es aus demselben Grund auf vielfältige, oft auch subtile Weise. Sie tun das unter anderem deswegen, weil sie wissen oder fühlen, dass Angst und Verzweiflung regelmäßig viel andauernder sind, als Elisabeth Kübler-Ross es darstellte, beispielsweise wenn sie schrieb: »Wir haben aber doch die meisten Patienten im Stadium der Zustimmung und ohne Angst und Verzweiflung sterben sehen, in einem Zustand, der an die Charakterisierung des frühesten Kindesalters mit den Worten Bettelheims erinnert: ›Es war wirklich ein Lebensalter, in dem nichts von uns verlangt, uns aber alles, was wir brauchten, gegeben wurde.‹«[9]

Richtig ist der Hinweis, dass unsere Gefühle am Lebensende sehr viel mit unseren Gefühlen am Lebensanfang zu tun haben. Allerdings beschönigt Kübler-Ross auch hier – und zwar auf der Basis einer abstrusen Fehlannahme: Sie scheint nämlich davon auszugehen, dass jeder in früher Kindheit in paradiesischen Zuständen gelebt hat. Das ist bekanntlich keineswegs der Fall. Viele Menschen schleppen frühe und früheste Versagungen, Mangel- und Gewalterfahrungen als Last durch ihr gesamtes Leben. Diese Bürde und ihre oft weitreichenden Folgen lassen sich am Ende nicht durch einige gute Gespräche abwerfen.

Die Gespräche, die Kübler-Ross mit Schwerkranken führte, waren zeitlich begrenzt, und sie begegnete den Patienten als eine professionelle Krankenhausmitarbeiterin. Viele Kranke haben sich ihr gegenüber geöffnet und konnten großen Nutzen aus den Gesprächen ziehen. Allerdings sagt das noch nicht viel darüber, wie sich die Kranken fühlten, wenn sie allein waren oder wie sie sich ihren Angehörigen gegenüber verhielten.

Wie die Geschichte von Rotraud zeigt, werden Gespräche und Zusammensein, je nach Nähe und nach emotionaler Verquickung von ganz unterschiedlichen Gefühlen bestimmt. Außenstehenden gegenüber ist man so gut wie immer kontrollierter, gleichzeitig womöglich auch freier, und manche Gefühle kommen ihnen gegenüber nicht auf, weil sich wichtige Wünsche an sie gar nicht richten lassen. Von meinem Mann erwarte ich Interesse, das mir bei meinem Nachbarn als Neugier unangenehm wäre. Von einer engen Freundin erwarte ich in schwierigen Situationen Beistand, den ich von einer weniger vertrauten Person nicht mal im Stillen erhoffe.

Die Dramen Todkranker spielen sich aber in der allernächsten Nähe und ununterbrochen ab: Sie finden in ihnen selbst statt und zeigen sich vor allem im Austausch mit ihren engsten Angehörigen. Und gerade dort führt die Hoffnung, in der letzten Lebenszeit würde das Miteinander irgendwann – möglichst bald natürlich – von zunehmender Ruhe und liebevollem Umgang gekennzeichnet, zusätzlich zum vielschichtigen Unglück zu schrecklichen Versagensgefühlen: Was mache ich, was machen wir falsch?

Diese Frage setzt voraus, dass es ein »Richtig« gibt. Das aber gibt es nicht. Das, was in der einen Beziehung gut gelingen kann, ist in einer anderen völlig unmöglich – mit ein und derselben kranken Person wohlgemerkt. Man braucht nicht viel Fantasie, um sich vorzustellen, dass die ruhigen Gespräche, die ich mit Rotraud über ihre Idee einer Stiftung führte, zwischen ihr und ihrer Tochter undenkbar gewesen wären. Aber zwischen einer anderen Mutter und ihrer Tochter ist ein solches Gespräch durchaus vorstellbar, beispielsweise dann, wenn die Tochter ohnehin finanziell gut dasteht, beide übereinstimmen und die Motive der Mutter konstruktiv sind und sich keinesfalls gegen die Tochter richten.

Ein grundlegendes Problem bei der Beschönigung des letzten Lebensabschnitts scheint mir auch darin zu liegen, dass ja längst nicht nur das Sterben im engeren Sinn zu meistern ist, auf das sich Bücher aus dem Umfeld der Hospizbewegung meist ausschließlich beziehen, sondern vor allem die Wochen und Monate zuvor, die Zeit nämlich, in der das Ende des Lebens den Beteiligten mehr oder weniger klar vor Augen steht. *Diese* Zeit gilt es zu bestehen, und sie wiegt sowohl für die Kranken als auch für ihre Angehörigen weit schwerer als die letzten Tage und Stunden, auch wenn die ein einzigartiges Gewicht haben.

In der Zeit des absehbaren Todes geschieht ungeheuer viel – oft mit enormer Intensität –, und manches davon mag zu den von Kübler-Ross genannten Phasen passen, nur stimmt ihre Einschätzung, dass offene, einfühlsame Gespräche regelmäßig zu positiven Entwicklungen führen, längst nicht immer. Ihr folgend wird ständig der Rat wiederholt: Führen Sie offene Gespräche, ehrliche Gespräche, unbefangene Gespräche. Aber gerade die sind in vielen Fällen gar nicht oder nur sehr begrenzt möglich, beispielsweise weil die Kranken sie kategorisch ablehnen.

Was Offenheit und Ehrlichkeit anlangt, sind zudem verblüffende Widersprüche zu beobachten, bei denen das Wort Hoffnung eine zentrale Rolle spielt. Ärzte, Therapeuten, Angehörige und Freunde werden zwar aufgefordert, offen und wahrhaftig mit den Kranken zu sprechen, aber gleichzeitig wird ihnen eingeschärft, sie dürften ihnen auf keinen Fall die Hoffnung nehmen. Hoffnung worauf, fragt man sich, ohne dass es darauf klare Antworten gibt. Allein schon dieser Widerspruch führt in vielen Fällen zum sofortigen Verlust jeglicher Unbefangenheit.

Schließlich bleibt die Frage, ob das Ziel selbst realistisch ist: ein versöhnter, ein ruhiger Abschied vom Leben. Liegt es nicht viel näher, mit einem Fluch auf den Lippen aufs Sterbebett zu sinken, wenn man in vergleichsweise jungen Jahren und womöglich noch auf entsetzliche Weise sterben muss? Ist es denn überhaupt zu fassen, wenn sich eine junge Frau wie Ruth Picardie mit der Forderung konfrontiert sieht, ihre zweijährigen Zwillinge für immer zu verlassen und dabei außerdem genau zu wissen, dass Hirnmetastasen sie zuvor auch noch um den Verstand bringen könnten? Picardie hat ihre nicht endende Verzweiflung mit dem ihr eigenen Sarkasmus ausgedrückt: »Ich denke, ich würde lieber verrückt werden, als unter Qualen zu sterben. Aber vielleicht kann man ja auch beides hinkriegen.«[10]

Ich gehöre zu jenen, die es für eine wichtige Aufgabe halten, sich aufs Sterben vorzubereiten; allerdings handelt es sich dabei um eine nahezu lebenslange Aufgabe. Denn das heißt ja, sich um Lebenssinn, um konstruktive Beziehungen und zufriedenstellende Arbeit zu bemühen. Wie sehr die Umsetzung dieser Wünsche für jeden von uns immer wieder vom Scheitern bedroht ist, wissen wir genau. Auch deshalb wird aus dem Umkehrschluss all der Beschönigungen eine Perfidie. Zugespitzt formuliert hieße das nämlich, jemandem am Ende seines Lebens, in dem seiner Einschätzung nach Wesentliches nicht gelungen ist oder aus Mangel an Lebenszeit gar nicht dauerhaft gelingen konnte, auch noch nachzurufen, er habe nun bedauerlicherweise auch noch zum Schluss versagt und sich im Parcours zum guten Sterben grausam verstolpert, und seine Angehörigen und Freunde seien leider zu schwach gewesen, um ihn zu halten und ins Ziel zu tragen.

Ruth Picardie war Journalistin und hat vier Wochen vor ihrem Tod in ihrer letzten Kolumne für den Observer, die sie nicht mehr beenden konnte, solche Ansinnen auf unnachahmliche Weise von sich gewiesen: »Pah! Ich zählte zu den Superfrauen, die knapp eine Woche benötigen, um die fünf wohlbekannten Stadien [nach Kübler-Ross] zu durchlaufen.«[11]

Ruth Picardie starb nach etlichen Stunden in tiefer Bewusstlosigkeit, so wie die meisten Krebskranken. Der eigentliche Sterbensprozess ist heute weitgehend medizinisch bestimmt und das heißt gedämpft, gemildert. Es ist heute Standard, Sterbenden ausreichend starke Schmerz- und Beruhigungsmittel zu verabreichen. Wer die nicht bekommt, wird mangelhaft versorgt oder will sie nicht. Ein Todeskampf, wie Ingmar Bergmann ihn in »Schreie und Flüstern« in Szene gesetzt hat, ist selten geworden – zum Glück!

Krebskranke sterben ganz überwiegend aus einer mehr oder weniger tiefen, durch mehr oder weniger starke Medikamentengaben verursachten Bewusstlosigkeit heraus. Auf ein Bonmot von Woody Allen, der sagte »Ich habe keine Angst vor dem Sterben. Ich möchte bloß nicht dabei sein, wenn es passiert«, kann man heute antworten: »Wenn du an Krebs stirbst, wirst du höchstwahrscheinlich nicht dabei sein.«

»Gutes« Sterben ist schmerzloses, ist kampfloses Sterben – darüber dürften sich fast alle einig sein. Dass das vielen Krebskranken ermöglicht wird, ist vor allem der Hospizbewegung und der in ihrer Folge entstandenen Palliativmedizin zu verdanken. Sie haben tragfähige Konzepte entwickelt, deren Ziel es ist, Sterbende nicht allein zu lassen, ihre Beschwerden so gut wie möglich zu lindern und ihre Bedürfnisse so weit wie irgend möglich zu erfüllen. Das ist – wenn auch längst nicht immer – segensreiche Realität, zu Hause, in stationären Hospizen und, trotz vielfältiger Kritik und Vorbehalte, auch in vielen Krankenhäusern. Patienten haben seit Ende 2007 einen gesetzlich verbrieften Anspruch auf »spezialisierte ambulante Palliativversorgung« (SAPV), das heißt, auf umfassende Versorgung auch in ihren eigenen vier Wänden. Wir haben also nicht nur die Chance, sondern sogar das Recht darauf, uns am Lebensende nicht unnötig quälen zu müssen und gut versorgt zu werden. Der Arzt Michael de Ridder schreibt dazu: »Gemessen am Unheil, das sie zu verhindern vermag, und dem Frieden, den sie Schwerstkranken und Sterbenden geben kann, stellt die Palliativmedizin aus meiner Sicht den größten Behandlungsfortschritt dar, den die Medizin nach dem Zweiten Weltkrieg aufzuweisen hat.«[12]

Ein in diesem Sinne gutes Sterben ergibt sich allerdings nicht von allein, sondern muss vorbereitet werden. Wenn man sich nicht rechtzeitig um ambulante Palliativversorgung kümmert, wenn nicht rechtzeitig erkundet wird, welches Krankenhaus in der Nähe auf palliative Hilfe für Sterbende spezialisiert ist, dann kann es nach wie vor schwer werden mit dem Sterben, insbesondere dann, wenn Sterbende ins nächste Akutkrankenhaus eingeliefert und den dort üblichen Routinen unterworfen werden.

Jenseits palliativer Versorgung, die Schmerzen, Angst und andere Symptome lindert oder nimmt, ist es eine sehr persönliche Frage, was man sich fürs Ende wünscht. Manche Menschen sind beruhigt, wenn ihnen versprochen wird, dass sie tatsächlich »nicht dabei sein werden«, wenn es so weit ist, während andere möglichst bewusst sterben möchten. Manche Menschen möchten in ihren letzten Stunden auf keinen Fall allein sein. Andere wollen in Ruhe gelassen werden und für sich sein. Das sind Wünsche, die sich ebenfalls nur erfüllen lassen, wenn sie besprochen werden konnten. Ob das möglich ist, entscheidet sich meist in den Wochen und Monaten zuvor.

Dass Sterben und Tod nicht mehr tabuisiert werden, auch das ist vor allem der Hospizbewegung zu verdanken. Hospizvereine sind längst flächendeckend bis ins kleinste Dorf tätig und erleichtern die Situation Schwerstkranker, Sterbender und ihrer Angehörigen auf vielfältige Weise. Sie haben aber auch die Gesellschaft geöffnet für Fragen, die mit dem Lebensende verbunden sind. Deshalb sind im Lauf der letzten

Jahre auch eine Reihe wichtiger Bücher erschienen, die viele neue Impulse geben konnten.

Die Suche nach Trost und hilfreichen Verhaltensweisen hat aber auch viel beschönigende Ratgeberliteratur hervorgebracht, und daraus folgt nicht zuletzt auch phrasenhaftes Gerede. Ein Pastor erzählte mir von einem Erlebnis während des Besuchs bei einer jungen Frau, die an einer potenziell lebensbedrohlichen chronischen Erkrankung litt. Die Mutter hatte ihn verständigt, weil sie annahm, ihre Tochter stürbe nun. Am Krankenbett sagte die Mutter zur Tochter: »Du darfst gehen. Wir halten dich nicht fest.« Dem Pastor wurde beklommen zumute, und er sagte, er habe keineswegs den Eindruck, dass die junge Frau im Sterben liege. Er veranlasste ihren Transport ins Krankenhaus. Dort erholte sie sich, und in den Jahren, die er noch in der Gemeinde verbrachte, starb sie nicht. Ein gutes Beispiel dafür, dass uns Leerformeln und Schablonen bei den Herausforderungen der letzten Lebenszeit, des Sterbens und auch der Trauer nicht helfen. Sie können uns sogar daran hindern, zu sehen, was wirklich ist. Die Wirklichkeit ist oft genug bestimmt durch die Unmöglichkeit, das Wünschenswerte tatsächlich herzustellen. Und das zeigt sich schon darin, dass die allseits angemahnten und von Angehörigen und Freunden oft auch ersehnten offenen Gespräche gar nicht zu führen sind und es deshalb auch nicht gelingt, sich zu sammeln und ein wenig zur Ruhe zu kommen.

Ein »gutes« Sterben im körperlichen Sinn ist abhängig von den Krankheitssymptomen und der palliativen Versorgung. Es kann leichter zu bewerkstelligen sein als »gutes« Sterben in einem ganzheitlichen Sinn, wozu aus Sicht vieler Experten gehören würde, nach einem intensiven inneren Prozess und nach persönlichem Austausch versöhnt mit sich und seinen Lieben Abschied zu nehmen. Das gelingt nur wenigen. Betagte Menschen können das eher, weil sie längst wissen, dass sie natürlicherweise vor dieser Aufgabe stehen, und weil ihr Körper gealtert ist; aber auch bei ihnen ist ein bewusster und gefasster Abschied etwas Besonderes. Und der gelingt – so sagen erfahrene Hospizleute – auch sehr jungen Leuten oft besser als Sterbenden mittleren Alters. Für sie ist es oft besonders schwer, sterben zu müssen.

»Es wird mir fehlen, das Leben«, schrieb Ruth Picardie. Sie schrieb darüber, wie unglaublich schmerzlich der Gedanke für sie sei, ihre Kinder nicht aufwachsen zu sehen, aber was die Vergangenheit betreffe, habe sie nicht viel zu bedauern. Junge Leute verlieren durch den Tod die Zukunft, ältere, aber noch nicht alte Menschen, blicken womöglich auf ein Scheitern zurück, dass sich plötzlich wider Erwarten nicht mehr korrigieren lässt, mit dem sie sich aber auch noch nicht aussöhnen oder abfinden konnten.

Neben Hoffnung sind Würde und Selbstbestimmtheit Begriffe, die im Zusammenhang mit einem guten Lebensende immer wieder fallen. Auch sie werden in mancher Hinsicht euphemistisch verwandt. Ein Mensch, der an einer tödlichen Krankheit leidet, wird vor allem durch diese Krankheit bestimmt, und das heißt, wenn er aufs Sterben zugeht, wird er durch sie zunehmend eingeschränkt, auf jeden Fall physisch. Dass aber unser Körper, wenn wir krank sind, auch unsere Gedanken und Gefühle in erheblichem Maße verändert, das weiß jeder schon nach vergleichsweise banalen Erkrankungen wie einem Bandscheibenvorfall oder einer Grippe mit hohem Fieber.

Würde und Selbstbestimmtheit sind große Begriffe schon in gesunden Tagen, Begriffe zudem, die auf sehr unterschiedliche Weise gefüllt werden können. Darauf hat der amerikanische Arzt Sherwin B. Nuland hingewiesen: »Der ›würdige Tod‹ ist in unserer Gesellschaft Ausdruck der Sehnsucht, einen schönen Triumph über die mächtige und oft abstoßende Realität zu erringen, die das Leben in seinen letzten Zügen prägt.«[13]

Würde ist zum einen etwas, was jeder Kranke und Sterbende *selbst* verkörpert, indem er sich angemessen verhält, wobei die Angemessenheit sehr unterschiedlich definiert werden dürfte. Würde zeigt sich in der Haltung und im Verhalten; der Begriff wird auf psychische aber auch auf körperliche Phänomene bezogen. Die Würde Kranker muss aber auch von außen *gewahrt* werden durch den respekt- und rücksichtsvollen Umgang mit der Person und ihrem Körper. Dazu gehört es, Wünsche zu erfüllen und Bedürfnisse zu stillen, bevor körperliche oder psychische Not es Kranken schwer oder gar unmöglich macht, ihre Würde zu behalten.

Der selbst bestimmte Tod wird in dem Film »Harold and Maude« zum überraschenden Ende einer skurrilen Geschichte. Maude, die vor Lebensfreude und Unternehmungslust sprühende alte Frau, nimmt sich an ihrem achtzigsten Geburtstag – so wie sie es lange geplant hatte – das Leben.

Auch in der Realität mag es so etwas gelegentlich, wenn auch äußerst selten, geben. Der Schweizer Ueli Oswald erzählt davon.[14] Sein neunzigjähriger Vater, nicht krank, aber inkontinent und schwächer werdend, setzte seinen ausführlich mit seinen Angehörigen besprochenen Vorsatz in die Tat um: Er nahm sich mithilfe einer Sterbehilfeorganisation das Leben. Ueli Oswald beschreibt, wie sein Vater in aller Ruhe und ohne jeden Schmerz oder Kampf im Beisein eines seiner Söhne in seinem eigenen Wohnzimmer starb. Der alte Herr beendete sein Leben ebenso geplant und »erfolgreich« – selbst bestimmt und würdevoll – wie er es so viele Jahrzehnte geführt hatte.

Eine beeindruckende Ausnahme, die Fähigkeiten und Möglichkeiten voraussetzt, die nur die wenigsten von uns haben. Der holländische Arzt Bert Keizer schreibt über Angehörige, die von sich glauben, diese Fähigkeiten zu besitzen: »›So weit wird es mit mir niemals kommen, dass ich in einem Pflegeheim krepiere. Niemals! Denn bis dahin habe ich mir längst eine Kugel durch den Kopf gejagt.‹ Das ist eine der immer wiederkehrenden Melodien, die die Leute mit Sicherheit an einem schwierigen Sterbebett singen. (…) Für denjenigen, der es sagt, ist es eine große Entdeckung über sich selbst, die deshalb so komisch klingt, weil sie so falsch ist. Denn der, der da jetzt so liegt, der arme Kerl, der es bis heute so weit hat kommen lassen, sagte gestern noch genau dasselbe.«[15]

Würde und Selbstbestimmtheit zu erhalten ist ein wichtiges Ziel. Wie weit es erreicht wird, hängt eng zusammen mit der Fähigkeit, die Tragweite der Erkrankung zu erkennen, zu bedenken und zu verarbeiten. Aber diese zentrale Aufgabe überfordert sehr, sehr viele. Darauf weisen Praktiker immer wieder hin. Sherwin B. Nuland schreibt: »Bei aller Hochachtung für ihre [Kübler-Ross'] Bemühungen weiß ich wie jeder erfahrene Kliniker, dass einige Patienten über die Phase des Leugnens, zumindest nach außen hin, nie hinauskommen. Viele andere Patienten bleiben im großen und ganzen beim Leugnen, obwohl sich der Arzt bemüht, sie über ihre schlechte Prognose aufzuklären.«[16] Und der holländische Arzt Bert Keizer bestätigt: »Die meisten von uns trotten mit einer über die Augen gerutschten Mütze auf den Abgrund zu.«[17] Beata Lakotta schreibt in ihrem eindringlichen Buch über Bewohner von Hospizen, jenen Häusern also, in denen nur Sterbende leben, dass sie und der Fotograf Walter Schels dort so oft erfahren haben, »dass jemand, der von seinem bevorstehenden Tod *weiß,* noch lange nicht daran *glaubt,* es werde wirklich geschehen (...), dass wir uns mittlerweile gut vorstellen können, [diesem Zwiespalt] selbst eines Tages zu erliegen«.[18]

Warum sollten wir das nicht akzeptieren? Weil wir an unseren Beschönigungen festhalten, um unsere Ängste zu besänftigen? Wenn es tatsächlich unser Ziel ist, Todkranke und Sterbende nicht nur vor quälenden körperlichen Symptomen, sondern auch vor übergroßer Angst zu bewahren, dann dürften wir nicht von ihnen erwarten, dauerhaft die Mütze zu lüpfen, dann sollten wir keine Heldenhaftigkeit erwarten, zu der wir selbst womöglich nicht fähig sein werden. Wir können dann allerdings auch nicht erwarten, dass sie bewusst und versöhnt Abschied nehmen. Zum Recht auf Selbstbestimmung gehört es auch, die Mütze noch ein Stückchen tiefer zu ziehen. Für Angehörige und Freunde kann das allerdings zu schrecklichen Belastungen führen. Die lassen sich jedoch weitaus besser tragen, wenn sie sie als *normale* Begleiterscheinungen sehen und sich nicht noch zusätzlich mit Versagensgefühlen quälen.

Würde und Selbstbestimmung der Kranken zu achten und zu wahren – das ist ein Ziel, dass sich alle, die mit Kranken und Sterbenden zu tun haben, setzen müssen. Nur sehr wenig beeinflussen können sie allerdings, ob Kranke und Sterbende sich würdevoll verhalten und auf welche Weise sie über sich bestimmen.

Die Freiheit der Selbstbestimmung ist auch eine Last, und die lässt sich erleichtern oder sogar umgehen, indem man die viel beschworene Hoffnung stärkt. Das kann heißen, Befunde euphemistisch zu umschreiben oder medizinische Behandlungen anzubieten, die fragwürdig sind. Und es kann heißen, das Sterben selbst möglichst freundlich darzustellen. »Sanftes Sterben«, »versöhntes Sterben«, »schmerzfreies Sterben«. Oft wird auch gar nicht vom Sterben gesprochen, sondern vom »Gehen«.

Alles in allem haben die letzten drei Jahrzehnte unsere Einschätzungen und Erwartungen, aber auch die Möglichkeiten am Lebensende gravierend verändert. Grundsätzlich und ganz überwiegend ist das positiv. Aber es sind auch Fehleinschätzungen und neue Probleme entstanden, die wir erkennen müssen, um mit ihnen besser fertig zu werden. Dazu gehört vor allem, dass unsere Vorstellungen oft ziemlich opernhaft geworden sind: Todkranke durchleben eine Metamorphose, die ihnen Fähigkeiten zuwachsen lässt, die sie zuvor nicht hatten. Sterbende wenden sich zum Schluss noch einmal auf herzergreifende Weise an die Umstehenden – natürlich sind die Hauptakteure sämtlich auf der Bühne – und hauchen ihr Leben friedlich und ruhig aus. Die Angehörigen sind bei all dem liebevolle Zeugen und Begleiter.

Beispiel eines solch »himmlischen« Sterbens ist nachzulesen in dem Buch »Das Ende ist mein Anfang« von Tiziano Terzani[19]: Ein Mittsechziger erzählt seinem Sohn aus seinem erlebnisreichen Leben, von glücklich gelösten Sinnfragen und von seiner Ankunft bei sich selbst. Er hat sich zum Sterben zurückgezogen an einen einsamen Ort mit grandioser Aussicht, an dem er sich ganz zu Hause fühlt und seine in früheren Jahren – wie er selbst zu Protokoll gibt – oft betrogene Ehefrau, ein Sohn und andere ihm hilfreich zur Seite stehen und all seine Wünsche erfüllen.

Idealisierende Vorstellungen hatte ich selbst entwickelt, obwohl die Erfahrungen, die ich Rotraud verdanke, in manchen Punkten dagegen sprachen, und auch das Sterben meiner hochbetagten Großmutter war längst nicht so ideal, wie es unbeteiligten Dritten erscheinen konnte. Als ich die Geschichte von Tiziano Terzani las, musste ich vor allem an sie denken.

»Der Tod wird verleumdet«, war einer der Lieblingssätze meiner Großmutter. Sie war 101 Jahre alt, als sie zu Hause starb, vermutlich an den Folgen eines Krebses im Unterleib. Sie wurde gut versorgt und betreut von Familienangehörigen und einem einfühlsamen Hausarzt. Ihr Leben endete wie auf einer Drehbühne mit einer Tag- und einer Nachtseite. Meine Großmutter hatte einen großen Bekanntenkreis, sehr viel jüngere Leute, die sie besuchten und bewunderten. Wenn sie einen Gast hatte, plauderte sie völlig entspannt und beeindruckend humorvoll über ihren bevorstehenden Tod und »Freund Hein«. Sie erzählte, wie dankbar sie sei für all das Schöne, das ihr in ihrem Leben zuteilgeworden sei. Und besonders gern sprach sie – kokett wie ein frühreifes Mädchen – über ihre große Liebe, ihren Vater, dem sie ganz besonders viel verdanke, auch eine gewisse regionale Prominenz. Nachts hingegen geisterte sie, bis sie die letzten beiden Wochen bettlägerig wurde, durch ihre Räume, schimpfte lauthals und betrank sich, riss sich die Windeln vom Leib und pinkelte auf den

Teppich, bis sie irgendwann – meist erst im Morgengrauen – in ihr Bett taumelte.

Am Tag, an dessen Abend sie starb, forderte sie ihre ältere Tochter und mich auf, sie aufzusetzen. Dann wollte sie aufstehen. Als sie zittrig und von uns festgehalten stand, zischte sie uns mit heiserer Stimme wutentbrannt zu: »Ihr wollt ja nur, dass ich sterbe!« Offenkundig beabsichtigte sie, uns und unseren vermeintlich bösen Wünschen zu entfliehen. Aber sie hatte trotz der enormen Energie, die sie soeben nochmals unter Beweis gestellt hatte, nicht einmal mehr die Kraft, um allein zu stehen. Wir kommentierten ihre Äußerung nicht, sondern halfen ihr zurück ins Bett. Sie trank einen Schluck Wein und schlief erschöpft ein. Aus diesem Schlaf erwachte sie nicht mehr.

Ja, das war schon ziemlich opernhaft, zumindest überaus theatralisch. Ich glaube, sie ist gut gestorben, denn von der eben beschriebenen Szene abgesehen, hatte sie ihre letzten Tage ziemlich ruhig und überwiegend schlafend verbracht, aber ich glaube nicht, dass sie mit ihrem Leben und mit ihren zahlreichen Nachkommen versöhnt war. Eine solche Wendung hatte allerdings auch niemand von uns erwartet, denn wir kannten sie ja und wussten, dass es zu ihren hervorragenden Eigenschaften gehört hatte, Jahrzehnte lang völlig unverändert Gefühle zu äußern, und dazu gehörten gravierende Vorwürfe gegen alle Familienmitglieder. Eine persönliche Entwicklung hatten wir bei ihr, solange wir denken konnten, nicht beobachtet. Und so lange wir denken konnten, hatte es keinen wirklichen Austausch in Gesprächen mit ihr geben können. Unsere Erwartungen waren realistisch gewesen.

Ihre auch. Wir warteten tatsächlich auf ihren Tod und wünschten ihn sogar herbei, denn wir machten uns Sorgen um meine Mutter, die – selbst schon über siebzig und nicht mehr gesund – der emotionalen und physischen Belastung nicht viel länger gewachsen gewesen wäre.

Katastrophale Diagnosen und ihre Wirkungen

Von dem, was man gemeinhin »Ruhe bewahren« nennt, konnte keine Rede sein. Eher ging es darum, das eigene Gesicht hinter einer japanischen Nō-Maske zu verbergen.
David Rieff[1]

»*Es kann auch ein Bronchialkarzinom sein*«, *sagt Franziska. Benommenheit. Blutleere. Schwindel.*

Das sei der Verdacht gewesen von Anfang an, sagt sie. Der quält sie also schon seit zwei Wochen. Da hatte sie ihre Geburtstagsfeier abgesagt – mit der Begründung, sie habe eine Lungenentzündung.

Sie referiert sachlich, dass sich der Röntgenbefund durch Antibiotika nicht verbessert und sie deshalb am nächsten Tag einen Termin bei einem Lungenfacharzt habe.

»*Soll ich mitkommen?*«, *frage ich.*

»*Nein*«, *sagt sie.* »*Und jetzt möchte ich auch nicht mehr viel reden.*«

Ich friere und zittere am ganzen Körper. Ich schlage das Buch wieder auf, in dem ich vor dem Anruf gelesen hatte, will das eben Gehörte einfach zur Seite schieben. Verrückt!

Lesen kann ich nicht, denken kann ich nicht, bin orientierungslos, als hätte man mich an einem unwirtlichen fremden Ort aus dem Tiefschlaf gerissen. Ich schalte den Fernseher an. Im Tatort geht es um einen Mann, der mit Nikotin vergiftet worden ist. Drei bis fünf Zigaretten in Flüssigkeit aufgelöst sind tödlich.

Wie viele Zigaretten haben wir geraucht!
Eine Stunde ist seit der Nachricht vergangen. Ich habe Angst, schreckliche Angst. Ich ziehe mir eine dicke Jacke an, gehe ums Haus, über den nassen Rasen. »Es kann«, hat sie gesagt. Es kann also auch etwas anderes sein. Ich will, dass sie gesund ist. Ich will meine innere Ruhe behalten. Ich will mein gewohntes Leben behalten. Behalten? Ich will es zurück!
Ich gehe durch die nächtliche Kälte, weiter, weiter, weiter – bis ich ein wenig von der Anspannung in den Boden getreten habe.
Meine Gefühle waren so überwältigend, dass ich im ersten Moment nur am Rande daran denken konnte, wie sich Franziska fühlen musste. Die Nachricht wirkte wie eine unvorhersehbare körperliche Attacke, die die Sinne trübt und den Körper hinfällig macht. Ich gehe und gehe und denke: Der Mangel an Einfühlung rührt nicht aus der Ferne, sondern aus der Nähe, aus der Angst, einen nahen Menschen leiden zu sehen, womöglich zu verlieren und aus der Angst selbst zu erkranken. Die Angst um den anderen ist nicht zu trennen von der Angst um sich selbst, denn mit ihm ist auch das eigene Leben bedroht, das eigene Leben, so wie wir es kennen und schätzen.
Angst lähmt, strapaziert. Ich fühle mich, als hätte ich seit Stunden körperliche Schwerstarbeit geleistet.

Die Diagnose Krebs versetzt die Kranken und ihre Angehörigen in einen Ausnahmezustand. Die Nachricht schockiert, so sehr, dass man sie im ersten Moment nur bedingt aufnehmen kann. Die Nachricht katapultiert die Betroffenen aus dem sicheren Alltag in ein unbekanntes Niemandsland. Die Redewendung vom Boden, der einem unter den Füßen weggezogen wird, trifft die Situation gut. Man hat das Gefühl, zusammenzusacken, auch wenn man sitzt. Man kann kaum sprechen.
Dieter Wellershoff, der ebenfalls am Telefon erfuhr, dass sein Bruder an einem extrem bösartigen Blutkrebs erkrankt

war, der unbehandelt in höchstens drei Wochen zum Tod führen würde, schildert seine Empfindungen so: »Ich konnte nichts sagen, außer seinem Namen. Das Schmettern war um mich herum, das Getöse, das das Unglück machte.«[2]

Als meine Freundin Franziska mich informierte, war ich nur noch Körper, ein Körper, der damit beschäftigt ist, den Schlag zu verkraften, der ihn beinahe in eine Ohnmacht schickt. Die Gedanken sind wirr. Deshalb ist nur Schweigen möglich. Es gibt keine Zeit mehr, es gibt keine Tränen. Man kann es noch nicht einmal Entsetzen nennen, aber genau das ist es. Und in diesem Augenblick ist jeder vollständig allein. Dieter Wellershoff schrieb: »Ein Loch öffnete sich unter uns, eine Tiefe ohne Auffangnetz. Solange er gesprochen hatte, gab es etwas, das uns hielt. (…) Durch den Ton, den er anschlug, und die Disziplin, die er sich auferlegte, wies er mir meine Rolle zu, und solange er sprach, schien er selbst einen Schritt weit außerhalb des Schreckens zu stehen. (…) Plötzlich sprach er nicht mehr. Er hatte alles gesagt, und das Netz unter uns war verschwunden, wie abgeschnitten. Wir mussten abstürzen, wenn ich nicht weiterredete.«[3]

Matt Seaton beschreibt seine Reaktion auf die Nachricht, dass bei seiner Frau Ruth Picardie Brustkrebs festgestellt worden war, so: »Der Tisch, auf den ich mich stützte, schien plötzlich unter mir ins Bodenlose zu fallen. Mir wurde heiß und augenblicklich eiskalt; meine Schultern schienen nachzugeben unter dem Gewicht meines Kopfes, der zu zerspringen drohte.«[4]

David Rieff hatte seine Mutter zum Arzt begleitet, der ihnen die Diagnose – äußerst aggressiver Blutkrebs – eröffnete: »Dr. A. kam immer mehr in Fahrt. Wie man es auch drehe und wende, die Antwort könne nur lauten, dass es keine wirksamen Behandlungsmethoden gebe, zumindest keine, die zu einer langfristigen Remission führten, geschweige denn zur Heilung. Natürlich gebe es eine Anzahl von Palliativmitteln zur Verbesserung der ›Lebensqualität‹ des Patienten.«[5] David

Rieff sah, dass seine Mutter immer noch starr lächelte. Und dann »überkam mich plötzlich mit ungeheurer Stärke der Eindruck, ich würde deutlich hören, wie dieses Lächeln wie eine Eierschale zerbrach«.[6]

Susan Sontag war einundsiebzig Jahre alt, als sie zum dritten Mal an Krebs erkrankt war. Der Sohn wusste, wie sehr seine Mutter den Tod hasste. »Das Schweigen, in dem wir zum Wagen gingen, überstieg alles, was ich mir hätte vorstellen können, oder je erlebt hatte.«[7]

Die Kranken und ihre Allernächsten sind – zumindest für Momente – auf gleiche existenzielle Weise getroffen, nur würden Angehörige das nicht sagen, weil klar ist, dass die Kranken sich darauf verlassen können müssen, dass sie sich auf ihre wichtigsten Menschen stützen dürfen, ohne sie zu Fall zu bringen.

Dieter Wellershoff liebte seinen einzigen Bruder nicht, aber er fühlte sich mit ihm verbunden, besonders eng verbunden, als er von der Diagnose hörte: »Wenn so nahe und so unerwartet neben einem der Tod erscheint, brechen Schutzwehren zusammen, die bisher ungeprüft gehalten haben. (…) Jetzt (…) war ich ohne inneren Schutz, und ich glaubte, dass ich meinem Bruder dabei sehr nahe war.«[8]

Ich habe selbst zweimal eine Krebsdiagnose bekommen, beide erwiesen sich glücklicherweise nach höchstens drei Wochen als falsch. Ich weiß deshalb: Im allerersten Moment war es für mich kein Unterschied, ob die schlechte Nachricht mich selbst betraf oder einen Menschen, der mir überaus wichtig ist. Und im allerersten Moment spielt es auch noch keine Rolle, wie bedrohlich die Erkrankung ist. Der Schlag ist ein Schlag, und was er zu bedeuten hat und wie er weiterhin wirken wird, stellt sich erst später heraus. Der Schlag hebt die Welt aus den Angeln. Nichts ist mehr wie zuvor.

Je dramatischer die Diagnose ist, umso mehr Zeit kann vergehen, bis die Botschaft überhaupt so weit ankommt, dass der Schlag gespürt wird. So schützt sich die Psyche unwillkürlich gegen ein zu großes Maß an Angst. Das ist also eine durchaus normale Reaktion. Die haben auch Paula und Claas erlebt. Claas war an einem Mesotheliom erkrankt, einem sehr seltenen Krebs. »Wir saßen dem Arzt in der Uni-Klinik gegenüber«, erzählt Paula. »Er erklärte kurz das Mesotheliom und sagte, dass die Prognose infaust sei. Wir hörten uns das an, aber es war, als würden wir uns einen schrägen Film ansehen. Der Arzt sagte: ›Sie sitzen da so ruhig. Aber ich muss noch einmal sagen, für kein Geld der Welt gibt es Hilfe für Sie. Auch die Chemotherapie kann den Verlauf bestenfalls ein wenig verzögern. Regeln Sie Ihre Rechtsgeschäfte und das möglichst vor der ersten Chemotherapie, mit der wir übermorgen beginnen können.‹«

Wortlos verließen Paula und Claas Hand in Hand das Krankenhaus. »Da gab's nichts zu sprechen. Die Ansage war nicht unfreundlich, aber so klar, so hart, wie ich sie von keinem Arzt erwartet hätte. Aber für meinen Mann war das genau die richtige Art. Dann sind wir losgefahren. Da wir beide für unser Leben gern aßen, haben wir ein Lokal angesteuert, in dem es ein sehr gutes Frühstücksbüfett gibt. Wir haben uns unsere Tabletts voll gepackt, haben uns raus in die Sonne gesetzt und üppig gespeist. Wir haben tatsächlich mit Genuss essen können. Eine solche Information erreicht einen zunächst überhaupt nicht.«

Erst nach und nach gelangt ins Bewusstsein, dass man in eine andere Welt versetzt worden ist, von der man zwar wusste, aber deren Regeln man nicht kennt. So jedenfalls ist es bei einer Ersterkrankung. Angehörige, die bereits früher Krankheitsepisoden mit durchlebt haben, kennen zwar die Welt der Krebskranken, aber wenn klar wird, dass die Chancen einer erneuten Behandlung gering, womöglich gar nicht mehr gegeben sind, muss die schockierende Mitteilung verarbeitet werden, den geliebten Menschen nun tatsächlich bald zu verlieren.

Je näher uns ein Mensch steht, je stärker wir mit ihm identifiziert sind – je mehr wir den Bedrohten als Teil von uns selbst empfinden – je ähnlicher er uns ist, umso gefährdeter fühlen wir uns selbst. Nicht nur durch den drohenden Verlust, sondern auch durch die Gegenwart todbringender Krankheit überhaupt.

In Angehörigen und Freunden mischt sich nach Momenten oder Tagen der Starrheit Mitgefühl mit eigenem Leid und eigenen Ängsten und dem brennenden Wunsch zu helfen, so schnell wie möglich irgendetwas zu tun, was alles wieder gut oder wenigstens erträglich macht.

So schnell wie möglich? Die Zeit existiert nicht mehr. Wenn uns oder einem unserer Nächsten nur noch eine kurze Frist gegeben ist, stürzen wir auch zeitlich in ein Vakuum. Da die Kontinuität des Alltags keine Bedeutung mehr hat, wirken alle Routinen wie eine milchige Folie, hinter der das Eigentliche liegt, das, was keinen Moment zu vergessen ist: Krebs, Sterben, Tod.

Dieser Assoziation entging auch Susan Sontag nicht, die mit Anfang Vierzig zum ersten Mal an Krebs erkrankt war, an Brustkrebs mit einer äußerst schlechten Prognose. Nachdem sie die Krankheit und die dramatischen Behandlungen überstanden hatte, schrieb sie nach einer Weile das Buch, mit dem sie weltberühmt wurde: »Krankheit als Metapher«. Darin stritt sie dafür, Krebs ausschließlich als eine Krankheit anzusehen und als nichts sonst: »Zeigen will ich, dass Krankheit *keine* Metapher ist und dass die ehrlichste Weise, sich mit ihr auseinanderzusetzen – und die gesündeste Weise, krank zu sein – darin besteht, sich so weit wie möglich von metaphorischem Denken zu lösen, ihm größtmöglichen Widerstand entgegenzusetzen.«[9]

Damit stellte sich Sontag gegen ihre eigenen Erfahrungen, ja, sie verkehrte sie ins Gegenteil. Sie kämpfte als Intellektuelle ebenso gegen den Krebs wie als Kranke – beeindruckend vehement, aber ohne die Fähigkeit zur Wahrhaftigkeit. Der Sohn hat nachgelesen in den Aufzeichnungen Sontags aus der Zeit ihrer Brustkrebserkrankung: »Die Tagebücher, die sie schon kurz nach der Operation wieder zu führen begann, erzählen eine andere Geschichte. Immer wieder findet sich in ihnen die Notiz: ›Krebs = Tod‹.«[10]

Auf welche Weise sich die reale Angst um den Kranken mischt mit eigenen Krankheitsängsten, mit den gängigen Metaphern und Erklärungen zu Krebs, ist individuell verschieden. Manche Menschen gehen mit dem Gefühl durchs Leben, ihnen könne nichts geschehen, andere sind immer wieder mit mehr oder weniger gravierenden Ängsten konfrontiert. Petra Thorbrietz beschreibt, was das bedeuten kann: »Schon mehrfach war ich überzeugt gewesen, todkrank zu sein, hatte mich wochenlang in eine immer größere Angst hineingesteigert (…). Bis zum erlösenden Arztbesuch.«[11] Als bei ihrem Mann Metastasen festgestellt wurden, Metastasen vermutlich eines Lungenkrebses, war ihre Angst realitätsgerecht, und dieses Mal war der Arztbesuch nicht »erlösend«.

Angehörige reagieren oft mit körperlichen Symptomen auf den extremen Stress. Mir selbst tat eine Weile der ganze Körper weh, nachdem ich wusste, dass meine Freundin lebensbedrohlich krank war. Manchmal dachte ich, ich sollte meine Lunge röntgen lassen, um mich von Ängsten um mich selbst zu befreien und mich besser auf Franziska konzentrieren zu können. Und einmal suchte ich tatsächlich eine Ärztin auf, weil ich Symptome hatte, die ich nicht übergehen konnte. Es überraschte mich keineswegs, dass die Spannungen, die ich durchlebte, sich körperlich bemerkbar machten. Unvorstellbar war allerdings, Franziska davon zu erzählen.

Dieter Wellershoff hat seine Ängste um sich selbst angesichts der Blutkrebserkrankung seines Bruders so formuliert: »Ich will nicht, dass er mich mitzieht, dachte ich.«[12] Die Brüder hatten dieselbe Blutgruppe, und Wellershoff fühlte sich doppelt bedroht. Zum einen durch die körperliche Ähnlichkeit; zum anderen dadurch, dass eine Knochenmarkstransplantation erwogen wurde, für die er der ideale Spender gewesen wäre. Er war heilfroh, als diese Möglichkeit von den Ärzten verworfen wurde, so dass er sich nicht entscheiden musste, ob er zu der Spende bereit gewesen wäre.

Auch Ärzte berichten, dass es ihnen weitaus schwerer fällt mit tödlich erkrankten Patienten zu tun zu haben, wenn die ihnen auf irgendeine Weise nahekommen – weil sie ihnen besonders sympathisch sind, weil es sich um Kollegen handelt, weil es jemand ist, der ihnen körperlich ähnelt.

Bedrohliche Situationen, in denen wir uns nicht zu helfen wissen, können dazu führen, dass unsere Gefühle auf eine kindliche Entwicklungsstufe zurückfallen. Wir können beispielsweise in magisches Denken geraten: Wenn er diese schreckliche Krankheit hat, werde ich sie auch bekommen. Wenn ich das Richtige glaube, wird alles wieder gut. Wenn ich so tue, als ob nichts sei, ist auch nichts. Wenn sie erkrankt, erwischt es mich sicherlich nicht auch. Nicht nur für die Kranken selbst, auch für ihre Angehörigen kann sich vorübergehend die Welt verrücken. Das muss man ihnen nicht unbedingt anmerken. Man kann gleichzeitig irrwitzige Gedanken und dramatische Gefühle haben und sich dennoch realitätsgerecht verhalten.

Meine Freundin Franziska absolvierte stoisch einen Arzttermin nach dem anderen, aber wenn sie mir am Telefon die Ergebnisse mitteilte, die nach und nach sämtlich den Verdacht erhärteten, sagte sie beispielsweise überrascht: »Deine Stimme klingt so besorgt.«

»Natürlich bin ich besorgt, äußerst besorgt«, antwortete ich.

»Ich will, dass alles so normal wie möglich ist«, sagte sie ärgerlich.

Ich dachte: Verdammt noch mal, dies *ist* keine normale Situation! Und mir war klar: Wir stehen beide unter Schock. Ich wusste nicht, dass ich zum ersten Mal etwas erlebt hatte, was sich wiederholen würde: Momente, in denen Franziska die Wirklichkeit ausblendete oder sogar in ihr Gegenteil verkehrte.

Eine tödlich verlaufende Krebserkrankung kann auch Angehörige tatsächlich körperlich krank machen. Marianne, die fast drei Jahre lang ihre krebskranke Tochter und deren Kinder versorgte, litt fast die gesamte Zeit an eitrigen Nebenhöhlenentzündungen. Die vom Arzt empfohlene Operation ließ sie nicht machen, weil sie Tochter und Enkelkinder nicht im Stich lassen wollte. Häufig wünschte sie sich, mit ihrer Tochter tauschen, ihr Krankheit und Sterben abnehmen zu können. Ein Wunsch, der insbesondere Eltern naheliegt. Sie empfinden den Tod eines Kindes als etwas, was gegen alle Regeln der Natur ist. Erst müssen doch die Eltern sterben, viel später dann die Kinder!

Die Grenze, die wir mehr oder weniger bewusst, mehr oder weniger stark zu allem ziehen, was uns existenziell ängstigt, diese Grenze ist aufgehoben, wenn in unserer nächsten Umgebung jemand tödlich erkrankt. Wenn sich nahe Angehörige (das geschieht selten) oder Freunde (das kommt häufiger vor) davonstehlen, sich räumlich und seelisch in eine möglichst sichere Entfernung zu retten suchen, zeigt das, wie groß, wie unerträglich ihre Ängste um sie selbst sind.

Annette Rexrodt von Fircks, die als Fünfunddreißigjährige erfuhr, dass sie Brustkrebs und eine sehr schlechte Prognose hatte, erzählt davon, dass sie die schlimme Zeit nach der Diagnose im Krankenhaus und in der Reha ohne ihren Mann durchstehen musste. Er hatte sich abrupt von ihr abgewandt und ihr deutlich gezeigt, dass er von ihrem baldigen Tod ausging. Er hatte sie nach einem Gespräch mit ihrem Arzt innerlich aufgegeben. Unerträgliche und unausgesprochene Ängste hatten ihn dazu veranlasst, sich ganz auf seine Funktion als Familienernährer und Vater zurückzuziehen.[13]

Es ist beschämend und deshalb kaum zu sagen, dass auch Angehörige, die keineswegs auf die Idee kämen wegzulaufen, innerlich sehr schnell die Entwicklung der Krankheit bis zum Tod vorwegnehmen. Ich habe das sowohl getan, wenn es mich selbst betraf, als auch bei Franziska. Meine Gedanken machten vor nichts halt, als könne in der Antizipation des Schrecklichsten Erleichterung liegen. Und das ist für manche tatsächlich eine Hilfe. Auch Therapeuten stellen in solchen Situationen ähnliche Fragen: Was kann passieren? Was würde das bedeuten? Was wird vermutlich tatsächlich passieren? Wer solchen Gedanken nicht ausweicht, kann sich besser beruhigen als diejenigen, die sie als verboten oder zu gefährlich wegschieben.

Der Gedanke an ein nahes und unausweichliches Ende taucht bei vielen zunächst unabhängig von der Bedeutung der Diagnose auf. Allerdings spielen auch unsere Erfahrungen eine wesentliche Rolle. Da ich inzwischen mehrfach erlebt habe, dass Frauen an Brustkrebs erkrankten und nach Operation, Chemotherapie und Bestrahlungen seit Jahren stabil gesund sind, ist hier die Gleichsetzung von Krebs und Tod weitgehend aufgehoben.

Im ersten Moment ist oft nicht klar zu unterscheiden, was Fantasie und was wirklichkeitsgerecht ist. Als ich erfuhr, dass Franziska an der aggressivsten Art von Lungenkrebs litt – der Tumor sehr groß und bereits ins Rippenfell gewachsen war und deshalb nicht operiert werden konnte –, wurde aus der Besorgnis, dass sie mit dieser Erkrankung nicht mehr lange würde leben können, eine realistische Einschätzung.

Nach der Diagnose stehen Kranke und Angehörige vor zwei wesentlichen Forderungen: Die Bedeutung der Erkrankung zu erkennen und zu entscheiden, wie medizinisch auf sie reagiert werden soll. Je weniger die erste Aufgabe gelöst wird, umso unfähiger sind die Beteiligten, die zweite zu erfüllen. Und da alle meistens von dem Wunsch getrieben werden, es möge möglichst schnell etwas geschehen, müssen sie die zweite Aufgabe den Ärzten überlassen und sind daher weit entfernt davon, sich als mündige Patienten erweisen zu können.

Voraussetzung dafür ist es, sich ausreichend mit den medizinischen Realitäten vertraut zu machen, mit der Art der Erkrankung und ihrem zu erwartenden Verlauf, mit den Behandlungsvorschlägen und deren Folgen: Welche operativen Möglichkeiten gibt es? Können Therapien die Lebenszeit verlängern, und welche direkten und indirekten Auswirkungen auf die Lebensqualität sind damit verbunden? In welchem Krankenhaus, in welcher Praxis gibt es vertrauenswürdige Spezialisten? Wie würde die Krankheit ohne Behandlungen verlaufen? Genau genommen stehen die Erkrankten und ihre Angehörigen vor der Herausforderung, in Windeseile Experten für eine Krankheit werden zu müssen, deren Diagnose sie noch weitgehend in Bann schlägt und in existenzielle Ängste versetzt. Bei einer Wiedererkrankung wissen Kranke und Angehörige zwar meist schon viel, aber oft sind ihre Ängste dann noch weit größer als bei einer Ersterkrankung.[14]

Eine große Hilfe ist es, wenn Kranke und Angehörige auf ähnliche oder zueinander passende Weise auf die vor ihnen liegenden Aufgaben reagieren. Oft aber wird schon kurz nach der Diagnose deutlich, dass dies keinesfalls so ist. Manchmal stellt sich nachträglich sogar heraus, dass der Schock über die Diagnose das Letzte war, was Kranke und Angehörige ganz ähnlich erlebten, und dass von diesem Zeitpunkt an Einschätzungen und Hoffnungen auseinanderdriften.

Sind weder die Kranken noch die Angehörigen in der Lage, sich ein realistisches Bild zu machen, können sie nur den Vorschlägen der Ärzte folgen, fraglos folgen. Auch der Journalistin Petra Thorbrietz, die daran gewöhnt war, Themen gründlich zu erkunden, blieb keine andere Möglichkeit: »Wir haben einfach vertraut. (…) Ich hatte auch nicht im Internet recherchiert, weil ich zum ersten Mal Angst hatte, dass mich widersprüchliche Informationen nur verunsichern würden.«[15]

Manchmal haben Angehörige keine Chance, sich kundig zu machen – selbst wenn sie es emotional schaffen könnten: Es kommt vor, dass Angehörige und Freunde gar nicht oder nur bruchstückhaft über die Befunde informiert werden. Und manche Erkrankte sagen selbst nächsten Angehörigen nichts oder informieren sie erst kurz vor ihrem Tod.

Dann kommt zu dem Schock die Frage: Warum habe ich nicht davon wissen dürfen? Wurde ich nicht für vertrauenswürdig gehalten? Warum wurde mir nicht ermöglicht zu helfen? Warum wurde ich um Austausch und Nähe in der letzten Lebenszeit gebracht?

Es gibt zahlreiche Motive für das Verschweigen einer Krebserkrankung, und es ist keinesfalls die Regel, dass das gesamte Umfeld informiert wird. Diejenigen, die ihr Kranksein verleugnen, können andere gar nicht einweihen. Ein bewusstes Motiv liegt oft darin, nicht nur und überall als schwerkranker Mensch angesprochen und angesehen zu werden. Niemand will darauf reduziert werden. Auch wenn die Realität akzeptiert wird, brauchen die Kranken ebenso wie die Angehörigen Oasen der Entspannung. Die finden sich dort am leichtesten, wo niemand die Last kennt, die sie zu tragen haben, dort, wo sie immer noch als die gelten, die sie waren und am liebsten geblieben wären.

Lisa war mehr als zwanzig Jahre krebskrank. Nur ihr Mann Sepp wusste davon. Eltern, Geschwister und Freunde hatten keine Ahnung. Nach Lisas Tod waren manche auch deshalb bestürzt, weil in ihnen Unmut aufgekommen war wegen kurzfristiger Absagen des Paars. Wie gern hätten sie Hilfe angeboten, ihr Mitgefühl geäußert!

Kranke möchten nicht auf ihre Schwäche festgelegt werden. Für Lisa wäre das besonders schlimm gewesen, denn sie fühlte sich in ihrer Familie stets aufs Neue in die Rolle des schwächlichen Kindes gedrängt, bedauert und nicht ernst genommen. Lisa wurde in der Familie Es genannt – eine schreckliche Entpersönlichung. Dass Lisa eine erwachsene Frau war, ihr Leben meisterte und in einem anspruchsvollen Beruf arbeitete, änderte an ihrer Rolle in der Familie nichts. Als Lisa gestorben war, sagte ihre Mutter: »Die Arme! Es hat kein schönes Leben gehabt.« Und Lisas Schwester äußerte sich ähnlich.

Dieser Kommentar zeigt, wie viel Herablassung in vermeintlichem Mitleid liegen kann, wie viel uneingestandene Konkurrenz auch. Lisas Mutter und Schwester entwerteten nicht nur Lisas Leben, sondern auch die erfüllten Jahre, die Sepp mit ihr erlebt hatte. Lisa war Anfang und Sepp Ende vierzig, als sie sich fanden. Sieben Jahre später haben sie geheiratet. Für beide war es die zweite Ehe und ein großes und beständiges Glück.

Sepp hat seiner Schwiegermutter widersprochen, sah aber genauer denn je, dass Lisas Familie tatsächlich niemals imstande war, Lisa gerecht zu werden. Wie viel Stärke Lisa in all den Jahren ihrer Erkrankung bewiesen hatte, versuchte Sepp gar nicht erst zu erklären. »Sie haben Lisa als Es herabgesetzt und nie anerkannt, was für eine beeindruckende Persönlichkeit sie war«, sagt er.

Wer seine Krebskrankheit als Makel ansieht, wer das Gefühl hat, andere würden Nutzen daraus ziehen, dass man schwer krank ist, andere würden es als Triumph empfinden, würden sich in ihrer vermeintlichen Stärke sonnen, will sie gewiss nicht einweihen und schon gar nicht um Hilfe bitten.

Unterstützung zu akzeptieren fällt vielen Erkrankten ohnehin schwer. »Ich werde lernen müssen, Hilfe anzunehmen«, sagte Franziska ganz am Anfang bedrückt. Was für eine schwere Aufgabe das für sie war, zeigten Äußerungen bald darauf. Als eine Freundin angekündigt hatte, nach der nächsten Chemo eine Suppe vorbeizubringen, polterte Franziska: »Ich brauche keine Suppe! Aber ihr tut das natürlich gut, und ich kann das Zeug ja einfrieren.« Ich war getroffen von ihrem abfälligen Ton und dem Inhalt ihrer Worte. Das war ich bei folgender Attacke auch: »Helfen! Helfen! Frauen wollen immer helfen!« Da Franziska Hilflosigkeit und damit Hilfe kaum ertragen konnte, wertete sie Fürsorglichkeit generell ab, obwohl sie selbst anderen oft und gern geholfen hat.

Nicht um Hilfe bitten und sie nicht annehmen zu müssen kann ebenso ein Grund für dauerhaftes Verschweigen der Erkrankung sein wie der Wunsch, Angehörige nicht zu belasten. Der tiefere Grund kann aber auch darin liegen, dass die Kranken Nähe vermeiden wollen. Carson McCullers schreibt über die Reaktion ihres Protagonisten Malone auf die Diagnose einer tödlichen Krebserkrankung: »Er erzählte seiner Frau nicht von seinem Leiden – wegen der Vertrautheit, die eine solche Tragödie hätte herstellen können.«[16]

So war es wohl auch bei Saskias Mutter. Saskia war über Pfingsten in der Nähe von Mailand, als ihr Bruder sie anrief und ihr mitteilte, ihre Mutter liege im Krankenhaus. »Ich glaube, sie stirbt«, sagte der Bruder. Am nächsten Tag flog Saskia nach München und eilte ins Krankenhaus. Die Mutter hatte sich in den vergangenen zwei Monaten, in denen Saskia sie nicht gesehen hatte, sehr verändert und war kaum noch ansprechbar. Zwei Wochen später starb Saskias Mutter. Sie hatte weder ihren Mann – das Paar lebte getrennt – noch ihre Kinder über ihre Krebserkrankung informiert, auch nicht an dem Tag, an dem sie mit einem Taxi ins Krankenhaus fuhr und dem Arzt, der sie schon lange behandelte, sagte, dass sie nun zum Sterben gekommen sei.

Acht Wochen zuvor hatte Saskia ihre Mutter in München getroffen. Sie waren in einem Café verabredet. Die Mutter hatte sich einen Mullbindenverband über den Mund geklebt. »Mami, das kann doch nicht richtig sein!«, hatte Saskia gesagt. Nachträglich war sie erschüttert über diese symbolisierte Äußerung. »Sie hat mir gezeigt, dass sie ihren Mund verschlossen hat«, sagt Saskia, »aber ich habe es nicht verstanden. Sie wollte mit dem Verband nicht die kleine Wunde an ihrem Mundwinkel schützen, sondern ihr Schweigen.«

Eine besondere Last ist es für Angehörige, wenn von ihnen verlangt wird, nicht mit Dritten über die Erkrankung zu sprechen. Die Kranken zwingen sie in eine Entfremdung von Freunden und Familienmitgliedern. Sie verbieten ihnen, sich selbst durch Gespräche mit anderen zu entlasten, und sie nötigen sie so oft in schmerzlich empfundene Unehrlichkeit, die sie aus Loyalität mit den Kranken auf sich nehmen.

Meine Freundin Franziska forderte mich kategorisch auf, mit niemandem über ihr Kranksein zu reden. Ich habe ihren Wunsch nicht infrage gestellt, aber er war eine zusätzliche Bürde, deren Schwere ich erst an meiner Erleichterung ablesen konnte, als sie auch andere Freundinnen informiert hatte: Alle hatten feinfühlig und hilfsbereit reagiert; nun konnten praktische Aufgaben auf mehrere Schultern verteilt werden. Und ich durfte endlich auch in meinem Umfeld darüber sprechen. Zuvor war es darüber zu einer Unstimmigkeit gekommen. In einem Telefonat hatte meine Mutter mich gefragt, wie es mir gehe, und ich konnte nicht antworten, sondern fing an zu weinen. Weil ich sie nicht belügen wollte, erzählte ich ihr, was los war. Das beichtete ich Franziska, und sie reagierte darauf sehr ungehalten.

In einem Fall habe ich mich über Franziskas Forderung bewusst hinweggesetzt. Nach ihrer ersten Chemotherapie sollte ich sie abholen, und sie wollte einige Tage bei mir sein. Zuvor rief ich bei meinem Hausarzt an und schilderte seiner Frau die Situation. Ich wollte sichergehen, dass wir im Notfall kurzfristig ärztliche Hilfe erbitten konnten. Die Zusage, Tag und Nacht anrufen zu dürfen, beruhigte mich sehr. Als ich Franziska davon erzählte, sagte sie nichts dazu. Ich weiß nicht, ob sie mir diese Eigenmächtigkeit übelnahm.

Unsere Freundeskreise überschnitten sich nicht. Franziska hatte es nie gemocht, wenn sich unter ihren Freundinnen von ihr unabhängige Beziehungen anbahnten. Es bedurfte also nicht der Erwähnung, dass alle Kontakte über sie laufen müssten und Gespräche über sie in ihrem Kreis ein schlimmer Treuebruch gewesen wären. Auch das führte zu Belastungen, zunächst deshalb, weil Franziska über Wochen die meisten Anrufe nicht entgegengenommen hatte und sich manche Leute Sorgen machten und bei mir anriefen, um sich nach ihr zu erkundigen.

Franziska tat mir unendlich leid, als sie tapfer nach und nach auch andere anrief und informierte. Das fiel ihr furchtbar schwer. Mit jedem Gespräch war es ja verbunden, wiederum einen ihr nahestehenden Menschen in Schrecken und Sorge zu versetzen. Und in jedem Gespräch musste sie das aussprechen, was sie selbst nicht glauben konnte, nicht glauben wollte. In jedem Gespräch musste sie ihre Erkrankung als Realität darstellen.

Je fassungsloser die Kranken sind, umso mehr müssen sie um Haltung ringen. Mitwisser würden da womöglich stören. Die Kranken müssen ihr Gefühlschaos ordnen, sie müssen die Kontrolle über sich zurückgewinnen, bevor sie es wagen können, andere Einfluss nehmen zu lassen. Und Einfluss nimmt jeder, der von der Krankheit hört. Zumindest gibt er Antwort. Und diese Antworten können so schaurig sein, dass auch Angehörige sie als verletzend empfinden. Von »Sie schafft das schon!« bis zu »Wenn ich so eine Diagnose bekäme, würde ich mir noch ein schönes halbes Jahr machen« bleibt einem kaum etwas erspart. Je weiträumiger über die Erkrankung informiert wird, umso größer ist die Gefahr unpassender Kommentare.

Wer die Kranken liebt, ihnen innerlich nahe ist und bleiben will, geht mit ihnen einen Schritt, vor dem wir uns normalerweise hüten: Den Schritt von der abstrakten Todesdrohung in die konkret gefühlte. Wir steigen mit in das Boot, dass sich auf den Tod zu bewegt, das sichere Ufer verlässt und Untiefen passiert, die wir normalerweise weiträumig umfahren. Die oberflächlichen Reaktionen derer, die dieses Boot noch nie gesehen, geschweige denn, einen Fuß hineingesetzt haben, zeigen wie ahnungslos sie sind und bleiben wollen und wie gering ihre Empathie ist. »Nimm's nicht so schwer«, sagen sie, und man friert innerlich und möchte ihnen lange nicht wieder begegnen.

Dritte kommentieren die Nachricht Angehörigen gegenüber ungenierter, so als seien die nicht auch tief getroffen. Ich fühlte mich verletzt und im Stich gelassen oder wurde wütend, wenn ich hörte: »Du hast ja noch andere gute Freundinnen« oder »Kein Wunder, wenn man so lange raucht« oder »Bloß nicht die Hoffnung verlieren!«. Zu den Reaktionen, die ich ebenfalls als unangenehm empfand, gehörten unerbetene andere Krankengeschichten. Wohltuend hingegen waren Sätze, die die Situation tatsächlich aufnahmen, wie: »Mein Gott, wie viel Angst muss Franziska haben.« Oder: »Es tut mir leid, dass du so fürchterliche Sorgen hast.« Die Öffnung nach außen ist für Kranke und Angehörige ein Risiko. Selbst bei Menschen, die man gut kennt, weiß man nicht genau, wie sie sich verhalten werden.

Franziskas Chef, mit dem sie viele Jahre lang vertrauensvoll zusammengearbeitet hatte, reagierte auf ihre Mitteilung, dass sie an Lungenkrebs erkrankt und längere Zeit arbeitsunfähig sei, auf unverzeihliche Weise: Einen Tag später ließ er Franziskas Büro leerräumen und anderweitig vergeben. Der Hausmeister weinte bei der Ausführung dieses Auftrags. Und Franziska sagte: »Das ist Leichenfledderei!« Man rechnete nicht mit ihrem Wiederkommen und ließ es sie umgehend und auf brutale Weise wissen, indem man sich sogar über ihre persönlichen Gegenstände hermachte, sie separat verpackte, so als sei sie schon gestorben und nicht durchaus in der Lage, selbst ihren Schreibtisch zu sichten und zu räumen.

Nicht selten befürchten Krebskranke berufliche Nachteile, wenn ihre Erkrankung bekannt würde. Heide Simonis hat erst nach ihrem Ausscheiden aus der Politik öffentlich darüber gesprochen, dass sie Brustkrebs gehabt hatte, und begründete das so: »Krebs ist in der Politik eine Waffe, damit kann man jemanden politisch töten.«[17]

Die unbedarfte Gleichsetzung von Krebs und Lebensende kann am Arbeitsplatz nicht nur schädlich, sondern auch besonders belastend sein. Hier geht es um Menschen, mit denen man emotional meist nicht sonderlich eng verbunden ist und mit denen man deshalb nicht über intime Dinge sprechen möchte. Man will auch nicht ständig prüfend beäugt werden: Wie sieht sie aus? Wie fit wirkt er? Und es kann sehr wohltuend sein, in diesem Lebensbereich angesehen zu werden wie immer. Das heißt ja auch, man schafft es leichter, sich auf sein Tun zu konzentrieren und alles andere beiseitezuschieben. Auch Schwerstkranke arbeiten oft bis kurz vor ihrem Tod, insbesondere Freiberufler, wie die Schauspielerin Monica Bleibtreu, oder Politikerinnen wie Regine Hildebrandt, die jedoch kein Geheimnis aus ihrer Erkrankung machte.

Einfühlsame Angehörige und Freunde folgen den Kranken über die imaginäre Grenze, die Gesunde und Schwerstkranke voneinander trennt. Sie wissen nicht nur, sondern spüren genau, dass man über diese Grenze keine Sprüche grölen darf, wie fehl am Platz Plattitüden und unerbetene Ratschläge sind. Dadurch fühlen sich auch Angehörige angegriffen, obwohl sie selbst erlebt haben, wie schwer es ist, die erste Sprachlosigkeit auszuhalten und die eigenen Gefühle zu ertragen und angemessen auszudrücken. Mein erster Kommentar war: »Niederschmetternd!« Und als die Diagnose endgültig feststand, sagte ich: »Dann stehen uns also schwere Zeiten bevor.« Ausnahmsweise waren das Äußerungen, gegen die Franziska keine Einwände erhob. »Ja«, sagte sie mit leiser Stimme, und dann weinten wir, bis wir weitersprechen konnten.

Da ich allein lebte, hatte ich in der ersten Zeit niemanden, mit dem ich ganz selbstverständlich über Franziska sprechen konnte, der mitbekam, was los war und wie es mir ging. Ich beneidete die Liebes- und Freundespaare in Franziskas Umfeld, die Sorge und Kummer miteinander teilen konnten. Ich fühlte mich eine Weile völlig allein mit einer unglaublich schweren Last, auch deshalb, weil ich mich in den Gesprächen mit Franziska immerfort bremsen musste. Obwohl sie es zunächst nicht ausdrücklich sagte, war von Anfang an klar, dass sie über vieles auf keinen Fall sprechen wollte. Mein Wunsch nach Austausch war besonders groß, aber doppelt blockiert, zwischen ihr und mir und gegenüber Dritten. Dadurch wurden meine Emotionen außerordentlich bedrängend und führten zu Spannungen, die schwer zu ertragen waren. Was half, waren Bewegung und Schreiben. Aufzuschreiben was geschah und was ich dachte war auch deshalb wichtig, weil die Ereignisse Tag für Tag so mächtig erschütterten, dass sie gestrige und vorgestrige unter sich begruben. Beim Wiederlesen merkte ich, dass Erlebnisse, die mich schier aus den Angeln gehoben hatten, eine Woche später schon so überlagert waren durch neue, nicht minder dramatische, dass ich kaum noch an sie gedacht hatte. Ich fühlte mich von einer Lawine erfasst und gleichzeitig zum Stillhalten verpflichtet.

Nicht nur das Schwere, auch Entlastendes wird realer, indem wir darüber reden. Manches kann überhaupt erst im Dialog formuliert werden, denn andere sind sowohl Impulsgeber als auch Korrektiv. Sie tragen etwas bei, worauf wir selbst nicht kommen. Sie helfen uns, unseren Blick zu weiten, gerade dann, wenn wir in wiederkehrenden Gedanken gefangen sind. Nach all dem, vor allem aber danach, mich unzensiert äußern zu dürfen, hatte ich große Sehnsucht, die sich später auch auf wunderbare Weise erfüllte. Die Menschen, die bereit und in der Lage waren, mir in meine Gefühle, meine Fragen zu folgen, meine innere Welt durch ihre Anteilnahme und Unterstützung zu stabilisieren und zu bereichern, sind in dieser Zeit im wahrsten Sinne des Wortes notwendig gewesen, und ich empfinde ihnen gegenüber tiefe Dankbarkeit. Sie haben dafür gesorgt, dass es in einer Zeit des Schreckens tatsächlich das gab, woran ich immer geglaubt habe, was in der Beziehung zu Franziska aber nur noch einseitig gegeben zu sein schien: zuverlässige Freundschaft, bedingungslose Unterstützung.

Wie sollen es Männer und Frauen ertragen, die von ihrem erkrankten Partner, ihrer erkrankten Partnerin dauerhaft dazu verpflichtet werden, mit niemandem zu reden? Welcher Druck mag entstehen, wenn Paare in ihrem gemeinsamen Freundeskreis niemanden einweihen? Wohin führt das? In starke Zweisamkeit oder in Starrheit?

Auch wenn ich sie verstehe, halte ich generelle Schweigegebote für problematisch und würde sie kein zweites Mal so weitgehend befolgen, ohne sie infrage zu stellen. Je nach Situation würde ich offen sagen, dass ich das nicht lange aushalten könne, oder mich stillschweigend darüber hinwegsetzen. Letzteres habe ich zu einem späteren Zeitpunkt getan, und nach Franziskas Tod erfuhr ich, dass auch andere ihrer Freundinnen sich ähnlich verhalten hatten.

Schweigegebote sind vor allem dann inakzeptabel, wenn nächste Angehörige und engste Freunde unter Schock stehen und seelisch traumatisiert sind. Um das zu bewältigen, sind »emotionale Offenheit und Ausdrucksfähigkeit, aktive Auseinandersetzung mit den Belastungen«[18] dringend nötig. Gerade dann, wenn Erkrankte und Angehörige nicht miteinander über die Diagnose sprechen können, ist es wichtig, dass sich Angehörige anderen Menschen gegenüber frei äußern.

Sepp kam gut damit zurecht, Lisas einziger Vertrauter zu sein. Die Verschwiegenheit unterstrich den Stellenwert ihrer Beziehung: »Es war für mich ein Vertrauensbeweis, dass ich – außer den Ärzten – ihr exklusiver Gesprächspartner war. Das habe ich auch genossen.« Gespräche mit anderen haben ihm nicht gefehlt. Sepp war ohnehin verschlossen, und er war erst mit Lisa offener geworden und wollte es nur mit Lisa sein.

Häufig kommt es auch zu Schwierigkeiten, wenn einerseits nur die Familie und engste Freunde informiert sind, andere aber dennoch von der Erkrankung erfahren. Es gibt bekanntlich Menschen, die insbesondere dramatische Nachrichten gern weitererzählen. Die Grenzen zwischen Klatschfreude und dem Bedürfnis, aus wirklicher Betroffenheit zu reden, sind fließend. Wie selbstverständlich Klatsch und Tratsch gerade auch auf dem Land sind, wo jeder jeden kennt, weiß ich aus eigener Erfahrung. Je schlimmer die Krankheit, umso lieber und ausgiebiger wird darüber an manchen Gartenzäunen und Kaffeetischen gesprochen. Die Kehrseite des Klatsches ist die Hilfsbereitschaft, die im dörflichen Leben selbstverständlich ist. Wenn jemand krank ist, kann er sich darauf verlassen, dass Nachbarn Einkäufe erledigen, den Hund ausführen, Schnee fegen oder Essen kochen.

Marianne erzählt, dass alle von der Erkrankung Verenas wussten, sowohl im Umfeld ihrer Tochter als auch in ihrem eigenen. Es bildete sich ein großes und tatkräftiges Netzwerk aus Familienmitgliedern, Freunden und Nachbarn. »Ohne diese Unterstützung hätte ich nicht all die Aufgaben bewältigen können und auch nicht über die lange Zeit von fast drei Jahren«, sagt Marianne. Verena wohnte zwei Fahrtstunden entfernt, und mit öffentlichen Verkehrsmitteln war der Weg nicht zu machen. Immer wieder mussten die Enkelkinder und Marianne selbst hin- und hergefahren werden, wenn sie kein Auto zur Verfügung hatte. Verena klammerte sich wie eine Ertrinkende an ihre Mutter und diese versuchte, alle Wünsche der Tochter zu erfüllen. Über lange Zeit führte die Mutter zwei Haushalte, versorgte die kranke Tochter und die Enkel, die beim Tod der Vierzigjährigen fünf und acht Jahre alt waren und seither bei Marianne und ihrem Mann leben.

Auch Franziska hatte ein tragfähiges Netzwerk, das bis zum Schluss hielt. Sie bat reihum um Hilfe, und ich glaube, dass sie dabei genau darauf achtete, niemanden dauerhaft zu überfordern, vor allem aber darauf, sich von niemandem zu sehr abhängig zu machen.

Alle Aufmerksamkeit, alle Unterstützung gilt den Kranken, obwohl die Lebensqualität der nächsten Angehörigen schlechter sein kann als die der Hauptperson.[19] Oft wird nicht einmal vermutet, in welchen Nöten die Angehörigen stecken. Aber auch deren emotionale und praktische Belastbarkeit ist begrenzt, nimmt im Lauf der Zeit ab, erschöpft sich. Auch sie sind auf Unterstützung angewiesen, oft auch auf Gespräche, in denen sie nicht nur ihre Ängste und ihren Schmerz thematisieren können, sondern ebenso die Konflikte mit den Kranken.

Sind offene Gespräche im persönlichen Umfeld nicht erlaubt oder nicht ausreichend möglich, sollten Angehörige sich an entsprechende Profis wenden: an eine psychoonkologische Beratungsstelle, eine Selbsthilfegruppe, den örtlichen Hospizverein. Sie alle bieten auch Angehörigen und Freunden Unterstützung an. Dort kann das erörtert werden, was in den persönlichen Beziehungen nicht berührt werden darf, und man hat mit Leuten zu tun, die wissen, wie weitverbreitet viele Phänomene sind, die Angehörige selbst meist für das Ergebnis individueller Unfähigkeit halten. Psychotherapeutische Hilfe zu suchen kann ebenfalls ratsam sein, ist aber kurzfristig nicht leicht zu finden. Man kann es gar nicht deutlich genug sagen: Angehörige und enge Freunde durchleben mit ihren Sterbenskranken eine Zeit, in der sie, auch wenn sie gesund und psychisch stabil sind, ebenfalls unbedingt Hilfe brauchen! Und um die kann man längst nicht jeden bitten, die kann auch längst nicht jeder geben. Krankheit ist etwas Intimes, und wenn man nicht zum engsten Kreis der Kranken gehört, sollte man Hilfsangebote nicht mit indiskreten Fragen verbinden, sondern abwarten, ob und gegebenenfalls wie man einbezogen wird.

Franziska hat die Frage »Wie geht es dir?« schon in gesunden Tagen nicht gemocht. Sie war ihr einfach zu umfassend. Als sie krank war, hat sie es gehasst, wenn irgendjemand sie so fragte, fand es regelrecht unverschämt. Das geht auch anderen Kranken so. Ruth Picardie schrieb: »Du kannst dir nicht vorstellen, wie viele Bekannte plötzlich deine besten Freunde sein wollen und meinen, sie hätten ein Anrecht darauf, regelmäßig und in allen Einzelheiten über deinen emotionalen/physiologischen Zustand informiert zu werden. ›Aber Ruth, wie GEHT es dir?‹, fragen sie bedeutungsvoll. Spanner.«[20]

Werner Schneyder berichtet über seine Unsicherheit, auf welche Weise er sich bei einem Anruf bei einem sterbenskranken Kollegen nach dessen Befinden erkundigen könnte.

Schließlich fragte er: »Wie kommst du klar?« Das hat mir gefallen. Eine solche Frage kann man kurz beantworten, mit »Ganz gut«, mit »Ich habe alles, was ich brauche« oder mit einer Bitte.

Vom Sterben und vom Tod geht auch eine seltsame Faszination aus, die viele Facetten hat. Wir wollen etwas darüber wissen, wir wollen uns ein Bild davon machen. Gleichzeitig wollen wir es auch nicht wissen, jedenfalls nicht zu genau. Unser Interesse ist höchst ambivalent. Wenn es als platte, unpersönliche Neugier empfunden wird, fühlen sich Kranke als Objekt missbraucht. Der Arzt Bert Keizer schreibt über eine Patientin: »Sie denkt, dass jeder die Spuren des erniedrigenden Ringens sehen kann – des Ringens, das ein Mensch noch am Rande des Grabes beginnt, um mit annehmbarer Haltung in die Tiefe stürzen zu können. Ich glaube, sie irrt sich nicht. Ich habe selbst mit diesem Blick auf Sterbende geschaut.«[21]

Es gibt Kranke, die ihre Offenheit auf bewundernswerte Weise mit Erklärungen verbinden, Menschen, die erfahren haben, dass andere so viel weniger über Krebs wissen als sie selbst, so dass es gut ist, deren Beunruhigung und Fragen von sich aus aufzunehmen. Dennoch ist es für sie unangenehm, auch in Zeiten, zu denen sie sich wohl- und bei Kräften fühlen, als Todkranke angesehen zu werden. Als Kranke zudem, vor denen man sich fürchtet, weil sie einen mit Realitäten konfrontieren, die man lieber ganz weit wegschieben möchte.

Krebs wird nicht mehr generell tabuisiert, aber er wird regelmäßig mit vielen, auch mit höchst fragwürdigen Zuschreibungen verbunden, vor allem mit Schuld- und Bestrafungsfantasien. Krebs wird durch ungesunde Lebensweise verursacht – wer Krebs bekommt, hat geraucht, zu viel Fleisch und Fett gegessen, hat sich nicht genug bewegt, hat nicht positiv genug gedacht, hat seine Gefühle unter Verschluss gehalten, war nicht rechtzeitig zur Vorsorgeuntersuchung, hat ein schlechtes Karma, seine Spiritualität vernachlässigt oder sein Bett über einer Wasserader platziert. Wer Krebs bekommt, sei selbst schuld, sagen manche – in der Hoffnung, gefeit zu sein und zu bleiben.

Krebs gilt als eine bösartige Krankheit, heimtückisch, unberechenbar. Krebs ist unheimlich: Man sieht dem Kranken oft gar nicht an, dass er »so etwas« in sich trägt, und womit er einen womöglich ja doch anstecken könnte. Wenn Krebs eine Krankheit ist, die durch negative Gedanken begünstigt wird, kann man dann nicht auch Krebs bekommen, wenn man sich all dem Schrecklichen, all dem Negativen, das der Kranke durchlebt, zu sehr nähert? Vermutlich neigen sehr viele zu solchen und ähnlichen Interpretationen. Auch Susan Sontag tat das, obwohl sie schrieb: »Weitverbreitete psychologische Krankheitstheorien sprechen dem glücklosen Kranken letztlich die Verantwortung sowohl für die Erkrankung als auch für die Gesundung zu. Und die Sitte, Krebs nicht als eine bloße Krankheit zu behandeln, sondern als einen dämonischen Feind, macht Krebs nicht nur zu einer tödlichen Krankheit, sondern auch zu einer schändlichen.«[22]

Rationalität gibt es angesichts einer Krebserkrankung nur bedingt. Es gibt aber sehr viel Irrationalität, die die Kraft des Faktischen gewinnen kann. Wir können uns unsere Fantasien zu Krebs nicht verbieten. Aber wir können darauf achten, wie unsere Fantasien unser Verhalten mitbestimmen, und wir können gegensteuern, auch indem wir unsere Fantasien infrage stellen. Was wir – wenigstens zunächst – nicht wissen, ist, auf welche Weise die Kranken ihren Krebs interpretieren. Oft tun sie das auf eine auch für ihre Angehörigen überraschende Weise.

Krebs ist nach wie vor mit starken Berührungsängsten verbunden, die andere ähnlich gravierende Krankheiten nicht zusätzlich erschweren. Berührungsängste und Unsicherheiten können sich auf Angehörige ausdehnen: Man hat doch lieber mit Leuten zu tun, bei denen alles in Ordnung ist, Leuten, die einem die Stimmung nicht verderben. Angehörige denken womöglich trotzig, auf solche Zeitgenossen können sie leicht verzichten, aber wenn solche Reaktionen von Menschen kommen, die ihnen etwas bedeuten, dann ist das eine herbe Enttäuschung.

Unsicherheiten im Umgang mit Krebskranken sind aber auch Ergebnis realer Erfahrungen: Es ist tatsächlich nicht einschätzbar, wie Erkrankte ihre Situation verarbeiten und ob und wie sie über sie sprechen möchten. Deshalb ist Empathie so viel richtiger als Mitleid. Nächste Angehörige sind auf Gespräche mit den Kranken angewiesen, aber wer ein bisschen weiter entfernt steht, kann nur die Bereitschaft zum Gespräch signalisieren und den Kranken dann die Führung überlassen. Man kann fragen: »Möchtest du darüber reden?« Oder: »Darf ich Sie dazu etwas fragen?« Natürlich kann man auch seine Betroffenheit und Unsicherheit ausdrücken: »Es tut mir schrecklich leid, aber ich weiß gar nicht, was ich darüber hinaus sagen soll und ob es dir überhaupt recht ist, wenn ich etwas sagen würde.«

Krebs setzt die Kommunikationspartner auf vielfältige Weise unter Druck und führt oft in vorübergehende oder dauerhafte Sprachlosigkeit. Ein wesentlicher Grund dafür liegt in der Ungleichheit zwischen Kranken und Gesunden und in vielfach ausgeprägter Ungleichzeitigkeit.

Ungleichheit und Ungleichzeitigkeit

Ich sprach wohl auch zu leise, weil ich nach unserem schrecklich missglückten ersten Gespräch unsicher geworden war. Ich sah sein Stirnrunzeln, seine Erregbarkeit und kontrollierte meine Worte. Er wollte von mir bestärkt und bestätigt werden, und wenn wir in irgendeiner Sache verschiedener Meinung waren, fühlte ich mich genötigt, einzulenken und nur der Form halber zu widersprechen. Ich hatte Schwierigkeiten, mich auf die fremdartige Autorität eines todkranken Menschen einzustellen.

Dieter Wellershoff[1]

»Vielleicht bin ich in einem halben Jahr tot«, sagte Franziska, und ich hörte die Panik in ihrer Stimme.

»Nein«, sagte ich, weil ich es einfach nicht ertragen konnte, diese verzweifelte Einschätzung unwidersprochen zu lassen. »Nein. So schnell geht das nicht.« Und schon während ich das sagte, hätte ich diese idiotische Äußerung am liebsten zurückgenommen.

Wenige Tage später wussten wir: Franziskas Krebs gehörte zur aggressivsten Kategorie und wuchs so rasant, dass er einige Monate zuvor noch nicht auf einem Röntgenbild zu erkennen gewesen wäre. Da war mir klar, sie würde in nicht allzu langer Zeit sterben. Und da sie selbst es ausgesprochen hatte, dachte ich, sie wüsste es auch.

Franziska war in einer Spezialklinik angemeldet. Einen Tag nach Weihnachten sollte ich sie dort hinbringen. »Das Warten macht mich völlig mürbe«, sagte sie.

»Aber du musst doch gar nicht mehr warten«, sagte ich. »Doch«, antwortete sie. »Es soll endlich etwas passieren. Wenn sie nicht operieren können, dann sollen sie das Ding meinetwegen einfrieren!« Sie schrie es beinah.

Später habe ich oft daran gedacht, wie deutlich in diesem Moment wurde, dass wir völlig unterschiedliche Schlüsse aus den Befunden gezogen hatten. Sie muss sich schrecklich unverstanden gefühlt haben, weil mir nicht klar geworden war, dass sie jetzt nicht mehr nur auf die letzte Untersuchung wartete, die im Krankenhaus gemacht werden sollte, sondern auf medizinische Hilfe. Ich war erfüllt von Scham über meinen Mangel an Einfühlung und verwirrt durch ihre Äußerung, man könne einen Tumor einfrieren.

Ich hoffte, dass wir während unseres Zusammenseins an den bevorstehenden Weihnachtstagen über all das, was uns umtrieb, sprechen würden. Aber Franziska wollte nur eins: So rasch wie möglich ins Krankenhaus, so rasch wie möglich behandelt werden. Und sie wollte sich auf keinen Fall mit ihrer Erkrankung befassen. Sie verbot mir strikt, ihr irgendwelche einschlägige Lektüre zu geben. Sie wollte nichts über Krebs wissen. Sie wollte nichts darüber hören. Sie wollte ihren Krebs in der Klinik unschädlich machen lassen – und zwar schnell.

Wir waren wie zwei Schiffe, ein U-Boot und ein Schlepper, die nebeneinander im Hafen gelegen hatten und nun einer Hurrikanwarnung wegen aufgebrochen waren. Sie eilte voraus, und immer wenn ich sah, dass sie gedreht hatte, versuchte ich das gleiche Manöver, um in ihrer Nähe zu bleiben. Denn das war mein wichtigstes Ziel: emotional bei ihr zu bleiben. Aber kaum meinte ich sie wieder eingeholt zu haben, feuerte sie aus ihren Bordkanonen oder ging auf Tauchstation.

Es hätte mir sehr geholfen, wenn ich gewusst hätte, dass mein Ziel nicht selbstverständlich zu erreichen sein würde, wenn ich gewusst hätte, dass ein tödlicher Krebs Kranke von ihren Angehörigen und Freunden trennen kann, manchmal sogar trennen muss.

Da es für die Kranken um alles geht, um ihre Existenz, um ihr Leben, gibt es keine Toleranz mehr. Unterschiedliche Einschätzungen zum Krankheitsverlauf und zu Therapien erscheinen wie zusätzliche Angriffe auf ihr Leben. Wenn Angehörige nicht genau dasselbe glauben wie die Kranken, wenn sie über die Verzweiflung angesichts der tödlichen Bedrohung mit Verharmlosungen hinweggehen oder wenn sie nicht mit gleicher Überzeugung auf Lebensverlängerung oder gar Gesundung hoffen können, sondern erhoffen, dass der Kranke die Realität akzeptiert und sich auf sein Sterben vorbereitet, dann geht ein Riss durch die Beziehung. Und das ist nicht zu ändern, nur zu bemänteln.

Dieter Wellershoff war von seinem Bruder über dessen katastrophale Diagnose wahrheitsgemäß informiert worden. Die Chance, die Leukämie zu überleben, war äußerst gering. Über die Möglichkeit, dass die Behandlung, für die der Bruder sich entschieden hatte, nicht helfen würde, wollte der Bruder nicht sprechen, und Wellershoff war klar, dass er das akzeptieren musste. Aber er erlebte auch, wie das alle Gespräche auf bedrückende Weise bestimmte: »Wenn man gewohnt ist, frei und offen seine Gedanken zu äußern, kann dieses ritualisierte, scheinoptimistische Sprechen zu einer Qual werden. Man spürt, dass es falsch ist und man auf diese Weise nichts zu geben hat, und die Gefühle von Schalheit und Widerwillen, die sich dabei einstellen, richten sich unterschwellig gegen den Kranken, der einen, unausdrücklich meistens, auf solche Scheingespräche verpflichtet hat.«[2]

So wie Angehörige untereinander sich in ihrer Kommunikation weitaus freier fühlen können als im Kontakt mit den Kranken, ist es auch umgekehrt. Franziska taten Gespräche mit einer Freundin, die selbst vor wenigen Jahren Krebs gehabt hatte, besonders gut. Diese Freundin wusste, was es bedeutet, eine Chemotherapie durchzustehen, sie wusste, welche Gefühle sich mit Gesunden gar nicht oder nur bedingt teilen lassen.

Ruth Picardie wechselte besonders offene E-Mails mit einem Freund, der mit HIV infiziert war. »Es tut gut, einen Freund zu haben, der auch krank ist. Bei Gott, ich wünschte, du wärst es nicht, aber es besteht eben ein Maß an Gemeinsamkeit, das auch die hilfreichsten Freunde nicht bieten können.«[3]

Die Kranken gehen auf den Tod zu. Ihre Angehörigen und Freunde werden weiterleben. Das verändert alles – oft lange bevor das Sterben beginnt. Das gemeinsame Leben wird zu Ende gehen. Die gemeinsame Perspektive reicht nur noch bis zum baldigen Tod. Dem gehen wir aber nicht mehr als Gleiche entgegen. Gerade das aber können wir nicht akzeptieren. Je mehr wir die Kranken lieben, umso stärker stemmen wir uns gegen das Gefühl, plötzlich anders zu sein als sie. Wir wollen die Beziehung festigen, intensivieren, so nah wie möglich und so lange wie möglich beieinanderbleiben. Manchen gelingt das, vielen gelingt das nicht.

Ich habe Franziskas und mein Tun als immerwährendes Taumeln empfunden. Franziska schlug ständig neue Volten, und ich folgte ihr atemlos. In den Pausen dazwischen wurde ich von Erschöpfungszuständen heimgesucht, wie ich sie noch nie erlebt hatte. Sie rührten auch daher, dass ich mich nach einiger Zeit aufgegeben hatte, um Franziska nicht aufgeben zu müssen. Was ich fühlte, was ich dachte, was ich mich fragte und mit ihr gern besprochen hätte – all das hatte keine Bedeutung mehr in unserer Beziehung oder wurde von ihr als falsch oder unpassend zurückgewiesen. Ein Teil von mir sträubte sich gegen die Selbstaufgabe: Zumindest meine Gefühle wollte ich behalten. Und da ich sie nicht mehr äußern und mich nicht mehr ihnen entsprechend verhalten durfte, schrieb ich sie mir von der Seele. Aber selbst das geschah mit beträchtlichem Unbehagen. Zum ersten Mal schrieb ich etwas, was sie auf keinen Fall hätte sehen dürfen.

Der Sohn von Susan Sontag drückt dasselbe Phänomen so aus: »Meiner Mutter in ihrem Kampf beizustehen – wozu ich entschlossen war, und nie ist es ihr in den Sinn gekommen, dass ich oder auch ihre engsten Freunde etwas anderes tun könnten – bedeutete vielmehr, zumindest für mich, dass ich mir selbst fremd wurde.«[4]

Ich hielt Franziska für eine selbstbestimmte und um Vernunft bemühte Frau, und ich glaube, dass sie mich ebenso sah. Ihre Krankheit setzte unsere Selbstbestimmung außer Kraft: Franziska wurde von ihrer Krankheit und ihren Ängsten regiert; ich wurde von ihr und meinen Ängsten regiert. Aber unsere Ängste speisten sich aus unterschiedlichen Quellen. Ich wollte *sie* nicht verlieren. Genau genommen wollte ich sie nicht vorzeitig verlieren. Ich wollte ihr so gut wie möglich beistehen und hatte klare Vorstellungen von dem, was nötig war: möglichst vollständige Informationen einholen, sichten, besprechen und bewerten, so dass ärztliche Vorschläge beurteilt und eigenverantwortliche Entscheidungen getroffen werden können und damit die Selbstbestimmung wieder einigermaßen hergestellt wird. Und: sich durch rückhaltlose Gespräche um Entlastung und Beruhigung bemühen.

Franziska wollte ihr *Leben* nicht verlieren – das machte alles andere unwichtig. Und sie kämpfte um ihre Fassung, die ununterbrochen von nackter Panik bedroht war. Sie wollte sich auf mich stützen, aber sie wollte nichts von mir hören. Sie war nur ausnahmsweise in der Lage mir zu erklären, was ihr helfen könnte und was nicht. Ich vermute, dass sie meine Vorstellungen in gesunden Tagen gutgeheißen hätte. Aber jetzt standen sie im Widerspruch zu ihren Gefühlen. Ich vermute auch, dass sie wusste, was ich im Stillen erhoffte, und das als Anforderung empfand, die sie nicht erfüllen konnte und die sie deshalb wütend auf mich machte. Unsere Kommunikation war von sehr unterschiedlichen Subtexten bestimmt, und ich hoffte inständig, auch darüber mit ihr sprechen zu können. Aber das lehnte Franziska ab. So kam es, dass sie einerseits meinen Beistand suchte, täglich, oft auch mehrmals mit mir telefonierte, mich aber andererseits wegstieß und dabei verletzte.

Während eines Besuchs bei meinen Eltern sagte ich: »Franziska ist so gemein zu mir.« Ich hörte, wie kläglich meine Stimme war und dachte: Es ist nicht zu fassen, ich verhalte mich als gestandene Sechsundfünfzigjährige wie ein Kind, das vom Spielplatz nach Hause kommt und klagt, weil es von anderen Kindern geschlagen worden ist. Mein alter Vater, der im Gegensatz zu mir niemals ein Buch über Sterben und Tod gelesen hatte, sagte: »Das darfst du nicht persönlich nehmen. Das liegt an ihrer Krankheit.« Damit erwies er sich als weitaus lebensklüger als seine belesene Tochter. Aber das wurde mir erst viel später klar.

Ungleichheit und Ungleichzeitigkeit führen zu einer Entfremdung, die Angehörige und Freunde entsetzlich schmerzt, denn gerade in der Zeit existenzieller Not steht in engen Beziehungen der Wunsch nach Trost und Halt durch Zusammensein, Nähe, Austausch und Gemeinsamkeit im Vordergrund. Je stärker die Identifikation zwischen Angehörigen und Kranken ist, umso länger kann es gelingen, Trennendes tatsächlich fernzuhalten, beispielsweise im Hinblick auf Einschätzungen des Krankheitsverlaufs.

Fred Wander schrieb über die Diagnose seiner Frau Maxie: »Ich erinnere mich, wie mich der Chirurg nach der Operation zur Seite nahm und mir flüsternd einige Worte sagte. Ich war so verwirrt, dass ich nicht sofort verstand, was er sagte oder nicht verstehen wollte. ›Aussichtslos. Zu spät entdeckt. Der Tumor viel zu groß. Die Metastasen wahrscheinlich schon unterwegs!‹ Ich glaube ihm nicht, es dringt nicht ein in mich. Ich weiß nicht, warum. Ich glaube fest an ihre Heilung.«[5] Maxie Wander starb 1977. Zu jener Zeit eröffneten Ärzte meist nur den Angehörigen, wie es um die Patienten tatsächlich stand. Damals wurde ein ungleicher Wissensstand zwischen Patienten und Angehörigen geradezu ärztlich verordnet.

Ein anderes Phänomen dürfte konstant geblieben sein – der Wunsch vieler Patienten, ihre Angehörigen zu schonen. Maxie Wander schrieb: »Dem armen Fred spiel ich ein Theater vor, er soll mich nicht schwach sehen! Zum erstenmal kann er sich nicht beherrschen, weint er richtig. Er begreift jetzt erst, scheint es, was geschehen ist. Kann man es begreifen? Wie blind wir waren!«[6] Manchmal verschließen sich stark identifizierte Angehörige der Bedeutung der Diagnose völlig. So wollen sie nicht nur den Schmerz umgehen, sondern auch – unbewusst – die Ungleichheit zwischen sich und den Kranken verhindern und die Konflikte, die sich daraus ergeben können.

Susan Sontag konnte nicht akzeptieren, dass ihre Leukämie unheilbar war. Schließlich fand sie einen Arzt, der die von ihr gewünschte Knochenmarkstransplantation wagte, sie zuvor jedoch ausdrücklich darüber aufklärte, wie gering ihre Chancen seien und wie entsetzlich die Behandlungsfolgen. Der Sohn blieb gefühlsmäßig ganz auf Sontags Seite: »Jedenfalls ließ ich nie zu, dass sich die Angst, die mein emotionaler Normalzustand geworden war, in den konkreten, klar umrissenen Gedanken verwandelte, meine Mutter werde ihre Krankheit diesmal tatsächlich nicht überleben.«[7]

Susan Sontag hatte in ihren Krankheitsepisoden immer auf eigene Recherchen, auf möglichst viel Wissen über ihre Krankheit und die medizinischen Möglichkeiten gesetzt und tat es auch jetzt. Sie war eine Intellektuelle, die sich selbst als durch und durch rational ansah, nur in einem Punkt konnte sie es nicht sein: in Hinblick auf ihren eigenen Tod. »Deshalb war es für sie wichtig, eine Möglichkeit des Wegsehens zu finden und sich dabei doch das Gefühl zu bewahren, sie schaue hin. Natürlich wusste sie Bescheid. Deshalb sagte sie in den ersten Wochen nach ihrer Diagnose immer wieder, dass es diesmal furchtbar schlecht aussehe und ihre Chancen sehr gering seien.«[8]

Die Ungleichheit zwischen ihr und den anderen war überaus subtil: »Sie sagte nicht ausdrücklich, dass man ihr immer wieder versichern sollte, sie würde es schaffen (...). Im Gegenteil, in dem, was sie sagte, verlangte sie nach Wahrheit. Aber jedem, der sich wirklich um sie kümmerte, teilten sich ihre eigentlichen Wünsche von selbst mit. Diesen Wünschen fügte ich mich und machte mich, wenn auch mit denkbar schlechtem Gewissen, zu ihrem Komplizen.«[9] Der Sohn, der sich zuvor als meinungsfreudig und entschieden ansah, versagte sich unabhängige Einschätzungen und Gefühle über viele Monate, um Ungleichheit und Ungleichzeitigkeit zu verhindern.

Heutzutage werden Diagnosen offen ausgesprochen. Sie werden oft jedoch unterschiedlich wahrgenommen und interpretiert. Angehörige und Freunde sind meist rascher in der Lage, das Kommende realistisch einzuschätzen. Manchmal tun sie das – im Bemühen um schützende Abgrenzung – sogar vorschnell, wie Dieter Wellershoff beschreibt: »Mein Schweigen war eine zweite, verräterische Sprache, eine Blöße, auf der sein Blick ruhte. Was erwartete er von mir? Eine Entscheidungshilfe? Zuspruch? Einen Rat? Ein bergendes, umhüllendes Gefühl? Mir saß ein kalter Klumpen im Hals. Denn ich – in schrecklicher, innerer Überstürzung nach einem Ausweg aus dem Unglück suchend – hatte ihn schon aufgegeben. Das war im Augenblick fast schon die Rettung. Man stürzte sich auf die schlimmste Möglichkeit, ergriff sie und krallte sich daran fest. Dann konnte nichts Schlimmeres mehr geschehen. Man fühlte sich gefeit, im Einklang mit dem Objektiven.«[10]

Man fühlt sich im Einklang mit der Realität womöglich tatsächlich sicherer, aber bezahlt diese Sicherheit mit dem Gefühl des Verrats. Wer den anderen aufgibt, wer dessen Schicksal akzeptiert, bevor dieser selbst dazu bereit ist, übt den größtmöglichen Verrat – so jedenfalls habe ich es empfunden, ohne diesem Verrat entgehen zu können. So gern ich gewollt hätte, es war mir nicht möglich, die Fakten zu ignorieren. Aber die innere Trennung und das Verschweigenmüssen der Tatsachen führten mich in eine Zerrissenheit, die kaum auszuhalten war. Heute würde ich all das anders interpretieren, auch wenn sich die Gefühle dadurch vermutlich nur unwesentlich ändern würden: Ungleichzeitigkeit und Ungleichheit lassen sich nicht willentlich vermeiden. Sie gehören in vielen Fällen dazu und müssen früher oder später akzeptiert werden. Das umgehen zu wollen macht alles nur noch schwerer.

Wer auf die Befindlichkeit der Kranken eingehen möchte, stellt zudem fest, dass die keineswegs konstant ist. Gefühle und Verhalten vieler Kranker sind überaus sprunghaft. Im einen Moment wirken sie ruhig, im nächsten werden sie furchtbar wütend; sie schwanken zwischen tiefer Niedergeschlagenheit und hysterisch wirkendem Überschwang. An einem Tag ist man sich im Gespräch nah, am nächsten ist es unmöglich miteinander zu reden. In solchen Fällen können sich Angehörige auf nichts wirklich einstellen.

Christoph Schlingensief hat uns in seinem Buch »So schön wie hier kann's im Himmel gar nicht sein!«[11] gezeigt, wie überwältigend und wechselhaft Gefühle, Gedanken und körperliches Befinden eines schwer an Krebs Erkrankten sein können. Sie überfallen ihn mit solcher Wucht, dass ihnen kaum standzuhalten ist. Sie so weit zu ordnen, dass sie überhaupt ausgedrückt werden können, setzt viel voraus. Schlingensief kann das, weil er ein expressiver Künstler ist, der sich mitteilen *muss* und darin viel Übung hat. Er hat uns mit seinem »Tagebuch einer Krebserkrankung« Einblicke ins Erleben Krebskranker geschenkt, die uns erlauben, unser Verstehen zu erweitern, denn er beschreibt minutiös, was ihm geschieht und wie er darauf reagiert. Schlingensief betet, er schreit und weint, er will sich von seiner Lebensgefährtin trennen, erträgt es aber nicht, ohne sie zu sein. Der Siebenundvierzigjährige hadert mit Gott, mit seinem im Vorjahr gestorbenen Vater, von dessen Mangel an Lebensfreude er sich in Mitleidenschaft gezogen fühlt, vielleicht sogar krank gemacht. Er räsoniert darüber, was in ihm, dem Nichtraucher, einen Lungenkrebs hat wachsen lassen. Er beruhigt sich, er lacht, er denkt nach. Mal erscheinen Schlingesiefs Notate wie infantiles Gebrabbel, mal wie eine Suada des Schmerzes, manchmal wie eine wütende und trostlose Suche nach Erlösung.

Christoph Schlingensief lässt sich in die Seele schauen. Was man dort erkennt, ist nicht immer sympathisch, aber es zeigt unverstellt, was ein Mensch durchlebt, der plötzlich alles zu verlieren droht, jede Normalität, seine Arbeitsfähigkeit, seine Kraft, seine Autonomie – sein Leben, mit allem, was dazugehört. Er beschwört das Leben und die Liebe und versucht, den Gedanken an den Tod zu fassen. Er möchte frei sein, schreit seine Empörung, sein Entsetzen heraus. Der Theatermann belehrt alle, die wohlfeile Worte anbieten: Todkrank sein ist anders, todkrank sein geht einher mit Befindlichkeiten, von denen man sich in gesunden Tagen keinen Begriff machen kann. Angehörige und Freunde aber sind dabei; sie hören und sehen und fühlen mit – oft bis ihnen Hören und Sehen vergeht. Sie schwimmen mit im »Meer des Todes«[12], wie David Rieff es nennt.

Gleichzeitigkeit und Dramatik widersprüchlicher Äußerungen machen es Angehörigen aber auch unmöglich, mit den Kranken so mitzuschwingen wie in gesunden Tagen. Zum einen, weil sie aus Unwissenheit falsche Erwartungen hegen und selbst zutiefst getroffen sind, zum anderen, weil die Stimmungslage der Kranken von einem zum anderen Moment wechseln kann. Sie sind dann unberechenbar für ihre Angehörigen.

Ein Mann erzählte mir, er sei nicht nur von Stimmungsumschwüngen seiner Frau immer wieder völlig überrascht gewesen, sondern auch von ihren Wesensveränderungen. Ironisch sagte er: »Warum sollte ich sie auch kennen, ich war ja erst fünfunddreißig Jahre mit ihr verheiratet.«

Mir selbst ging es ganz ähnlich. Ich erkannte Franziska nicht wieder: Schon bevor sie mir sagte, welcher Verdacht sie quälte, hatte sie mich sehr gekränkt, indem sie unsere vielen gemeinsamen Weihnachten in Bausch und Bogen schlechtmachte. Als ich wusste, was los war, erklärte ich mir das als eine Art Übersprunghandlung. Aber es wurde nicht besser. Im Gegenteil. Sie wurde immer aggressiver, immer böser, normale Gespräche wurden immer rarer. Sie wird sich beruhigen, dachte ich und wartete darauf. Sie braucht Zeit, dachte ich wieder und wieder. Ich konnte mir nicht vorstellen, dass sie sich nicht beruhigen, sondern immer verrückter werden würde. Mich quälten nicht nur ihre Attacken, ihre Lieblosigkeiten, sondern auch der Selbstvorwurf, mich nicht gut genug in sie einfühlen zu können. Aber kaum hatte ich den Eindruck, nun sei mir das – zumindest im Moment – gelungen, war sie schon wieder in einer völlig anderen Stimmung.

Einleuchtend ist für Angehörige, dass die Kranken auch über alltägliche Dinge sprechen möchten. Sie versuchen zu erspüren, wann Alltagsgespräche willkommen sind, wann sie als Ausweichen interpretiert werden könnten. Nicht nur die Scheu, überhaupt offen zu reden, belastet sie, sondern auch die Scheu, es zum falschen Zeitpunkt zu tun. Man möchte die erholsamen Momente, in denen der Kranke glücklicherweise an etwas anderes denkt, nicht zerstören. Deshalb überlässt man dem Kranken die Führung, aber auch das macht ihn womöglich ärgerlich, weil er es negativ interpretiert.

Ruth Picardie schimpfte in einer Mail an ihren HIV-infizierten Freund: »Bei Krebs geht es nur um Angst und Euphemismen (siehe fortgeschritten, desgleichen ›palliative Behandlung‹). Warum nennen sie die Sache nicht beim Namen: Du stirbst, Schwachkopf! Und was, verdammt noch mal, ist ein ›Onkologe‹? Sie können nicht mal das K-Wort in den Mund nehmen.«[13] Einen Tag später schrieb sie einer Freundin: »BITTE versorg mich weiterhin mit allen möglichen Banalitäten: nichts will ich weniger, als 23 (statt 22) Stunden am Tag mit Gedanken an Krebs zu verbringen.«[14]

Ebenso schwer einzuschätzen ist es, wann Mitgefühl als wohltuend, wann als Belastung empfunden wird. Eine Frau erzählte mir, ihre kranke Mutter habe den Blumenstrauß, mit dem die Tochter sie zu erfreuen hoffte, wütend in die Ecke gepfeffert und geschrieen: »Blumen! Blumen! Ich bin noch nicht tot!« Die Tochter hatte sich zuvor durchaus Gedanken gemacht. »Wenn ich ihr nichts mitgebracht hätte, hätte sie womöglich gesagt: ›Nicht mal ein paar Blümchen bringst du mir mit, obwohl ich so krank bin.‹«

Es ist oft unmöglich, die inneren Widersprüche, die die Kranken bestimmen, die Vielfältigkeit, Gleichzeitigkeit und Wucht ihrer Gefühle zu erfassen. Das bestätigen Äußerungen von Ruth Picardie. Ihrem Freund Jamie, der kaum jemanden über seine HIV-Infektion informiert hatte, um den Reaktionen darauf zu entgehen, schrieb sie: »Ich kann mir nicht vorstellen, wie Du hast überleben können, ohne jedem Hans und Franz von Deiner Situation zu erzählen – brauchst Du nicht Sympathie, Mitgefühl, Pralinen? Ich weiß, da hängt auch 'ne Menge Scheiß dran, z. B. endlose ultranervige Telefongespräche, in denen du deinen emotionalen und physiologischen Zustand in allen Einzelheiten schildern musst. Manchmal ist mir danach, folgende Ansage auf den Anrufbeantworter zu sprechen: ›Hi, Ruth nimmt an, sie hat Metastasen in den Knochen. Glücklicherweise ist ihr heute (Sonntag) nicht ganz so weinerlich zumute. Danke für Ihren Anruf‹.«[15]

Es hätte mir sehr geholfen, wenn ich gewusst hätte, dass gerade extreme Stimmungsschwankungen für viele Krebskranke typisch sind und dass es unmöglich ist, sich in sie einzufühlen. Gesprochen wird darüber nicht, auch nicht nach dem Tod. Abgesehen davon, dass wir den Wunsch haben, unsere Nächsten über ihren Tod hinaus zu schützen und deshalb nur Gutes über sie zu sagen, dürfte das auch auf Scham- und Schuldgefühle der Angehörigen zurückzuführen sein, auf ihr Gefühl, in Situationen, in denen es nun wirklich darauf ankam, versagt zu haben. Für mich war es wie eine Erlösung, als eine befreundete Psychotherapeutin zu mir sagte: »In solche Zustände, wie Franziska sie durchlebt, kannst du dich beim besten Willen nicht einfühlen.«

Ich war nicht auf die Idee gekommen, meine Erfahrungen mit Rotraud als übertragbar anzusehen. Aber genau das waren sie: Krebskranke können überaus reizbar, ungerecht und verletzend sein. Und wenn sie es sind, trifft es fast immer die für sie wichtigsten Menschen: Liebespartner, Mutter, Vater, Sohn oder Tochter, engste Freunde.

Das ist eine der bittersten Wahrheiten für Angehörige: Je größer die Nähe, umso heftiger können gerade auch aggressive Äußerungen sein, vorübergehend oder dauerhaft. Auch das ist niederschmetternd, und mich hat es völlig unvorbereitet getroffen. Ich wusste, dass Wut und Zorn zu den wesentlichen Gefühlen Sterbenskranker gehören, aber mir war nicht klar, dass dieser Zorn sich vor allem gegen liebste und nächste Menschen richtet. Ich wusste nicht, wie dringend Kranke für diese Gefühle eine vertraute Adresse brauchen und sie deshalb oft ausgerechnet gegen jene richten, die selbst mit so viel Kummer und Verzweiflung auf die Erkrankung reagieren. Wut wird da geäußert, wo sich die Kranken am freiesten fühlen, sich am wenigsten kontrollieren und am ungeniertesten sind, aber auch da, wo sie die höchsten Erwartungen haben. So trifft ihr Zorn oft die Menschen, die ihn am allerwenigsten verdienen, weil sie all ihre Kraft in den Dienst der Kranken stellen. Aber da es leichter ist, Wut gegen eine Person zu richten als gegen das Schicksal, werden gerade Angehörige zur Zielscheibe, zu einer Art Deckadresse. Marianne erzählt, dass ihre kranke Tochter Verena die beiden Erwachsenen am heftigsten angriff, die ihr am wichtigsten waren: ihren Mann und ihre Mutter.

In Erinnerung geblieben waren mir Berichte vom Gegenteil: Krebskranke schonen ihre Angehörigen. Um sie nicht noch trauriger zu machen, als sie ohnehin schon sind, behalten sie vieles für sich. Das erschien mir plausibel. Aber es hatte auch andere Hinweise gegeben. Im Konzert der Beschönigungen waren sie untergegangen, auch deshalb, weil ich bedrückende Szenen zwischen Kranken und Angehörigen als Ausdruck problematischer Beziehungen interpretiert hatte und keineswegs als verallgemeinerbar.

Fred Wander, mit dem ich einst ein langes Radiogespräch führte und dessen Erinnerungen ich zuvor aufmerksam gelesen hatte, schrieb über »Stunden der Bitterkeit und des Schmerzes«, über Ausbrüche seiner Frau Maxie und »schlimme Vorwürfe«. Er erwähnt all das aber nur kurz: »Unterstellungen und wüste Beleidigungen, über die ich nicht reden werde. (...) Ich denke manchmal wirklich, sie wird verrückt! Oder habe ich selbst bereits den Verstand verloren? (...) Als ob ein Dämon, ein Dibbuk in sie gefahren wäre, so tobt sie manchmal. Und dann wieder ein Zusammenbruch, sie weint stundenlang, entschuldigt sich wieder bei mir und den Kindern. Eine Art Selbstzerfleischung.«[16] Maxi Wander empfindet sich selbst ganz ähnlich: »Ich glaube manchmal, verrückt zu werden. In meinem Kopf jagen die Bilder einander, wie auf einem Filmstreifen.«[17] Und: »Wie doch irgendwo in uns die Grenzen zwischen Schmerz, Verzweiflung und Genießen (bis in den Schmerz hinein) ineinanderfließen. Von tiefster Verlassenheit und Apathie fall ich fast ohne Übergang in euphorische Zustände.«[18] Vom Glück, noch am Leben zu sein, auch davon schreibt Maxie Wander wiederholt: »Ich bin *zwei Menschen:* nachts verzweifelt, tags, wenn die Sonne scheint, glücklich, glücklich!«[19] Ruth Picardie kommentiert ihre Stimmungsschwankungen und Gefühlsausbrüche auf unnachmlich schnodderige Art: »Ganz gewiss bin ich gegenwärtig keine besonders angenehme Gesellschaft, denn eine unheilbare Erkrankung ist wie PMS [Prämenstruelles Syndrom] hoch 10.«[20]

Wer weiß, dass Stimmungsum-, -aus- und -einbrüche ganz unabhängig von der Qualität der Beziehung auftauchen können, ist ein wenig gewappnet. Ein wenig.

Wichtig zu wissen ist auch, dass es in dramatischen emotionalen Situationen keine Stringenz gibt oder dass die Stringenz Todkranker eine andere ist, als Gesunde erwarten. Der niederländische Arzt Bert Keizer bringt das auf den Punkt: »Von Sterbenden verlangen wir eine Geradlinigkeit, die Weiterlebende niemals aufbringen müssen.« Keizer illustriert diese Äußerung mit der Geschichte einer Patientin: »›Das war mein letzter Sommer‹, sagte sie letzte Woche. Das ist gut, so sollte sie reden, findet Schwester Mieke, die sauer wird, als Frau Siebel am Sonntag sagt: ›Ich hoffe, der Doktor sieht sich bald mein Bein an, denn wenn das so weitergeht, komme ich nie laufend nach Hause.‹ ›Wie kann sie so was nur sagen?‹, fragt sie. ›Sie kann niemals mehr laufend nach Hause.‹«[21] Keizer versteht die Patientin: »Die Wahrheit ist natürlich, dass Menschen niemals direkt auf ihren Tod zuleben, außer in den allerletzten Minuten eines Selbstmords.«[22] Und selbst dann, schreibt Keizer, gilt das nur bedingt, und berichtet von einem jungen Mann, der mit seinem Motorrad unterwegs zu einem Gebäude, von dem er sich in die Tiefe stürzen wird, seinen Sicherheitshelm trägt.

Zu wissen, dass man bald sterben wird, sich aber dennoch so zu verhalten, als sei das nicht der Fall – auch das sorgt bei Angehörigen für Beklemmungen und Unsicherheit. Wie sollen sie auf diesen vermeintlichen Widerspruch reagieren? Franziska erläuterte mir und einer anderen Freundin Renovierungspläne für ihr Bad. In einem halben Jahr sollten die Handwerker kommen. In einem halben Jahr?! Hätte sie ergänzt: Wenn ich mich dann wohl genug fühle, hätte sie zu erkennen gegeben, dass sie um die Fraglichkeit dieses Vorhabens wusste, hätten wir gut und gern über Badezimmerinterieurs sprechen können. Aber das tat sie nicht. Im Gegenteil. Sie kam mir trotzig auftrumpfend vor, und ich fühlte mich regelrecht gepeinigt. Lächelnd schweigen? Auf den munteren Ton einsteigen und nach Einzelheiten fragen? Solche Situationen sind mit dem Gefühl verbunden, sich so oder so nicht angemessen verhalten zu können, zumal dann, wenn die Kranken, so wie Franziska, ununterbrochen mit Argusaugen prüfen, ob die anderen sich ihren Vorgaben gemäß verhalten. Ist das Lächeln echt oder aufgesetzt? Ist die Nachfrage geheuchelt oder Zeichen ernsten Interesses, das ja voraussetzt, dass die Pläne als realistisch angesehen werden. Ich bin damals in die Küche geflohen, in der Hoffnung, dass bei meiner Rückkehr bereits ein anderes Thema erörtert würde.

Dieter Wellershoff erlebte eine ähnliche Szene mit seinem Bruder, der mit ihm über Umbaupläne seines Hauses sprechen wollte: »Mit dem Recht des Kranken auf Schonung und Ermutigung nötigt er uns ein quälendes Scheingespräch über die Nebenumstände dieses Planes auf. Wir sprechen über die Lage, die Fassade und den Grundriss des Hauses, als ob alles andere längst ausgemacht und geregelt sei. Das kommt mir so vor, als übe er einen subtilen Terror aus. Er weiß doch, wie die Dinge stehen, und er muss wissen, dass wir es wissen.«[23]

Auch die Kranken fühlen natürlich die Ungleichheit und versuchen oft, sie durch moralischen Druck und Kontrolle zu verhindern, insbesondere dann, wenn sie spüren, dass sie Forderungen stellen, die die anderen nicht erfüllen können. Ich habe mich immer wieder argwöhnisch beobachtet gefühlt von Franziska. Sie kannte mich so gut, dass sie wusste, dass ich ihre Attacken normalerweise nicht klaglos hingenommen hätte. Sie entschuldigte sich nie dafür und fragte nichts dazu, prüfte aber pausenlos, ob ich ihre Forderungen, die oft Herausforderungen waren, tatsächlich anerkannte. Ihr Kranksein gab ihr unvorstellbar viel Macht über mich.

Manchmal kam es mir vor, als suche sie in meinem Gesicht Anhaltspunkte für die Wirklichkeit. Die aber sollte unbedingt ihren Vorstellungen entsprechen. Mehrfach bat ich: »Sag mir, was ich tun soll.« Oder: »Sag mir, was du dir von mir wünschst.« Auch solche Bitten erregten Unwillen: Sie zuckte mürrisch mit den Schultern. Einmal antwortete sie ärgerlich: »Ich kann mich nicht dauernd erklären.« Immer häufiger kam es mir so vor, als *wolle* sie mich quälen. Dann wurde ich innerlich ganz starr. Sie ist kaputt und macht das, was noch heil sein könnte, auch noch kaputt, dachte ich entsetzt.

Marianne erzählt, dass ihre Tochter Verena fortwährend die Kommunikation der anderen kontrollierte. Einmal war Marianne mit ihrem Schwiegersohn in den Keller gegangen, um unbelauscht ein paar Worte mit ihm zu sprechen. Verena war schon bettlägerig, stand aber dennoch plötzlich hinter ihnen.

Auch gefühlsmäßig entstand zwischen Marianne und ihrer Tochter immer wieder eine Kluft, die sie nicht überbrücken konnte. »Manchmal tat sie mir so entsetzlich leid«, sagt sie, »und ich hätte sie so gern in den Arm genommen. Aber das wollte sie dann nicht. ›Lass mich!‹, bekam ich dann zu hören. Aber auch umgekehrt kam es vor, dass sie mich umarmen wollte. Wenn sie mich kurz zuvor angeschrieen und mir gedroht hatte, dass ich es bestimmt irgendwann bereuen würde, wenn ich nicht tue, was sie will, konnte ich Körperkontakt einfach nicht ertragen.«

Ständige Kontrollbemühungen zeigen, wie unerträglich es auch für die Kranken ist, wenn ihre Angehörigen anders denken und fühlen als sie selbst. Und es zeigt, dass sie wenigstens andere kontrollieren wollen, wenn sie schon sich selbst, vor allem aber ihre Krankheit nicht kontrollieren können.

Nicht nur die unterschiedliche Anerkennung der tödlichen Erkrankung an sich sorgt für eine Differenz, sondern auch die Frage der zu erwartenden Frist. Angehörige suchen Orientierung in dem Gedanken daran, wie lange es voraussichtlich dauern wird bis zum Tod. Darüber ist nicht zu sprechen, weil es herzlos wirkt, aber es geschieht unwillkürlich, um das, was nicht zu fassen ist, irgendwie einzuordnen, überschaubar, handhabbar zu machen. Für Angehörige kann es sehr schwer sein, sich damit abzufinden, dass nichts mehr planbar ist. Sie müssen lernen, mit der Gewissheit des Todes und mit der Ungewissheit des Todeszeitpunkts zu leben. So wie die Kranken müssen sie lernen, möglichst gut in der Gegenwart zu leben, jeden Tag und jede Stunde. Gleichzeitig hilft es ihnen aber auch, sich innerlich auf das einzustellen, was ihnen bevorsteht, ohne sich dafür zu beschimpfen.

Die Gesunden müssen auch anderen Verpflichtungen nachkommen, insbesondere dann, wenn sie berufstätig sind. Nach einigen Wochen, in denen ich fast überhaupt nicht in der Lage gewesen war zu arbeiten, war es für mich als Freiberuflerin mit einer Wochenarbeitszeit von normalerweise rund sechzig Stunden, unbedingt nötig mir zu überlegen, wie soll, wie kann es weitergehen. Zum einen muss ich arbeiten, um meinen Lebensunterhalt zu verdienen. Zum anderen stand ich vor der Frage, ob ich einen Vertrag für ein Buchprojekt unterschreiben sollte, das mich für mehrere Monate stark gebunden, mir so gut wie gar keine freie Zeit gelassen hätte.

Ich hoffte und erwartete sogar, dass Franziska, die meine Arbeitssituation genau kannte, darauf zu sprechen kommen würde. Sie tat es nicht. Im Gegenteil. Die Möglichkeit offener Gespräche rückte in immer weitere Ferne; Franziska wurde immer ungehaltener und ich immer einsilbiger. Schließlich traf ich die notwendige Entscheidung ohne Gespräch: Ich würde den Vertrag nicht schließen, sondern versuchen, das Projekt zu verschieben. Und ich überlegte, was ich tun könnte, um nicht in Geldnöte zu geraten. Inzwischen hatte ich mit einigen Freundinnen und Familienmitgliedern gesprochen, und ich war und bin unendlich dankbar für das Angebot aus unerwarteter Richtung, mir finanziell unter die Arme zu greifen, sobald das nötig sein würde. Das war eine enorme Stärkung, zumal mir dieses Hilfsangebot gemacht wurde, bevor ich bitten musste.

Es war keine Frage für mich, dass ich Franziska jede Unterstützung geben wollte, die sie wünschte. Ich empfand das als eine Aufgabe, die mir als ihrer engsten Vertrauten selbstverständlich zufiel und absolute Priorität hatte. Als ich mir das klargemacht und mich entschlossen hatte, mich dafür frei zu halten, fand ich in dieser Frage Ruhe. Aber es war sehr schmerzlich, dass ich mit der Person, um die es ging und mit der ich so viele wesentliche Lebensentscheidungen der letzten drei Jahrzehnte beratschlagt hatte, nicht darüber sprechen konnte.

In gesunden Tagen sagen viele, sie fürchteten sich nicht vor dem Tod, sehr wohl aber vor Schmerzen und Einschränkungen am Lebensende. Wer so schwer an Krebs erkrankt ist, dass ihm ein baldiges Sterben droht, verändert seine Sicht oft ganz und gar. Die abstrakte Vorstellung wird zur Realität mit bedrängenden und unvorhergesehenen Gefühlen. Der Tod wird nun sehr wohl zur entsetzlichen Drohung. Ihm ist alles andere vorzuziehen. Deshalb wandelt sich dann häufig auch eine vormals überwiegend skeptische Haltung zu intensivmedizinischen lebensverlängernden Maßnahmen oder quälenden Krebstherapien. Auch dies führt zu lastender Ungleichheit: Während die meisten Kranken ihr Leben um nahezu jeden Preis verlängern möchten, fürchten viele Angehörige vor allem unnötiges Leid der Kranken.

Als Franziska die Diagnose erfahren hatte, war die Frage, wie sie darauf in medizinischer Hinsicht reagieren wollte, zentral. »Was willst du tun?«, fragte ich.

»Nichts tun kann ich nicht«, sagte sie mit leiser Stimme. Sie sagte auch, sie habe große Angst davor, dass man ihr womöglich gar keine Behandlung anbieten würde. Das war also klar.

Das, was vermeintlich klar war, führte dennoch zu einem quälenden inneren Konflikt für mich. Franziska verhielt sich widersprüchlich. Sie bat mich, sie zu Arztgesprächen und ins Krankenhaus zu begleiten. »Vier Ohren hören mehr als zwei«, sagte sie, aber gleichzeitig wollte sie nicht, dass ich tatsächlich alles hörte. Entweder fanden die entscheidenden Gespräche mit ihren Ärzten zu einem anderen Zeitpunkt statt als gedacht oder sie schickte mich kurz zuvor regelrecht fort.

Bevor ich sie ins Krankenhaus brachte, hatten wir verabredet, dass ich bleiben solle, bis nach dem ausführlichen Aufnahmegespräch. Ich erhoffte mir von diesem Gespräch gründliche Aufklärung über die Befunde, über Behandlungsmöglichkeiten und deren Wirkungen. Ich erhoffte auch Anhaltspunkte für den zu erwartenden Verlauf der Erkrankung.

Auf der Autofahrt ins Krankenhaus am Tag nach Weihnachten waren wir beide schweigsam und angespannt. Ich hatte Angst vor dem, was uns in der Klinik erwartete, und dachte auch an den Tiefschlag, den Franziska mir kurz zuvor versetzt hatte. Heiligabend und den ersten Feiertag hatte Franziska bei mir verbracht. Am zweiten Feiertag war ich zu einem Familientreffen in Hamburg verabredet. Da war es für mich selbstverständlich gewesen, Franziska vorzuschlagen, anschließend zu ihr zu kommen und bei ihr zu übernachten. »Nein! Das ist mir zu nah«, hatte sie mir ohne jede weitere Erklärung geantwortet. Ich war getroffen und dann auch ärgerlich. Sie erwartet also, übersetzte ich mir ihre Absage, dass ich am zweiten Weihnachtsfeiertag abends eine gute Stunde nach Hause fahre, um am nächsten Morgen in aller Herrgottsfrühe wieder nach Hamburg aufzubrechen, um sie dort um acht Uhr abzuholen! Ich hatte nichts gesagt, sondern überlegt, ob ich in Hamburg in einem Hotel übernachten sollte, bat dann aber meinen Bruder um Unterkunft.

Auf dem Weg vom Auto zum Krankenhausgebäude gab es einen Moment, in dem wir uns ganz nah waren. Franziska sagte: »Jetzt muss ich aber doch schwer schlucken.« Ich wusste, wie viel Angst sie hatte, und verstand sie gut. Sie blieb einen Augenblick stehen und atmete tief ein und aus. Dann ging sie tapfer weiter, rechts ihre Reisetasche, die sie mir zu tragen verboten hatte, links eine poppig rot geblümte Plastiktüte mit den Röntgenbildern ihrer Lunge.

»Ich beneide dich so«, sagte sie, und ihre Stimme war ganz weich. »Du kannst nachher nach Hause fahren, kannst Musik hören und eine rauchen.« Dann erzählte sie von dem Krankenhausbesuch, der sie vor gar nicht langer Zeit an das Bett eines geschätzten Kollegen geführt hatte, der nach einer zu späten Reanimation im Koma lag und einige Wochen später gestorben war.

»Du glaubst gar nicht«, sagte sie, »wie froh ich war, als ich aus dem Krankenhaus kam. Vor der Tür durchströmte mich ein enormes Glücksgefühl.« Ich war bewegt und antwortete: »Ich verstehe, was du meinst, aber ich werde nicht glücklich sein, wenn ich nachher wieder wegfahre.« »Ich weiß«, sagte sie, und dann gingen wir hinein. Ich ahnte nicht, dass dies der letzte Moment fragloser Übereinstimmung und Verbundenheit sein sollte.

Beide waren wir um Haltung bemüht – sie erfolgreicher als ich. Als ich bei der Anmeldung meine Adresse und Telefonnummer angeben musste, unter denen man mich im Notfall erreichen konnte, drohte meine Stimme zu versagen.

Der Chefarzt begrüßte uns – Franziska war Privatpatientin. Dann warteten wir eine ganze Weile, bis sie ihr Einzelzimmer beziehen konnte. Sie stellte ihre Tasche ab und beschäftigte sich lange wortlos mit der Fernbedienung für das Fernsehgerät. Plötzlich sagte sie: »Dann bring ich dich jetzt mal runter.« Sie schickte mich weg, bevor der Arzt gekommen war. Und sie sagte nicht, warum. Hatte sie Angst davor, dass ich etwas erfragen könnte, was sie nicht wissen wollte, oder vor meinen Emotionen? Auf jeden Fall fühlte sie sich sicherer ohne mich. Auch das war schwer zu verstehen. Ich schämte mich, weil ich nicht nur verdattert und enttäuscht, sondern auch erleichtert war über diese Entlassung. Ich fühlte mich so angegriffen und zermürbt von den ständigen emotionalen Wechselbädern, dass ich froh war, weiteren für den Moment zu entgehen. Im Auto weinte ich lange.

Zuvor hatte ich ein paar Mal gedacht: Sie weiß und sie weiß nicht, wie es um sie steht. Wie richtig diese Beobachtung war, erwies sich bei unserem Telefongespräch am Abend dieses Tages. Der Arzt hatte gesagt, dass die zuvor angekündigte Probeentnahme von Lungengewebe nicht nötig, sondern die Diagnose bereits eindeutig sei, und hatte vorgeschlagen, am nächsten Tag mit einer Chemotherapie zu beginnen. Franziska erzählte mir nichts über die Erläuterungen des Arztes, aber sie sagte erschöpft und tonlos: »Als ich all die Unterlagen durchgelesen habe, die ich unterschreiben musste, da habe ich überhaupt erst begriffen, dass ich diese Krankheit nie wieder loswerden kann.«

Ich hörte ihr wortlos zu, aber meine Spannungen wuchsen.

Den ganzen Abend dachte ich immer wütender: Die lassen Patienten, die die Bedeutung ihrer Krankheit noch gar nicht erfasst haben, Behandlungen zustimmen, deren Auswirkungen sie nicht überblicken können! Das Schreckliche war, dass ich Franziska das keinesfalls sagen konnte. Sie hatte mir bislang zwar vor allem nonverbal, aber doch eindeutig klargemacht, dass sie nur über das sprechen wollte, was sie selbst thematisierte. Ich nahm all meinen Mut zusammen und fragte: »Hat er sich zur Prognose geäußert?« »Nein«, sagte sie schroff. »Ist ja auch völlig überflüssig. Ohne Behandlung wächst das Ding weiter.«

Leiden zu müssen durch Behandlungen ohne oder mit nur fragwürdigem medizinischem Nutzen – das war für sie überhaupt kein Thema. Für mich war es ein großes Thema. Einerseits sah ich es als meine Pflicht an, sie nicht in eine Therapie tappen zu lassen, über die sie ausschließlich von dem Arzt, der sie anwenden wollte, informiert worden war, eine Behandlung zudem, über deren Alternativen sie vermutlich nichts wusste, über die sie also gar nicht wirklich hatte nachdenken können. Andererseits waren die von ihr gesetzten Verbote und Tabus so stark, dass ich sie nicht übertreten, sie nicht auf diese Problematik ansprechen konnte. Als am nächsten Tag die Chemotherapie begann, legte sich meine Zerrissenheit. Sie hatte entschieden, und ich würde mit ihr das Beste erhoffen.

Viele Angehörige beobachten, dass die Kranken wissen und doch nicht wissen. Zunächst sind sie – und auch viele Angehörige – überfordert, Befunde und Erklärungen überhaupt aufzunehmen: »Onkologische Patienten [vergessen] zwischen 40 und 50 % der in einem Aufklärungsgespräch vermittelten Informationen wieder.«[24] Später setzt dann vielfach Verleugnung ein. Und auch die Kranken, die realisieren, dass sie sterbenskrank sind, können dennoch meist nicht glauben, dass sie tatsächlich sterben werden.

Den Kranken zu folgen ist dann besonders schwer, wenn

sie sich Scharlatanen anvertrauen. Und das tun sehr viel mehr an Krebs als an anderen Leiden Erkrankte: »In Deutschland nehmen bis zu 60 % aller onkologischen Patienten im Verlauf ihrer Erkrankung Behandlungsmethoden ohne erwiesenen Nutzen in Anspruch.«[25] Diese Tatsache spricht Bände: zum einen über die besonderen psychischen Belastungen von Tumorpatienten, zum anderen über die Unfähigkeit des Medizinbetriebs, sie so zu behandeln, dass sie sich gut und ganz aufgehoben fühlen.

Verena, der Tochter von Marianne, wurde mit sechsunddreißig Jahren ein Lungenflügel entfernt. Ein halbes Jahr würde sie noch leben können, sagten die Ärzte im Krankenhaus unverblümt. Sie rieten ihr zu einer Chemotherapie und dazu, alles zu regeln, was sie regeln müsse. Und das war besonders schwer, denn Verena hatte zwei kleine Kinder. Verena absolvierte die Chemotherapie, fühlte sich dadurch aber nur zusätzlich geschwächt und krank gemacht. Verena, die nie geraucht und immer auf gesunde Ernährung geachtet hatte, lehnte weitere schulmedizinische Behandlungen ab und setzte ganz auf die Künste einer »Heilerin«. Die behauptete, Tumoren, die sich in Verenas Körper immer mehr ausbreiteten, wegmassieren zu können. Vor allem verordnete sie Tees. Tee aus Brennnesseln, aus vielen verschiedenen Kräutern, aus Himbeer- und Kiefernzweigen. Und sie kassierte: mindestens einhundert Euro pro Besuch.

Auch Verena zeigte, dass wir nur das in unser Bewusstsein lassen, was wir ertragen können. Ebenso wie Susan Sontag. Wobei gerade Sontag bewies, dass das keine Frage der Intelligenz ist. Verena rettete sich vor der Last der Diagnose immer mehr in weitgehendes Leugnen. Die Ärzte hätten keine Ahnung, sie habe zwar Krebs, aber keine Metastasen, und die »Heilerin« werde sie gesund machen. »Ich schaffe das«, sagte sie. Widerspruch duldete sie nicht. Ihr Mann und ihre Mutter fügten sich den Anordnungen Verenas. Die Mutter beschaffte fast drei Jahre lang (die Prognose war also tatsächlich falsch gewesen) all das, was für die Tees gebraucht wurde. Sie sammelte Kräuter in der Feldmark und legte weite Wege zurück, um all das zu besorgen, was nötig war, damit die Anweisungen der »Heilerin« umgesetzt werden konnten; auch andere Familienmitglieder wurden eingespannt. »Ich könnte ihr noch heute den Hals umdrehen«, sagt Marianne, aber wenn sie von den ausufernden Maßnahmen erzählt, klingt es, als habe die »Heilerin« der Kranken tatsächlich geholfen. Zum einen, weil sie ihr Zuversicht vermittelte, sie sogar glauben ließ, sie könne wieder ganz gesund werden. Zum anderen, weil sie alle Beteiligten so weitgehend beschäftigte, dass nur wenig Zeit blieb, um die Lage der Dinge zu besprechen und anders zu betrachten. Verena gelang es, der Mutter das Gefühl zu geben, das Leben der Tochter aufs Spiel zu setzen, sollte sie nicht alle Aufträge erfüllen, nicht jede Verordnung haargenau umsetzen. Die lange Zeit der kurzen Frist wurde ausgefüllt mit tausend unsinnigen Dingen, die auf indirekte Weise durchaus sinnvoll waren, jedenfalls für die Kranke: Sie strukturierten die Tage und ermüdeten alle auch körperlich. Für Marianne allerdings war all das extrem belastend.

Nicht nur Aktivität, auch Streit hat eine wichtige Funktion: Er erlaubt starke Gefühlsäußerungen und lenkt ebenfalls vom Eigentlichen – der konkret gewordenen Endlichkeit – ab. Abzuschütteln ist das Eigentliche aber nicht. Wenn es immer nur im Hintergrund lauert, nie wenigstens kurz thematisiert werden darf, gibt es keinen Moment ehrlicher Entspannung, nur Erschöpfung.

»Ich wollte so gern mit ihr glauben, mit ihr hoffen«, sagt Marianne. »Ich wollte *alles* tun, um ihr Mut zu machen und ihr zu helfen. Aber ich konnte einfach nicht glauben, dass all diese Tees helfen würden. Mal musste ich Verenas Körper von oben bis unten mit einem bestimmten Öl einreiben, mal mit Knoblauch. Ich wusste, dass das nicht helfen kann. Aber Verena sagte nur immer wieder: ›Die Ärzte haben keine Ahnung. Das sind keine Metastasen.‹«

Fast drei Jahre lang führte Marianne zwei Haushalte, versorgte ihre Enkelkinder und ihre kranke Tochter. Aber nur zu Hause fühlte sie sich einigermaßen wohl. Auf dem Rückweg dorthin hielt sie manchmal an, weil sie vor Tränen nicht weiterfahren konnte. Nach Hause zu kommen erlaubte ihr trotz all der Arbeit, die dort liegengeblieben war, ein kurzes Aufatmen. Sie war wieder bei sich, und endlich wurde ihr nicht jeder Handgriff vorgeschrieben, nicht jeder »falsche« Handgriff kritisiert. Mehr als zwei Jahre sind seit dem Tod der Tochter vergangen, aber Marianne sagt immer noch: »Ich hab so vieles falsch gemacht.«

Marianne ist eine warmherzige und lebenskluge Frau. Was unter normalen Umständen für sie selbstverständlich gewesen wäre, konnte sie mit ihrer sterbenskranken Tochter nicht bewerkstelligen: ein offenes Gespräch. Sie konnte nicht sagen: Ich helfe dir gern, aber ich muss es so machen können, wie es *mir* gemäß ist. Eine solche Äußerung war undenkbar. »Sie hatte uns alle fest im Griff. Sie hatte uns vollkommen in der Hand«, sagt Marianne.

Angehörige beugen sich der Macht der Kranken, um sie zu beschwichtigen, um das Gemeinschaftsgefühl zu retten. Und die Kranken können für Außenstehende unverständlich viel Macht gewinnen. Sie speist sich aus Ohnmacht und Entsetzen und dem brennenden Wunsch, die Kranken, deren Unglück einen selbst zu überwältigen droht, nicht zusätzlich zu belasten, sich so weit wie irgend möglich in ihren Dienst zu stellen, sie, die schon tödlich getroffen sind, nicht zu verletzen. Angehörige möchten Auseinandersetzungen, Streit unbedingt vermeiden. Er macht ihnen Angst, und diese Angst wird befeuert durch die Erfahrung, dass ihre Äußerungen oder Handlungen tatsächlich zu Verstimmung, Unmut oder gar Wutausbrüchen geführt haben.

Normalerweise fühlen wir uns in unserer Kommunikation mit unseren Liebsten und Nächsten sicher. Wir sprechen wichtige Gedanken aus und verlassen uns darauf, dass sich unser Gegenüber ebenfalls mitteilt. Und sollte es Streit geben, ist das nicht dauerhaft schlimm. Mit dieser Sicherheit ist es oft schlagartig vorbei, wenn eine tödliche Erkrankung diagnostiziert wurde. Tabus entstehen und bekommen ein zuvor unvorstellbares Gewicht.

Diese Tabus werden von den Angehörigen lange oder bis zum Schluss akzeptiert, auch aus Angst vor eigenen Verletzungen. Vor dem Hintergrund des drohenden Todes ist es unerträglich, von den Kranken ungerecht kritisiert, angeschnauzt, angeschrieen zu werden. Und es ist ausgeschlossen, das Risiko eines Beziehungsbruchs auf sich zu nehmen.

Häufig suchen die Kranken regelrecht Streit, aber alles ist anders als in Konflikten zu normalen Zeiten. Franziska sagte immer wieder: »Ich will nicht geschont werden!« Sie wollte so behandelt werden wie immer, verhielt sich aber völlig anders als sonst. Dieser Appell konnte also nicht fruchten, ebenso wie der, alles solle so normal wie möglich sein. Beide Forderungen waren nicht zu erfüllen, weil es keine Normalität mehr gab und weil viele ganz normale Äußerungen Franziska wütend machten.

Ein Grund für Streit liegt in der besonderen Empfindlichkeit und Reizbarkeit der Kranken. Differenzen, die sie in gesunden Tragen mit einem Achselzucken abgetan hätten, können sie nun völlig aus dem Gleichgewicht bringen. David Rieff erzählt von einer solchen Situation mit Susan Sontag, die ganz und gar auf die Schulmedizin setzte: »Die unglückliche Freundin, die ihr ein Kristall mitbrachte und behauptete, es werde ihr Glück bringen, wurde mit einem geschrienen ›Verstehst du denn nicht? Das hat mit Glück *nichts* zu tun!‹ abgewiesen.«[26]

In der Wohnung der Kranken hielten sich immer etliche Personen auf, da Susan Sontag nicht allein sein mochte. Allerdings tat ihr Gesellschaft nicht nur wohl: »Viel zu oft war das, was man sagte, genau das Falsche und brachte meine Mutter zum Weinen.«[27]

Die Angehörigen fürchten Streit, den Kranken bietet Streit Gelegenheit, ihre Wut, ihren Zorn auszudrücken, ohne dass er grundlos erscheint, aber auch ohne die wahren Gründe für ihre Wut zu nennen. Die Krankheit raubt ihnen ihre Kraft, ihre Unabhängigkeit. Sie sehen sich von einem Feind bedroht, den sie nicht fassen, nicht in die Flucht schlagen können, der sich in sie selbst eingeschlichen hat. Das lasse ich mir nicht gefallen!, wollen sie schreien. Und machen daraus womöglich: Ich lasse mir von *dir* nichts gefallen! Ich lasse mir gar nichts mehr gefallen! Mehr als einmal sagte ich zu Franziska: »Ich habe das Gefühl, dir nichts recht machen zu können.« Und genau so war es auch.

Die Attacken der Kranken gegen ihre engsten Vertrauten sind manchmal auch der Versuch, die Ungleichheit auf geradezu beschwörende Weise aufzuheben: Sie fordern zu einem Kampf heraus, in dem sie sich als gleichberechtigte und starke Gegner erweisen können, die es ernst zu nehmen gilt. Aber das Gegenüber reagiert nicht wie erwünscht: Es erstarrt, anstatt zu kämpfen, es weint oder streckt die Waffen und rennt davon. Die Wut läuft ins Leere oder prallt gegen eine Wand. So bestätigt sich nur: Du bist nicht mehr die Person, die du warst. Wir sind keine Gleichen mehr. Nur in der Akzeptanz dessen, was ist, könnte man sich stärken; der Versuch, an dem festzuhalten, was vergangen ist, schwächt alle und führt in Tragödien, aus denen es kein Entrinnen gibt.

Angriffe können auch eine zerstörerische Komponente haben: Wenn ich sterben muss, sollst auch du nicht ungeschoren davonkommen. Oder: Bevor ich zerstört werde, werde ich zerstörerisch.[28] Nachträglich habe ich manchmal gedacht, ich hätte Franziskas Attacken sofort beantworten, den Streit frühzeitig führen müssen, den sie immer wieder vom Zaun brach, vielleicht hätte sie sich dann eher beruhigen können, vielleicht wäre ihre Wut dann nicht mehr und mehr eskaliert.

Wenn Angehörige oder Freunde innerlich unabhängig genug sind, um sich ihrer Gefühle und Einschätzungen sicher zu sein, und gleichzeitig dem Druck von Ungleichheit und Ungleichzeitigkeit nicht mehr standhalten können, dann werden sie offensiv, dann treten sie den Kranken offen entgegen.

Die Heldin Helen aus Helen Garners Roman »Das Zimmer« fühlt sich schließlich dazu gezwungen. Sie erträgt es nicht mehr, dass ihre todkranke Freundin, die sich bei ihr einquartiert hat, ihre Situation bagatellisiert und damit auch das, was Helen für sie leisten muss. Zunächst ist Helen unglaublich entlastet, als sie endlich mit der Nichte der Kranken Klartext reden kann: »›Sie hat uns zu den Trägern all dieses Übels gemacht – und irgendwie haben wir das auch zugelassen. Sie segelt so dahin, mit diesem grausigen Lächeln im Gesicht, und sagt jedem, dass es ihr ab Mitte nächster Woche besser gehen werde, und währenddessen werden wir über den Grund geschleift und gabeln alles an Angst und Wut auf, was sie über Bord geworfen hat.‹ (…) ›Genauso macht sie es hier auch‹, sagte ich. ›Sie verhöhnt mich geradezu.‹«[29]

Helen hat genug Distanz zu ihrer Freundin Nicola, um deren Zumutungen eindeutig zu beantworten. Sie wird von Tag zu Tag wütender und klarsichtiger. »Der Tod lässt sich nicht verleugnen. Das zu versuchen ist ungeheuerlich. Es treibt den Wahnsinn in die Seele. Es lässt jeden Anstand versiegen. Es vergiftet die Freundschaft und macht die Liebe zum Gespött.«[30]

Schließlich macht sich Helen Luft und konfrontiert Nicola im Beisein von deren Nichte mit der Realität. Der Zusammenbruch der Kranken, den Angehörige oft überhaupt nicht riskieren können, findet tatsächlich statt. Nicola weint, und ihre Nichte hält sie dabei fest im Arm. Die Kranke muss der Situation standhalten und kann es auch. Anschließend sind alle drei Frauen vollkommen erschöpft, aber für Helen und die Nichte geht die Erschöpfung einher mit dem Gefühl, längst überfällige Klarstellungen erreicht zu haben. Für einen Moment hat Wahrhaftigkeit den Nebel aus Beschönigungen und Lügen gelichtet. Helen und die Nichte können durchatmen und gewinnen so neue Kraft für die anstrengende Versorgung der Kranken. Natürlich wird Nicola keine andere. Aber sie erkennt das Recht der anderen auf ein Mindestmaß an Ehrlichkeit an – wenn auch nur für den Moment –, und sie ist sogar stark genug, um zu spüren, was für eine Leistung es für Helen war, die Wahrheit ungeschminkt auszusprechen.

Meine Versuche, Ungleichheit und Ungleichzeitigkeit durch Gespräche mit Franziska aufzulösen, fruchteten nicht, obwohl ich mich ebenfalls darum bemühte und oft an die Gedichtzeile von Ingeborg Bachmann dachte, in der von der »Tapferkeit vor dem Freund«[31] die Rede ist. Aber meine Tapferkeit wurde von Franziska weder als solche geschätzt, noch führte sie uns in irgendeine Entspannung.

Mein erster Versuch verlief so: Franziska hatte sich gerade von der ersten Chemo erholt und saß auf meinem Sofa. »Ich kann dich nur ermuntern, alles auszusprechen«, sagte ich.

»Das werde ich nicht tun«, antwortete sie.

»Warum nicht?«

»Weil ich dann die Kontrolle verliere.«

»Was könnte passieren? Vielleicht wirst du wütend. Vielleicht musst du weinen. Was sonst kann geschehen?«

Ich dachte an meine eigene panikartige Angst, die mich tagelang gequält hatte, als man mir fünfundzwanzig Jahr zuvor gesagt hatte, ich habe Brustkrebs. Mein damaliger Mann war zwar Arzt, aber dennoch sehr irritiert über meine ununterbrochene Lektüre von Büchern über Krebs. Er versuchte mich abzulenken, verstand nicht, dass ich nicht vor der Höhle des Löwen stehen blieb, sondern angstschlotternd hineingehen musste. Ich weiß nicht mehr, was damals genau den Ausschlag gab, aber irgendwann beruhigte ich mich, weil ich spürte: Ich werde immer ich bleiben, selbst dann, wenn ich nicht wieder gesund werde, selbst dann, wenn ich sterben muss. Dieses Gefühl war eine ungeheure Befreiung und es lehrte mich, dass Angst, die man beiseiteschiebt, größer wird, dass sich Angst nur auflösen lässt, indem man sie akzeptiert und durchlebt.

»Du musst durch die Angst hindurchgehen«, sagte ich.

Bevor ich weiterreden, mein eigenes Erleben schildern konnte, sprang Franziska auf. Sie konnte kaum sprechen vor Empörung: »Nein. Das kann ich nicht! Das will ich nicht! Hilfe! Ich muss weg hier! Das halte ich nicht aus! Ich habe diese Angst in mir. Aber ich kann nicht auch noch solche Ratschläge ertragen!«

Sie verließ mich, eilte nach oben in ihr Zimmer, schloss die Tür. Ich schluchzte haltlos.

Später kam sie noch einmal herunter. Sie umarmte mich kurz und fragte: »Alles in Ordnung?«

»Nein, nichts ist in Ordnung«, antwortete ich. »Es tut mir so leid! Ich möchte dir helfen, aber mache so vieles falsch.«

»Wir reden morgen«, sagte sie und ging wieder nach oben.

Ich blieb noch lange allein sitzen, benommen, entsetzt, erschöpft. Ich nahm es mir sehr übel, dass ich die Sache so vermasselt hatte, nicht einfach von meiner eigenen Erfahrung erzählt und dann gewartet hatte, ob sie damit etwas anfangen könnte.

Am nächsten Abend begann Franziska konzentriert ein Gespräch über den Vorfall. »Es ist keine Frage des Vertrauens, sondern des Gefühls«, sagte sie, und mir fiel der Widerspruch in diesem Satz erst später auf. »Ich kann nicht alles mit dir besprechen, weil ich ein Gegenüber brauche, das nicht selbst emotional beteiligt ist. Ein Gegenüber, das mir Halt gibt, nicht selbst verzweifelt ist.«

Ich wusste, dass sie sich bei einer psychoonkologischen Beratungsstelle angemeldet hatte und dem ersten Termin entgegenfieberte. Auch ich setzte große Hoffnungen darauf. Sie erklärte mir, wie schwer es für sie sei, sich Stück für Stück der Realität zu nähern, und ich hatte das beschämende Gefühl, dass sie das weit gründlicher und rückhaltloser tat, als ich vermutet hatte. »Es nützt doch nichts, wenn du meine Verzweiflung siehst«, sagte sie. »Alles ändert sich. Das zu begreifen ist sehr schwer.« Wenn sich alles ändere, könnten wir nicht auf Anhieb wissen, was richtig sei. Fehler ließen sich nicht vermeiden und seien besser als Erstarrung aus Verunsicherung. Erleichtert und dankbar nahm ich zur Kenntnis, dass sie mir nicht böse war und auch mir Fehler zubilligte. Ihre Äußerungen machten mich ruhig und tief traurig. Ruhig, weil ich nun wusste, dass sie sich vorgenommen hatte, alles zu tun, was es zu tun galt, und weil ich Franziska so erlebte, wie ich sie kannte und schätzte: kritisch reflektierend und besonnen. Wir waren uns ganz nah, während sie mir erklärte, warum wir uns nicht mehr ganz nah sein können. Ich hätte ihr gern erklärt, wie ich auf den Satz gekommen war, der sie so verstört hatte. Aber das wäre wie ein Nachtreten oder wie eine unpassende Rechtfertigung gewesen.

Ruhe und Entspanntheit hielten keine zwanzig Stunden an. Als ich sie am nächsten Tag nach Hause fuhr, machte sie mehrere Äußerungen, die darauf schließen ließen, dass sie noch ganz und gar am Anfang des Begreifens stand. Sie wirkte regelrecht hysterisch, dann völlig stumpf. Kurz vor unserer Ankunft in ihrer Straße, teilte sie mir in geschäftsmäßigem Ton mit, dass ich ihr acht Euro zu wenig überwiesen hätte für das Flugticket, das ich mir kürzlich mit ihrer Kreditkarte bestellt hatte. Vor ihrer Haustür schnappte sie sich ihre Tasche und ohne ein Dankeschön oder ein anderes freundliches Wort ließ sie mich mit einem patzigen »Tschüss!« stehen.

Sie ist nicht zurechnungsfähig, dachte ich. Ich fahre statt zu arbeiten für sie hunderte von Kilometern durch die Gegend, kaufe und bezahle Essen für sämtliche Feiertage, koche und versuche, ihr alles so angenehm wie möglich zu machen, und sie, die ich noch nie kleinlich erlebt habe, mahnt einen Betrag von acht Euro an! Ich wusste nicht, ob meine Empörung oder mein Erschrecken über diese Absurdität größer war. Nach wenigen Stunden waren wir wieder da, wo ich es kaum aushalten konnte: in einer völlig verrückten Welt, in der sich alles drehte, drehte, drehte.

Viele Angehörige können von solchen emotionalen Achterbahnfahrten berichten. Werner Schneyders Frau, die sich unübersehbar aufs Sterben zu bewegte, sprach mit ihm über ihren Wunsch nach Portugal zu fahren. »Also, nach Portugal will sie. Sie ist doch zu intelligent, um nicht zu wissen, dass diese Reise nicht möglich sein wird? Oder lebt sie schon in einer Sphäre, in der Ratio nicht mehr vorkommt?«[32]

Was ihm selbst durch den Kopf geht, nennt er »Hirnkrebs«. Seine Gedanken erscheinen ihm nicht nur krank, sondern vor allem entsetzlich lieblos: »Wenn der Hirnkrebs wütet, wenn ich mir überlege, ob mir die Zugehfrau bleiben wird, ob ich der Steuerberaterin die Belege werde vorordnen können, habe ich den Verdacht: Ich bin ein Haufen Scheiße.«[33]

Seinen Schmerz über den drohenden Verlust und seine Wut über die Unehrlichkeit, die das Zusammensein verdirbt, richtet er gegen sich selbst, indem er sich beschimpft. Hilflos konstatiert er: »Sie spricht von einem *Rückfall.* Sind alle wahnsinnig geworden? Rückfall von wo wohin? Wann war denn keiner?«[34]

Kurz vor dem Tod seiner Frau sorgt der gemeinsame Sohn für eine grundlegende Veränderung. Schneyder erfährt davon am Telefon: »Er habe etwas *Furchtbares* gemacht. Oder auch nicht Furchtbares. Er bittet mich jedenfalls um Verständnis. Sie hat zu ihm irgendetwas gesagt, was sie vorhat, wenn sie *wieder mobil* ist. Da hat er den Schleier zerrissen. Sie braucht uns nichts mehr vorzumachen, wir wissen, sie wird nicht mehr mobil, wir wissen, dass sie es weiß. Er will meine nachträgliche Zustimmung. Es ist mehr als das. Ich umarme ihn für den Mut zur Befreiung. Jetzt ist die Würde endgültig wiederhergestellt. Er hat getan, wozu ich zu feige war.«[35]

»Mut zur Befreiung« – das klingt trotz aller Dramatik einfacher, als es ist. Der oft ersehnte »Befreiungsschlag« kann in vielen Fällen höchstens für den Moment helfen, weil die Schleier für die Kranken unverzichtbar sind und rasch geflickt werden. Dann müssen Angehörige mit dem Gefühl leben, einen Schlag getan zu haben, der für ihr Gegenüber keinerlei positive Wirkung hatte.

In allen Geschichten, die ich gelesen oder gehört habe, und auch nach meiner eigenen Erfahrung ist es so, dass Angehörige sich bezichtigen, Schuld zu sein an Ungleichheit und Ungleichzeitigkeit. Sterbenskranken kann man keine Vorwürfe machen, selbst dann nicht, wenn sonnenklar ist, dass sie sich so verändert haben, dass sie nicht mehr in gewohnter Weise gesprächs- und beziehungsfähig sind. So lange sich nicht herumspricht, dass das sehr oft vorkommt, also gewissermaßen normal ist, bleibt es bei dem Gefühl, irgendjemand müsse die Schuld dafür auf sich nehmen und tragen. Keine Frage, dass es die Gesunden sind.

Es geht jedoch nicht um Schuld, auch nicht um Fehler, die man bedauert. Wir sollten erkennen, dass das Drama am Lebensende eines geliebten Menschen ganz anders verlaufen kann als alles, was wir zuvor mit ihm erlebt und vielleicht auch durchgestanden haben. »Alles ändert sich«, hat Franziska gesagt. Ja, alles ändert sich! Die Kranken verändern sich. Wir antworten ihnen und unseren ureigensten Ängsten, und das verändert auch uns. Unsere gemeinsame Welt gerät zunächst aus den Fugen, dann geht sie unter. Daran hat niemand Schuld. Wir, die weiterleben, tragen schwer an dem Verlust und an all den Schrecken, die ihm vorausgehen. Schuld sollten wir uns nicht auch noch aufbürden.

Viele Angehörige sprechen von der Verrücktheit ihrer Kranken, und manche Kranke empfinden selbst, dass sie psychisch keine Stabilität mehr haben. Und das muss ihnen zusätzlich große Angst machen oder ihnen zumindest unheimlich sein. Wenn man bedenkt, dass sich für die Kranken die Welt wirklich verrückt hat, dass sie die Realität oft gar nicht oder nur in Teilen zur Kenntnis nehmen können, dann ist das tatsächlich eine Art von Verrücktheit. Wenn Kranke ihre Angehörigen in die Rolle stummer Diener zwingen, zeigt das, wie viel Angst sie davor haben, dass normale Äußerungen anderer ihnen bestätigen würden, wie weit die Wahrnehmungen auseinanderdriften. Ich hatte immer wieder den Eindruck, dass Franziska in manchen Momenten verrückt war, und manchmal fürchtete ich, sie könnte psychotisch werden. Eine schreckliche Angst, die mir nicht die geringste Handlungsfreiheit ließ.

Wenn der Realitätssinn der Kranken getrübt ist, wenn sie wie die Tochter von Marianne die Tatsachen umkehren, wenn sie zwischen Realität und Irrealität hin- und herpendeln, dann ist es auch für die psychische Gesundheit der Angehörigen bedrohlich, wenn sie die Ungleichheit nicht akzeptieren. Wenn sie ihren Angehörigen innerlich folgen, um jede Differenz zu vermeiden, dann folgen sie ihnen gewissermaßen in ihre Verrücktheit. Das schadet den Angehörigen und hilft den Kranken nicht.

Im Gegenteil. Je größer die innere Zerrissenheit der Angehörigen wird, je mehr Kraft absorbiert wird durch ihr Bemühen, sich einerseits realitätsgerecht zu verhalten und andererseits den Kranken in ihrer verrückten Welt beizustehen, umso eingeschränkter sind ihre Möglichkeiten für Letzteres. Helen, die Ich-Erzählerin in Garners Roman »Das Zimmer«, kann und will die Wirklichkeitsverzerrungen ihrer Freundin Nicola nicht übernehmen. Nicola wird immer hinfälliger und hält Helen Tag und Nacht auf Trab – beispielsweise braucht sie alle paar Stunden frische Bettwäsche – , aber sie behauptet, sie brauche gar keine Hilfe und die Kaffeeeinläufe eines teuren Scharlatans würden ihr ganz bald helfen. »Ich setzte mich auf die Hintertreppe und rang mit dem schwärzesten, finstersten Skeptizismus. Ich wollte nicht fanatisch werden. Wie konnte ich mich bloß von alledem frei machen? Weiterhin für sie da sein, aber mich doch frei machen?«[36]

Die Differenz zwischen dem Kranken und sich selbst zu erkennen und zu akzeptieren macht den Kummer der Angehörigen nicht kleiner, aber es ist für sie gesünder. Dabei nützen ihnen vor allem Gespräche mit Dritten. Sie verankern den Halt in der Realität der Gesunden, können helfen, die eigenen Wahrnehmungen zu überprüfen, das Geschehen einzuordnen und zu reflektieren, sich – wenigstens für kurze Zeit – »ganz normal« zu fühlen. Das gibt Kraft, auch für die Unterstützung der Kranken. Besonders entlastend kann es sein, wenn Angehörige sich untereinander austauschen. Sie müssen nicht erklären, um wen es geht, und können sich gegenseitig stabilisieren.

Helen Garner beschreibt ein solches Gespräch, das die Ich-Erzählerin mit der Nichte der Kranken führte: »›Da ist viel Entsetzliches im Spiel, und Nicola weigert sich, das zuzulassen. Aber es wird auch nicht einfach verschwinden. Kann es gar nicht, weil es eben da ist. Also muss es sozusagen jemand anderer für sie ausleben. Es durchtränkt förmlich die Luft, die sie umgibt. Als würde sie die statisch aufladen. Ich habe es sofort gespürt, als sie heute Abend hereinkam. Es war, als hätte ich plötzlich Fieber. Mein Puls ging schneller.‹ Ich sah sie groß an. ›Du meinst also, es liegt nicht nur an mir?‹ ›Absolut nicht. Ich weiß ganz genau, was in dir vorgeht. Es ist schrecklich. Als würde einem ständig eine Dosis Wahnsinn injiziert.‹«[37]

Dass die Angehörigen etwas von dem ausleben, was die Kranken nicht realisieren können, ist ein interessanter Aspekt, der sich mit meinen eigenen Erfahrungen deckt. Ich hatte mehrfach den Eindruck, stellvertretend für Franziska solche Gefühle auf mich zu nehmen, die sie abweisen musste. Manchmal hatte ich auch den Gedanken, dass sie mich dazu zwingen wollte, etwas zu durchleiden, was sie früher mit ihrer Mutter durchlitten hatte. Immer wieder musste ich daran denken, dass Franziskas Mutter sich auf ihrem Sterbebett auf einer Intensivstation geweigert hatte, sich mit Franziska zu versöhnen.

Noch komplizierter wird es, wenn Gefühle tatsächlich delegiert, aber dann im anderen bekämpft werden. Dieser Eindruck quälte mich mehr und mehr: Franziska hatte nicht nur

Mühe, die Realität zu verinnerlichen, sondern war empört darüber, dass ich es tat und auf diese Realität mit Gedanken und Gefühlen reagierte, die sie vehement abwies. Das führte zu Destruktivität, die sich in regelrecht sadistischen Äußerungen zeigte. Das ließ mich erstarren, und deshalb konnte ich nie in ihrer Anwesenheit weinen, außer am Telefon.

Wenn die Realität mithilfe destruktiver Äußerungen verleugnet werden soll, ist leicht zu verstehen, dass die Kranken dann versuchen, Angehörige und Freunde dazu zu zwingen, sich über das Geschehen nicht untereinander auszutauschen. Franziska tat das mit all ihrer Macht. Und auch Nicola in Helen Garners Geschichte versuchte, Gespräche zwischen ihrer Nichte und ihrer Freundin zu verhindern.

Ungleichheit und Ungleichzeitigkeit sind sehr unterschiedlich ausgeprägt und haben längst nicht immer so dramatische Folgen wie in den eben erwähnten Fällen. Wenn Kranke und Angehörige keine Differenz hinsichtlich der medizinischen Behandlungen haben, entfällt ein wesentlicher Konfliktstoff. Dabei ist es gleichgültig, ob die Beteiligten einhellig allen ärztlichen Vorschlägen folgen oder sie ablehnen, ob sie – gleichermaßen überzeugt – Hilfe in Naturheilverfahren suchen oder bei Scharlatanen.

Der Mann von Petra Thorbrietz hatte sich eindeutig für eine Chemotherapie entschieden, und sie war auch innerlich ganz an seiner Seite. Dem Paar blieben nur drei Monate von der Diagnose bis zur endgültigen Trennung durch den Tod. Thorbrietz fühlte mit ihrem Mann, dem es miserabel ging und der auch durch die Behandlung Entsetzliches zu leiden hatte. Ihre zunehmenden Bedenken an deren Angemessenheit wurden von Freunden bestärkt. Aber für sie war es keine Entlastung, sich mit anderen auszutauschen, im Gegenteil: »›Akzeptier doch, dass er sterben wird‹, sagte Heidi, eine enge Freundin. ›Quäl ihn nicht mit irgendwelchen Therapien, sondern macht euch noch eine schöne Zeit.‹ Unsere Freunde schwiegen längst betreten, wenn wir kämpferisch über weitere Chemotherapien sprachen. (...) Sie haben sich alle schon damit abgefunden, dachte ich und fühlte mich einsam und verraten.«[38]

Petra Thorbrietz teilte die Hoffnung ihres Mannes ganz und gar. Sie liebte ihn sehr, und die Angst ihn zu verlieren, glich seiner Angst davor, sein Leben zu verlieren. Für sie waren nicht Ungleichheit und Ungleichzeitigkeit zwischen ihr und ihrem Mann das Problem, sondern die zwischen dem Paar und seinem Umfeld: »›Ich weiß nicht, was ich tun soll‹, sagte ich verzweifelt, ›alle sagen, ich soll Dich nicht zu Therapien drängen, aber ...‹, ich wusste nicht weiter. ›Lass sie reden‹, sagte er ruhig und bestimmt. ›Sie verstehen uns nicht.‹«[39]

Der Faktor Zeit spielt in allen Zusammenhängen eine wichtige Rolle. Gefühle von Ungleichheit und Ungleichzeitigkeit werden zusätzlich dramatisiert, weil Angehörige den Eindruck haben, sich auf einer schiefen Ebene zu befinden, auf der sie schneller und schneller dem Tod entgegen taumeln, ohne irgendwo Halt zu finden. Ich hoffte auf den Faktor Zeit, darauf, dass Zeit Franziska dabei helfen würde, ihre Realität zu erkennen und zu akzeptieren, und dass sich dann auch unsere Beziehung normalisieren würde. Ich hoffte es nicht nur, sondern erwartete es allen schrecklichen Erfahrungen zum Trotz zuversichtlich. Etwas anderes konnte ich mir gar nicht vorstellen. Diese Hoffnung trog. Und Franziska wusste das besser als ich.

Wenige Wochen nach der Diagnose suchte sie einen Notar auf, um ihr Testament zu machen. Das hatte sie sich ohnehin nach dem plötzlichen Tod ihrer Schwester im Vorjahr vorgenommen. »Ich muss das jetzt tun«, sagte sie. »Sonst kann ich das wahrscheinlich nicht mehr.« Erst viel später verstand ich, was sie damit gemeint hatte: Je näher der Tod kommt, umso unmöglicher wird es, sich auf ihn vorbereiten zu sollen.

Medizin als unhaltbares Versprechen oder Kunst der Linderung

In der U-Bahn fasse ich den Entschluss, die Empfehlung des Arztfreundes zu meiner Anordnung zu machen: keine Chemo. Auf einmal glaube ich, ich darf es sagen. Ja, ich muss. Ich sage es ihr. Sie will den Grund wissen. Ich versuche die Aufrechnung mit Lebenserwartung, Lebensverlängerung und Lebensqualität. Wie groß ist die Lebenserwartung?, will sie wissen. Ich sage, ich weiß es nicht, lüge also, aber irgendwie doch nicht, denn was heißt hier: wissen?

Werner Schneyder[1]

Beim Zusammenspiel zwischen Kranken und ihren Ärzten stehen die Angehörigen oft am Rand oder bleiben außen vor. Welche Rolle sie einnehmen, bestimmen die Kranken. Aber alles, was geschieht, betrifft die Angehörigen mit. Manche sind bei nahezu jedem Arztgespräch dabei, andere gelegentlich, manche nie.

Sepp erzählt: »Lisa und der Chefarzt an der Klinik hier haben so gut zusammengearbeitet, dass wir in deren Nähe gezogen sind.« Lisa hat mehr als zwanzig Jahre mit ihrer Krebserkrankung gelebt. Als Sepp sie kennen lernte, lag ihre Brustoperation schon einige Zeit zurück. Sepp fuhr Lisa zum Arzt oder ins Krankenhaus und holte sie wieder ab. »Sie wollte nicht beeinflusst werden von mir, und ich wollte auch keinen Einfluss nehmen, das lässt sich aber gar nicht vermeiden, wenn man bei den Arztgesprächen anwesend ist. Sie hätte ja an meiner Mimik ablesen können, was ich denke. Meine Aufgabe war es, ihr Mut zu machen und sie auch sonst so gut ich konnte zu unterstützen. Nicht mehr und nicht weniger.«

Lorenz holt einen prall gefüllten Aktenordner, in dem seine Frau Alexa Befunde und Notizen abgeheftet hat. Sie dokumentierte, welche Medikamente sie im Krankenhaus bekam, und protokollierte Arztgespräche. »Sie hat oft mitstenografiert«, sagt Lorenz. »Sie hat viel über Krebs gelesen und wusste genau, was in ihrem Körper los war. Und sie hat sich nichts gefallen lassen. Wenn sie nicht ausreichend aufgeklärt wurde, ist sie sofort zum Chefarzt rein. Und wenn die Kommunikation nicht klappte, hat sie sich einen anderen Arzt, ein anderes Krankenhaus gesucht.«

Alexa und Lorenz waren sich einig. Die Therapien wurden »durchgezogen«, Konflikte über deren Art und Dauer gab es nicht. Nach außen bewahrte das Paar weitgehend Stillschweigen: Nur Sohn und Tochter wussten Bescheid und zwei gute Freundinnen.

Alexa war eine selbstbestimmte Patientin. Ihr Mann unterstützte sie, war bei manchen Arztgesprächen zugegen, aber, so sagt er: »Sie hat auch mir nicht immer alles und nicht alles sofort mitgeteilt.« Er konnte das gut akzeptieren.

Paula und Claas absolvierten alle wichtigen Arztgespräche zusammen. Diagnose und Prognose waren klar formuliert worden: Mesotheliom, in wenigen Monaten zum Tode führend; eine Chemotherapie könnte die Überlebenszeit eventuell ein wenig verlängern. »Claas wollte jede Möglichkeit nutzen, deshalb haben wir uns sofort für die Chemotherapie entschieden. Claas hatte davor wenig Angst und war Schulmediziner durch und durch. In dieser Situation nichts zu machen – dafür waren wir beide nicht geschaffen. Einfach abzuwarten, hätte uns nicht entsprochen.«

Der Tierarzt und seine Frau recherchierten im Internet. »Auf die Möglichkeit, dass ein Wunder geschieht, haben wir nicht gehofft«, sagt Paula. Aber es gab eine komplizierte und gefährliche Operation und in München einen damit erfahrenen Chirurgen. »Die Zeitrechnung wird eine andere. Claas wollte jeden Tag mitnehmen, und die Chemo schlug nicht an. Er war mutig und konnte Schmerzen in einem enormen Maße wegstecken. Die Operation hätte allerdings auch das Ende bedeuten können, aber es war die einzige Chance, vielleicht doch ein bisschen Zeit zu gewinnen.«

Claas überlebte die schwere Operation. »Danach war klar, dass der Tod, wenn nicht das Herz vorher versagt, durch einen Darmverschluss oder durch Ersticken erfolgen wird. Beides ist schrecklich. Claas hat nie gesagt, dass die Operation ein Fehler war. Allerdings war uns vorher nicht klar, welche Schmerzen es durch die Verwachsungen der inneren Organe im Bauchraum geben und wie hoch der Verlust an Lebensqualität sein würde.« Nachträglich sieht Paula die Operation auch kritisch, aber sie denkt nach wie vor, dass sie Claas' Leben tatsächlich ein wenig verlängert hat.

Lorenz und Paula waren in allen Behandlungsentscheidungen einig mit ihren Ehepartnern, und es war keine Frage, welchen Part sie als Angehörige einnehmen sollten. Solche Klarheit und Eindeutigkeit der Rollen fehlt oft, und wenn sich Angehörige direkt oder mittelbar verantwortlich fühlen für Behandlungsentscheidungen oder wenn sie den Eindruck haben, da laufe etwas gründlich schief, ist das eine enorme Belastung, die sie auch nach dem Tod ihres Angehörigen oft noch jahrelang bedrückt.

Das Verhältnis zwischen Arzt und Patient ist exklusiv. Auch wenn Angehörige ihre Kranken zu Arztgesprächen begleiten, sie im Krankenhaus besuchen, sich vielleicht sogar selbst kundig machen, bleiben sie im Hintergrund. Aktiv werden sie gegenüber Ärzten oder Pflegekräften im Krankenhaus meist nur, wenn die Kranken zu schwach sind, um ihren Wünschen selbst ausreichend Gehör zu verschaffen. Hausärzten gegenüber sind manche Angehörige offensiver, bitten beispielsweise um »Schonung«; der Kranke solle nicht alles erfahren, sagen sie dann, weil sie mutmaßen, er könne immer schlechter werdende Nachrichten nicht verkraften.

So oder so – Angehörige sehen ihre Aufgabe darin, ihre Kranken zu unterstützen und zu pflegen. Sie wollen ihnen Mut machen und deshalb versuchen sie auch, das gemeinsame Alltagsleben so zu gestalten, wie die Kranken es sich wünschen. Allerdings filtern sie Einflüsse von außen mehr oder weniger stark, behalten Belastendes möglichst für sich und rücken Erfreuliches in den Vordergrund.

Schwierig wird es für Angehörige, wenn die Kranken sie bitten, Informationen zu beschaffen oder ihnen in Arztgesprächen den Rücken zu stärken, die Angehörigen aber gleichzeitig den Eindruck haben, dass offene Gespräche nicht erlaubt sind. So erging es David Rieff und Freunden und Freundinnen seiner Mutter Susan Sontag. »Wir alle machten die niederschmetternde Entdeckung, wie tödlich MDS war und wie wenig Hoffnung – außer auf eine kurze Verlängerung ihres Lebens und auf einen eher leichten als schweren Tod (obwohl ihr bezeichnenderweise dieser Unterschied immer gleichgültig war) – meine Mutter sich realistischerweise machen durfte.«[2]

Sontag wollte, dass ihre Angehörigen sich erkundigten, aber gleichzeitig wollte sie katastrophale Informationen so bekommen, dass sie sie nicht für katastrophal halten musste. Die Falle, in der sie saß, wurde auch zur Falle für ihren Sohn. Kein Wunder, dass er darüber räsonierte, dass manches leichter gewesen sei, als Ärzte die Kranken über vieles im Unklaren ließen. Allerdings erlebte er selbst, dass Kranke nur das zur Kenntnis nehmen, was sie verkraften können.

Sicherlich ist es kein Zufall, dass sich parallel zur Entdeckung des mündigen Patienten, der ein Recht auf vollständige Aufklärung hat, die Tendenz verstärkte, die *Konsequenzen* von Diagnosen zu verschweigen oder zu erwartende Krankheitsverläufe zu verharmlosen. Weder das Verschweigen noch das Verschleiern geschah und geschieht ja grundlos, sondern weil es so schwer ist, die Information aufzunehmen, dass die Krankheit in absehbarer Zeit zum Tod führen wird. Das können viele Patienten nicht oder nur mit viel Unterstützung. Und längst nicht alle Ärzte wissen ihnen dabei zu helfen – oft sehen sie darin auch gar keine Aufgabe. Diagnosen müssen den Patienten mitgeteilt werden, aber die Bedeutung der Befunde, vor allem aber auch Folgen von Behandlungen, werden längst nicht immer klar gemacht.

Wenn sich die Situation nach längerer Krankheit bedrohlich zuspitzt oder wenn die Erkrankung von Anfang an als tödlich zu erkennen ist, werden Behandlungsfragen für Angehörige oft zu zentralen Fragen, insbesondere dann, wenn ihre Einschätzungen im Widerspruch zu den Entscheidungen der Kranken geraten.

Susan Sontags Leukämiebehandlung war eine Tortur und auch für den Sohn schrecklich quälend, weil er die Hoffnung der Mutter nicht wirklich teilen konnte. Er verbot sich, darüber nachzudenken. »Doch bald stellte ich fest, dass dieses ›Nicht nachdenken‹ nicht ausreiche. Um weiterhin glauben und meine Rolle in der Revolte meiner Mutter gegen den Tod spielen zu können, brauchte ich ein Vorbild.«[3]

Als solches dienten ihm die Ärzte, die es zu schaffen schienen, ehrlich zu sein und die Hoffnung seiner Mutter auf Gesundung dennoch aufrechtzuerhalten. Sontag hielt an dieser Hoffnung allerdings auch dann noch fest, als man ihr sagte, die Knochenmarkstransplantation sei erfolglos gewesen.

Sontag lebte nach der Diagnose noch ein knappes Jahr. Nach ihrem Tod sprach der Sohn mit ihren Ärzten. Jeder sagte etwas anderes über die Widersprüche, die sich auch für sie bei fragwürdigen Behandlungen ergeben: Statistische Werte seien nur dann eine Hilfe, wenn die Chancen Null sind. Dann dürfe ein Arzt, dessen oberstes ethisches Gebot lautet, seinen Patienten nicht zu schaden, keine mit Leid verbundene Behandlungsversuche mehr durchführen. Aber selbst wenn die

Chancen nur im Promillebereich liegen und der Patient sie trotz umfassender Aufklärung nutzen will, dann könne man ihm nicht vorenthalten, wonach er verlange. Eine Ärztin sagt: »Das führt dann dazu, dass wir als Ärzte, ohne es zu wollen, zu Beteiligten einer folie à deux mit den Patienten und ihren Angehörigen werden und den Wunsch zu leben über alles stellen, weil es dem Respekt entspricht, den wir dem Patienten als Person und seiner Auffassung vom richtigen Leben schuldig sind.«[4] Das klingt gut, bedeutet jedoch auch, dass Ärzte einem möglichen Konflikt mit dem Patienten und vielleicht auch seinen Angehörigen aus dem Weg gehen.

Der Arzt, der Susan Sontag trotz geringster Wahrscheinlichkeit einer lebensverlängernden Wirkung mit einer Knochenmarkstransplantation behandelt hatte, war vollkommen im Reinen mit sich, da er mit der Patientin darin übereinstimmte, auch noch die kleinste Chance nutzen zu wollen. Eine Ärztin, die als Palliativmedizinerin andere Schwerpunkte setzte, sah hingegen durchaus Probleme: »»Diesem Gezwinker, das losgeht, wenn, na ja, wenn wir alle wissen, dass der Patient sterben wird, und trotzdem so tun, als bestände noch eine Hoffnung, und uns an all die Rituale halten, weil wir meinen, der Patient wolle das so. Inzwischen beobachtet der Patient den Arzt, der ihm diese Behandlung bietet, und sagt sich natürlich: Würde der Arzt nicht glauben, sie könnte funktionieren, dann würde er sie mir nicht anbieten. Der Arzt jedoch sagt nicht, wie winzig die Chance in Wirklichkeit ist und dass er eigentlich nur dem Verlangen des Patienten nach Hoffnung zu genügen versucht. Es ist wie ein Menuett. Es ist surreal.«»[5]

Ob es der Patient ist oder der Arzt, der zu diesem Tanz auffordert, ist längst nicht immer klar. Aber die Schrittfolge ist bekannt: Die Ärzte beginnen eine auf Lebensverlängerung zielende Behandlung oder setzen sie fort, obwohl sie von ihnen für nahezu aussichtslos erachtet wird; Patienten und Angehörige sagen sich, dass Ärzte das nicht tun würden, wenn es sinnlos wäre. Der holländische Arzt Bert Keizer kommentiert das so: »Das erinnert mich an die Argumentation: Wir würden doch nicht Weihnachten feiern, wenn Gott nicht existierte?«[6]

Es sind gewichtige Fragen, die Angehörige umtreiben können: Welche Motive haben Ärzte für die Fortsetzung oder für die Beendigung von Behandlungen? Welche wirtschaftlichen Interessen des Arztes oder der Klinik spielen eine Rolle?[7] Welche Behandlungsziele haben die Ärzte? Stehen sie im Einklang mit den Bedürfnissen und Zielen der Patienten? Können diese Ziele überhaupt eindeutig formuliert und besprochen werden? Wie lange und wie weit ist eine belastende Behandlung ethisch vertretbar? Ist es vertretbar, den Körper immer weiter mit nachteiligen Wirkungen auf die Lebensqualität zu behandeln, wenn es eigentlich um die Psyche geht, um die Sorge der Ärzte, ein Patient könne psychisch dekompensieren? Welche Rolle spielt (uneingestandene) Hilflosigkeit von Ärzten angesichts dieser Sorge?

Susan Sontags Ärzte bestanden darauf, dass sie ein Medikament gegen schwere Angstzustände nahm. Dennoch war sie oft von Angst gepeinigt. »Einmal, ohne ihre Erschrockenheit zu leugnen, erklärte sie mir in entschiedenem Ton, eigentlich könne sie nicht glauben, dass sie unter Angstanfällen leide.«[8]

Rieff, der auch nach dem Tod seiner Mutter gequält wurde von der Frage, ob er ihr nicht offen hätte sagen müssen, dass die schreckliche Behandlung, die sie anstrebte, keine Aussicht auf Erfolg habe, konstatiert, dass sie ohne die Behandlung und ihre daran geknüpfte Hoffnung den Verstand verloren hätte. Ist das eine Indikation für eine Knochenmarkstransplantation?

Auf solche und viele andere Fragen gibt es keine Antworten. Auch nicht nach dem Tod der Patienten.

Je schlechter es den Kranken physisch oder psychisch geht, umso mehr können Angehörige das Gefühl bekommen, Verantwortung übernehmen zu sollen, vielleicht sogar zu müssen. Dazu gehört womöglich auch, die Interessen der

Kranken gegenüber Ärzten wahrzunehmen, um die Kranken vor unnötigem Leid zu bewahren.

Wie hilflos und zerrissen sich Angehörige angesichts der Qualen ihres Kranken und aufkeimender eigener Bedenken fühlen können, hat Petra Thorbrietz eindrucksvoll geschildert. Die Ausgangslage war auf beiden Seiten eindeutig. Die Ärzte hatten gesagt: Heilbar sei der Krebs nicht, aber durch eine Chemotherapie ließe sich Zeit gewinnen, einige Monate vermutlich, vielleicht sogar Jahre, Letzteres aber sei unwahrscheinlich.»›Ich will nicht sterben‹, hatte János zu dem Onkologen gesagt, klar und sachlich. ›Ich versuche es mit der Chemotherapie und werde kämpfen.‹«[9]

Die in Aussicht gestellte »gute Lebensqualität« gab es jedoch nicht. Im Gegenteil: János ging es immer schlechter, Knochenmetastasen verursachten unerträgliche Schmerzen, die in der onkologischen Krankenhausabteilung nicht ausreichend behandelt wurden. Verzweifelt suchte die Ehefrau Hilfe und erlebte dabei Szenen wie diese: »Auf dem Flur hörte ich den Professor und lief hinaus, um mit ihm zu reden. ›Mein Mann hat solche Schmerzen! Sie müssen etwas tun!‹, flehte ich ihn an. Er blieb nicht einmal stehen. ›Ein Loch in der Beckenschaufel, das ist keine Kleinigkeit!‹, herrschte er mich an und wich mir im Laufschritt aus. ›Und um die Knochenschmerzen zu lindern, müssten wir ihn bestrahlen‹, rief er noch über seine Schulter. ›Das heißt, wir müssten die Chemotherapie unterbrechen und verlieren dadurch wertvolle Zeit – wollen Sie das?‹«[10]

Thorbrietz beschreibt die beklemmende Realität eines Sterbenskranken und seiner Frau, die auch in höchster Not bei den Spezialisten, denen sie sich anvertraut haben, keine Hilfe finden. Mehr und mehr bekommt sie das »Gefühl, jederzeit alles falsch machen zu können«.[11] Es gibt keine Wegweiser, nur immer wieder neue Gefahren, denen es möglichst schnell zu entrinnen gilt, weil sonst das Leben verspielt ist: »Das Medizinsystem ist ein trügerischer Irrgarten. An jeder

Gabelung öffnen sich neue Sackgassen, und wenn man sie erkannt hat und umkehren will, ist es zu spät.«[12] Thorbrietz spricht vom »Tunnelblick«[13] der jeweiligen Fachärzte, der eine ganzheitliche Sicht verhindere, von unterlassener Hilfeleistung bei Schmerzen und von Symptombehandlung nach Dienstplan: »Was nicht bis 17 Uhr erledigt war, musste die Nacht irgendwie überstehen.«[14]

Und sie beschreibt, wie in ein und demselben Krankenhaus zwei Welten nebeneinander bestehen können: die der in ihrem Fall nur entsetzlich quälenden Onkologie und die der Palliativstation, wo dem von Schmerzen Gemarterten geholfen wurde, wo er sich sowohl menschlich als auch medizinisch wirklich aufgehoben fühlte. Zwischen diesen Welten gab es eine für Patienten fatale Konkurrenz: »Erst später lernte ich, dass die Palliativmediziner von ihren Kollegen wie die heiligen Geier behandelt werden. (…) Den Sterbeexperten haftet der Geruch des Zweifels an der Medizin an.«[15]

Sehr oft werden auch Angehörige, die sich zunächst voller Vertrauen auf die behandelnden Ärzte verlassen hatten, zunehmend von Zweifeln bedrängt, ob der eingeschlagene medizinische Weg wirklich richtig ist, ob die Nebenwirkungen tatsächlich das kleinere Übel oder womöglich längst zum Hauptübel geworden sind. Petra Thorbrietz erzählt, was sie am Abend vor der ersten Chemo von einem Arzt zu hören bekam: »»Sie wissen aber schon, (…) dass wir Ihrem Mann vielleicht auch gar nicht helfen können. Aber darüber kann ich mich jetzt nicht mit Ihnen unterhalten. Es gibt noch andere Patienten, die auf mich warten!‹«[16]

Meine Freundin Franziska hatte sich – ohne darüber sprechen zu wollen – ebenso klar und eindeutig wie der Mann von Petra Thorbrietz für eine Chemotherapie entschieden. Als ich sah, wie elend und kraftlos sie nach der ersten Behandlung war, musste ich immerfort daran denken, wie lange und gründlich sie sich einige Jahre zuvor damit beschäftigt hatte, ob und gegebenenfalls wie sie einer drohenden Osteoporose entgegenwirken wollte. Dieser verdammte Zeitdruck! Diese verdammte Weigerung, sich ausreichend kundig zu machen! Diese verdammten psychischen Einschränkungen! Innerlich fluchte ich pausenlos, um Franziskas Anblick besser ertragen zu können.

Ich denke, dass Franziskas Behandlungsentscheidungen richtig waren. Die Chemotherapie stoppte das Tumorwachstum für einige Monate. Im Sommer ging es ihr so gut, dass sie – mit großen Pausen – ihre Lieblingsfahrradtour machen konnte. Sie lebte, sie lebte einige Monate länger und sie schöpfte Hoffnung. Das war es, was sie unbedingt wollte.

Auch unter fragwürdigen Voraussetzungen getroffene Behandlungsentscheidungen können richtig sein. Und umgekehrt gilt auch: Wenn man Wirkung und Folgen der Behandlungen gut kennt und sie gründlich und in guter psychischer Verfassung prüft, kann es Entscheidungen geben, die sich nachträglich als Unglück erweisen. Das Schreckliche ist, dass es Gewissheit oft erst nachträglich gibt. Wie groß das damit verbundene Dilemma ist, kann niemand nachvollziehen, für den diese Fragen abstrakt sind. Wenn es um das eigene Leben oder das Leben allernächster Menschen geht, sind sie mit Gefühlen verbunden, von denen man sich zuvor keinen Begriff machen kann. Wenn eine Behandlung eine fünfprozentige Chance auf Remission oder Stillstand des Tumors bietet, mag ein nicht Betroffener meinen, dass dann schwerwiegende Behandlungsfolgen nicht gerechtfertigt seien. Betrifft es ihn selbst, wird er höchstwahrscheinlich *jeden* Versuch unternehmen, denn er hat ja nur dieses eine Leben. Mit Prozentwerten und Prognosen allein ist ihm bei der Entscheidungsfindung jedenfalls nicht zu helfen.

Wie wenig gewachsen auch Ärzte solchen Situationen sein können, zeigt eine Beobachtung von Hans Jellouschek, nachdem seine bereits sehr geschwächte Frau eine weitere Chemotherapie abgelehnt hatte: »An der Reaktion der Ärzte war zu merken, dass der Vorschlag ohnehin eher aus Verlegenheit denn aus Überzeugung gekommen war.«[17]

Dieter Wellershoff fühlte sich »nicht berufen«, die mit extremen Nebenwirkungen verbundene Chemotherapie seines Bruders zu kommentieren. Er hatte auch keine eindeutige Meinung dazu. Aber die Behandlung schien ihm »nicht aussichtsreicher als das Verhalten eines Lehrers, der einem zunehmend verstörten Schüler nicht erklären kann, wie er seine Aufgaben machen soll, und sich darauf beschränkt, die falschen Ergebnisse immer wieder durchzustreichen.«[18]

Wellershoff kam es vor, als sei das fraglose Bündnis, das der Kranke mit seinen Ärzten geschlossen hatte, psychisch für ihn der einzig gangbare Weg gewesen. Mit einem Psychoonkologen oder dem Krankenhauspfarrer wollte der Bruder nicht sprechen. »Er wollte wohl nicht genötigt werden, sich auf das Sterben vorzubereiten. Da war ihm die sachliche Art, in der die Ärzte mit der Krankheit umgingen, am Ende doch lieber. Er musste nur glauben können, dass sie kompetente Fachleute waren.«[19]

Auch Franziska traf klare Behandlungsentscheidungen, aber ihr grundsätzliches Misstrauen quälte sie und belastete ihre Beziehungen zu ihren Ärzten. Ist diese Untersuchung wirklich nötig oder Geldschneiderei? Warum wird nicht von vornherein größter Wert darauf gelegt, quälende Nebenwirkungen zu verhindern? Warum musste sie während der ersten Chemo Übelkeit ertragen, gegen die sie vor der zweiten ein gut wirksames Medikament erhielt? Warum wird das Medikament nur Privatpatienten verordnet? Fragen dieser Art tauchten immer wieder auf. Und wie nahezu jeder Patient machte Franziska die Erfahrung, wie berechtigt Misstrauen und Kritik – zumindest gelegentlich – sind, weil ärztliche Routine und Gedankenlosigkeit oft nicht zu der existenziell bedrohlichen Situation der Patienten passen. Gleich bei ihrem ersten Krankenhausaufenthalt vergaß der Chefarzt ein mit ihr verabredetes Gespräch, und als sie hinter ihm her telefonierte, stellte sich heraus, dass er bereits nach Hause gegangen war. »Ich bin so dünnhäutig«, sagte sie und weinte.

Am schwersten ist es für Angehörige, die das Gefühl haben, sie dürften oder müssten sogar Einfluss auf Behandlungsentscheidungen nehmen. Damit ist eine große Verantwortung verbunden, und die trifft sie mit solcher Wucht, dass sie ihr dann meist doch ausweichen, wie David Rieff und Werner Schneyder. Werner Schneyders Buch »Krebs. Eine Nacherzählung« ist ein wütendes, ein bitteres Pamphlet gegen Krebsmediziner, die mit verdeckten Karten spielen, den Patienten den Schwarzen Peter zuschieben und ihnen Verantwortung aufbürden, die sie in Wirklichkeit selbst tragen müssten, gegen Ärzte, die mit Taschenspielertricks agieren und ihren Patienten gar keine Grundlage für tragfähige Entscheidungen bieten. Und selbst wenn Patienten oder Angehörige diese Tricks durchschauen, können sie sich ihnen kaum entziehen, weil das wiederum hieße, selbst die Verantwortung zu übernehmen für eine womöglich nicht genutzte Chance auf Lebensverlängerung.

Schneyder beschreibt sehr gut, wie er zwischen der Angst, seine Frau, die ihn mit einbeziehen möchte, im Stich zu lassen, und der Anmaßung, für sie entscheiden zu wollen, hin- und herpendelt. Ein Schaukeln, das zu riesiger Wut auf die Ärzte führte, die es in Schneyders Augen an Klarheit und Verantwortungsbereitschaft fehlen ließen. Er beklagt »ein medizinisches Prinzip, das offenbar verbietet, nichts zu tun. Das geht mir aber nicht ins Hirn, wenn sich therapeutische Vorschläge keine Sekunde lang mit der Chance auf Genesung oder Erleichterung verbinden.«[20]

Werner Schneyders Frau hatte Blasenkrebs. Die operative Entfernung der Blase sei eine wirkliche Hilfe, die Lebensqualität seiner Frau trotz des künstlichen Blasenausgangs gut gewesen, konstatiert er. Aber dann – so Schneyders Resümee – wurde diese Lebensqualität durch die anschließende Chemotherapie dauerhaft ruiniert, so ruiniert, dass seine Frau nicht nur schrecklich litt, sondern auch ihre Würde verlor. Ihre Darmschleimhäute waren kaputt, sie wurde dauerhaft durch unkontrollierbaren Durchfall gepeinigt. »Diese Würdelosigkeit!, sagt sie. Mehrfach sagt sie es. (...) Ich habe ihm [dem Arzt] gesagt, das Schlimmste, was man ihr antun kann, ist eine Lebensverlängerung mit Würdeverlust. Aber *Würde* ist keine medizinische Kategorie.«[21]

Und Schmerzen sind es oft auch nur sehr bedingt. Schneyder erlebt, wie eine Ärztin den Gebrauch der Schmerzpumpe bei seiner sterbenskranken Frau reglementieren will. Schließlich geben die Klinikärzte die Patientin auf. »Sie sagen es nicht so. Sie sagen, sie würde hier nicht *mobiler*, nicht *gesünder*. Dass das bedeutet, sie geht jetzt nach Hause, um zu sterben, sagt man nicht. Auch nicht, dass man ihr damit die Würde zurückgibt. Mir sagt sie, sie hält das Krankenhaus nicht mehr aus. Und sie habe Angst gehabt, ich könne Zweifel an der Richtigkeit des Entschlusses haben. Wie kannst du glauben, dass ich gegen etwas bin, was du jetzt für das für dich Richtige hältst, antworte ich.«[22]

Die Vorwürfe, die Schneyder gegen die Ärzte erhebt, fallen auf die Kranke und ihn selbst zurück. Sie haben sich nicht genau genug erkundigt, haben nicht offen genug miteinander gesprochen. Schneyder stellt – wie andere Angehörige auch – diese Verantwortung nachdrücklich infrage: »Entweder unsagbar leiden oder durch ein Absetzen den Zeitpunkt einer finalen Krise selbst bestimmen. Ist es Sinn der Medizin, eine Kranke vor diese Entscheidung zu stellen, sie mit dieser Entscheidung allein zu lassen?«[23]

Werner Schneyders Frau konnte sich offenbar mit ihrem bevorstehenden Lebensende abfinden. Auch deshalb kann er nachträglich eine Rechnung aufmachen, die sich in anderen Fällen verbietet: »Wenn die Annahme, Ende Februar oder Anfang März, es wird sich nur mehr um vier, fünf Monate handeln, gestimmt hat, dann hat diese Chemotherapie ihr Leben um maximal drei Monate verlängert. Die Frage, ob dieses von mir deshalb so genau geschilderte Übermaß an Leiden dadurch gerechtfertigt war, muss gestellt sein.«[24]

Krebsmedizin ist mit tiefsten Sinnfragen verbunden. Die muss jeder für sich selbst stellen und beantworten. Aber fatalerweise verbinden sie sich oft mit – aus dem Stand zu treffenden – Behandlungsentscheidungen, deren Folgen unklar bleiben.

Jeder Schwerstkranke setzt Hoffnung in die Medizin, und die Angehörigen tun es auch. Die Hoffnung ist verbunden mit einer tiefen Sehnsucht, umfassend gesehen, gehalten und versorgt zu werden, mit all dem, was noch helfen kann, mit allem, was die Not verringert, Schmerzen und andere Symptome, vor allem auch Ängste, lindert.

Patientenwünsche können so unterschiedlich sein, dass Ärzte sich viel Zeit nehmen müssten, um sie zu ergründen, zumal sich diese Wünsche ja ändern können, rasch ändern können. Susan Sontag wollte bis zum letzten Moment um ihr Leben kämpfen. Andere Patienten, wie der Mann von Petra Thorbrietz wissen gar nicht, was sie sich wünschen sollen, weil sich ihr körperlicher Zustand rasant verschlechtert: »Es ist schwer, sich auf das Sterben vorzubereiten, wenn man mit dem Überleben beschäftigt ist.«[25] Manche können die Information, dass es bald zu Ende geht, gut annehmen oder spüren es selbst und sind dankbar für die ärztliche Hilfe zum Schluss. Andere erfahren gar nicht, wie es um sie steht.

Der von Werner Schneyder beklagte Mangel an tatsächlicher Gleichberechtigung zwischen Arzt und Patient erschien David Rieff wiederum als Hilfe. Wenn seine Mutter in schreckliche Unruhe und Ängste verfiel, konnte sie sich nur durch Gespräche mit ihren Ärzten beruhigen, berichtet er. »Vielleicht ist dies eine der wenigen vorteilhaften Seiten an der tiefen (und wahrscheinlich unvermeidlichen) infantilisierenden Asymmetrie im Verhältnis zwischen Arzt und Patient.«[26]

Angehörige fühlen sich dieser Asymmetrie entweder ebenfalls ausgeliefert, beobachten sie beklommen oder empört.

Oder sie sind sehr dankbar, wenn sie erleben, dass ihr Kranker sich medizinisch gut aufgehoben fühlt und es tatsächlich auch ist, und wenn sie selbst nicht als lästige Bittsteller angesehen werden, sondern als die wichtigen Begleiter, die sie sind.

Sherwin B. Nuland, der amerikanische Arzt, fordert uns dazu auf, uns klar zu machen, dass Ärzte Spezialisten für ein bestimmtes Fachgebiet sind. Diese Fachleute können Diagnosen stellen und Therapieangebote machen. Aber, so Nuland, man sollte nicht von ihnen erwarten, dass sie all das erkunden könnten, was die Haltungen eines Patienten bestimmt und damit auch seine Entscheidungen, beispielsweise die, wann Behandlungen eingestellt werden sollten. Seine Konsequenz lautet: »Darüber will ich selbst entscheiden, zumindest will ich den Rahmen für meine Entscheidung (.) genau festlegen (...). Vielleicht lassen die Umstände meiner Krankheit einen ›würdigen Tod‹ nicht zu, aber innerhalb der Grenzen dessen, was noch in meiner Macht liegt, will ich nicht später sterben als nötig, nur weil ein hochqualifizierter Spezialist nicht versteht, wer ich bin.«[27]

Gut gebrüllt, Löwe! Nuland ist nicht nur Arzt, sondern auch ein Mann, der sich mit seiner eigenen Endlichkeit und der Medizin am Lebensende intensiv befasst hat. Er zieht daraus andere Schlüsse als die Mehrzahl der Patienten; die wollen nämlich nicht *früher* sterben als nötig. Und wir medizinische Laien kommen nicht umhin, um Einschätzungen zu bitten, die uns Entscheidungen überhaupt erst möglich machen. Tragfähige Entscheidungen setzten jedoch voraus, dass Alternativen und *deren* Folgen klar benannt und durchgespielt werden. Nur auf dieser Grundlage sind Kranke in der Lage, mit sich selbst zu Rate zu gehen, und nur auf dieser Grundlage können Angehörige ein offenes Gespräch mit den Kranken überhaupt wagen.

Je mehr ich über Krebserkrankungen und ihre Behandlung las, je mehr Geschichten ich über fragwürdige Therapien und ungenügende palliative Behandlungen hörte, umso klarer entstand die Vorstellung einer Lücke, wenn nicht einer Kluft, die sich in vielen Fällen zwischen Patienten und Ärzten auftut. Und zu dieser Kluft tragen auch Patienten bei, indem sie von Ärzten generell etwas erwarten, was nur Einzelne leisten können. Der holländische Arzt Bert Keizer warnt die eigene Zunft und damit auch Patienten davor, dem Trugschluss aufzusitzen, dass Ärzte, nur weil sie viel über Krankheiten wissen, lebensklug seien: »Wenn man an einem dünnen Seil über dem Abgrund hängt, wird man sich die Anweisungen eines Seilexperten, der genau weiß, wie viel ein solches Tau aushält, atemlos anhören und genauestens befolgen. Aber um diesen Experten nach dem Ereignis als Lebensexperten zu betrachten, als einen Weisen, ist doch etwas anderes vonnöten, auch wenn er alles über Seile weiß.«[28]

Zu fordern ist, dass Behandlungsempfehlungen in der (Krebs-)Medizin für Patienten und ihre Angehörigen wirklich transparent und auch im Hinblick auf den zu erwartenden Verlauf der Erkrankung nachvollziehbar vernünftig sind. Es muss über Leitlinien debattiert werden, die sowohl ein eindeutiges Zuviel an Behandlung verhindern als auch die Grenzwertigkeit mancher Empfehlungen konkret benennen. Krebstherapien – und das macht die Entscheidungen oft so entsetzlich schwer – können ja selbst zum größeren Übel werden als die Krankheit, ohne sie zu stoppen. Dass Grenzen sinnvoller Behandlungen bislang längst nicht immer ausreichend thematisiert werden, kritisieren auch Ärzte wie Michael de Ridder: »Behandlungen, die auch nur die geringste Aussicht bieten, das Leben um eine noch so kurze Frist zu verlängern, gehören nach wie vor zum Alltag einer medizinischen Praxis, die unter Berufung auf kleinste Chancen oftmals gewaltiges Unheil anrichtet.«[29]

In Einzelfällen tragen dazu auch Krebsspezialisten bei, die im Auftrag der Pharmaindustrie Medikamentenstudien durchführen und in Interessenkonflikte geraten, von denen ihre Patienten nichts wissen. Welch gigantische wirtschaftliche Interessen Pharmafirmen im Hinblick auf neue Krebsmedikamente verfolgen – bei denen oft nur Verlass auf die Nebenwirkungen ist –, darüber berichtete der Spiegel am 17. Mai 2010. Dort äußert sich der Onkologe Wolf-Dieter Ludwig, der als Vorsitzender der Arzneimittelkommission der deutschen Ärzteschaft zuständig ist für die Bewertung von Medikamenten: »Es ist nicht die Botschaft der Ema [Zulassungsbehörde], sondern die der Pharmawerbung, die beim Arzt ankommt. Und je geringer die Wirkung eines Medikaments ist, desto mehr wird von den Firmen in Marketing investiert.«[30]

Die Möglichkeiten der Intensivmedizin sind vielen längst so unheimlich geworden, dass es jahrelange und breite Debatten gegeben hat über unser Selbstbestimmungsrecht Ärzten gegenüber, die Patienten lange noch am Leben halten können und das oft auch tun, obwohl sie schon Sterbende sind.[31]

Wie über die Intensivmedizin brauchen wir offenkundig auch eine Debatte hinsichtlich der Krebsmedizin. Ich halte es allerdings keineswegs für einen Zufall, dass wir uns eher dem (selbst für Kranke) meist abstrakt bleibenden Thema Intensivmedizin zuwenden konnten. Aber auch in der Onkologie gilt, dass eine Medizin, die sich ganz auf Fragen der Machbarkeit konzentriert und dabei die nach der Sinnhaftigkeit und die nach ganzheitlicher Behandlung ausklammert, überaus fragwürdig ist. Es ist gut, dass lange und weitreichend über die juristische Wirksamkeit von Patientenverfügungen gestritten wurde, aber manchmal kam mir dieser Streit auch wie ein großes Ablenkungsmanöver vor, hinter dem die Frage verborgen wird, ob überhaupt und wie wir unserer Verantwortung und Selbstverantwortung gerecht werden können, wenn der Tod nicht in weiter Ferne liegt, sondern tatsächlich bevorsteht.

Die Privatisierung von Krankenhäusern – und damit einhergehend Gewinnstreben und Konkurrenz um Patienten – wirft zusätzliche Probleme auf. Patienten und ihre Angehörigen können sich auch aus diesen Gründen nicht darauf verlassen, dass Behandlungsvorschläge in Kliniken und onkologischen

Praxen nicht mit bestimmt werden von ökonomischen Erwägungen. Solche Befürchtungen treten zunehmend sowohl hinsichtlich möglicher Überbehandlungen auf als auch in Hinblick auf mögliche Rationierungen medizinischer Leistungen.[32]

Patienten und ihre Angehörige sind durch Ärzte in besonderer Weise manipulierbar. Sie müssen nicht nur auf die Richtigkeit der Informationen vertrauen können, sondern auch auf deren Vollständigkeit. Paternalistisches Denken ist aber gerade in der Ärzteschaft noch weitverbreitet und damit die Vorstellung, Patienten steuern zu müssen. Dazu schreibt der Arzt Sherwin B. Nuland: »Um die Entscheidung des Patienten in eine bestimmte Richtung zu lenken, gibt ihm der Arzt zuweilen nur so viel an Informationen, wie er für richtig hält.«[33]

Es wäre ethisch nicht zu vertreten, sinnvolle Behandlungen zu unterlassen, weil sie zu viel kosten, aber es ist nötig, überflüssige Behandlungen auch aus Kostengründen zu unterlassen. So eingesparte Mittel psychoonkologischen Gesprächen zwischen Diagnosestellung und Therapiebeginn sowie palliativer Versorgung zugutekommen zu lassen würde trügerische Hoffnungen verhindern helfen, aber berechtigte Hoffnungen stärken, nämlich die auf eine selbstbestimmte letzte Lebensphase mit bestmöglicher ganzheitlicher Betreuung.

Jeder hat das Recht, sich den Realitäten gar nicht oder nur ein wenig zu öffnen. Aber Ärzte sind gesetzlich dazu verpflichtet, ihre Patienten so aufzuklären, dass sie ihre Rolle als mündige Patienten tatsächlich wahrnehmen können. Dazu gehört mehr, als vielerorts üblich ist. Niemand wird von heut auf morgen ein mündiger Patient. Mit welcher Haltung die Kranken ihren Ärzten begegnen, wie viele Fragen sie stellen, ob sie *in* Frage stellen, das entscheidet sich womöglich rasch, aber Wissen über die Krankheit, über Behandlungsformen und deren Vor- und Nachteile, erwerben sich Patienten erst im Lauf der Zeit. Einige wenige werden dann Spezialisten in eigener Sache, die tatsächlich mit ihren Ärzten auf gleicher

Augenhöhe reden, tatsächlich qualifizierte Entscheidungen treffen können. Wenn die Krankheit jedoch gerade diagnostiziert worden ist, ist das nur den wenigsten möglich, insbesondere dann, wenn der Krebs weit fortgeschritten ist. Gerade dann wollen und müssen sie auf ihre Ärzte vertrauen dürfen – und ihre Angehörigen mit ihnen.

Wenn Ärzte selbst betroffen sind, als Kranke oder Angehörige, gelingt es ihnen nicht unbedingt besser als Laien, Diagnosen zu akzeptieren, die belastende Behandlungen nicht mehr sinnvoll erscheinen lassen. Der Arzt Michael de Ridder erzählt von einer geschätzten Kollegin, die nicht realisieren konnte, dass ihr Tod nicht mehr abzuwenden war. »Wird die Tatsache, dass ihre Heilungschancen von dieser neuerlichen Behandlung unberührt bleiben, dass sich ihr Sterben allenfalls um eine kurze Zeitspanne hinauszögert, von den behandelnden Ärzten überhaupt mit ihr erörtert?«[34], fragte sich de Ridder. Auch einer erfahrenen Internistin gegenüber blieben ihre Kollegen in aussichtsloser Lage dabei, ihr nur durch weitere Diagnostik und Therapie helfen zu wollen: »»Es kann doch wohl nicht sein, dass wir diesen Tumor nicht in den Griff bekommen‹, konstatiert der Chefarzt der Abteilung dem Ehemann gegenüber, nachdem eine erneute computertomografische Untersuchung ergeben hat, dass die vorausgegangenen Therapien auf das Tumorwachstum keinerlei Einfluss gehabt haben.«[35]

Die Ärztin hatte große Schmerzen, und Medikamente versetzen sie in einen Zustand, in dem ein bewusster Abschied zum tiefen Bedauern ihres Mannes nicht mehr möglich war. Kein Abschied, aber bis zum Schluss wird die Kollegin untersucht: »Noch einmal setzen die behandelnden Ärzte eine MRT-Untersuchung (Magnet-Resonanz-Tomografie) an, die über die Ausbreitung des Tumors im Becken Auskunft geben soll, obwohl Monika schon eine Sterbende ist!«[36]

Als Sherwin B. Nulands Bruder Harvey an Darmkrebs erkrankt war, wurde durch die Operation dessen eng begrenzte

Lebenserwartung klar. Mit geradezu kindlichem Vertrauen setzte Harvey auf das ärztliche Wissen seines Bruders Sherwin. Und der setzte Himmel und Hölle in Bewegung, um ihn »aus den Klauen des Todes zu befreien«.[37] Nuland erlebt das, was so viele Kranke und Angehörige erleben und wovor auch Ärzte nicht gefeit sind: Die konkrete Todesdrohung wirft vernünftige, aber abstrakte Vorstellungen über den Haufen. Nuland recherchiert, ohne sich mit »unvoreingenommenen Kollegen«[38] zu besprechen, und schlägt seinem Bruder eine Chemotherapie vor, denn auch die kleinste Hoffnung kann in einer solchen Situation zu einer großen werden. Aber: »Angesichts der schweren Nebenwirkungen der Chemotherapie, mit der wir experimentierten, bedeutete diese Hoffnung für uns alle nur zusätzliche Leiden und Ängste.«[39]

Nuland beschreibt sehr offen, wie stärkend es für Ärzte ist, als tatkräftige Lebensretter angesehen zu werden, wie groß die Verlockung ist, sich immer als solche erweisen zu wollen. Zehn Monate nach der Operation starb Harvey. Und sein Bruder schreibt, dass er auch ohne Chemotherapie mit dieser Überlebenszeit hätte rechnen können. Gerade solche Geschichten aus Expertenkreisen zeigen, wie schwer es ist, Behandlungsentscheidungen zu treffen, die nachträglich nicht zu Bedauern, Vorwürfen und Selbstvorwürfen führen.

Können Angehörige ihre Kranken vor einer Überbehandlung beschützen? Müssen sie sie vor einem zu frühen Aufgeben – auch das gibt es ja – bewahren? Angehörige können nur Begleiter sein, Begleiter auf den Wegen, die ihre Kranken einschlagen. Sie können diese Wege nur infrage stellen, sich als Korrektiv anbieten, wenn die Kranken selbst dies erlauben. Sie können fragen: Möchtest du, dass ich mich über Therapien erkundige? Möchtest du über Alternativen sprechen? Sie können die Kranken ermutigen, sich zusätzlich Rat zu suchen, bei anderen Ärzten, Psychoonkologen, in Selbsthilfegruppen, in Internetforen.

Was medizinische Behandlungen betrifft, spielen Angehörige nur eine mehr oder weniger wichtige Nebenrolle. Sogar dann, wenn sie den Eindruck haben, dass Ärzte ihrer Verantwortung nicht gerecht werden, können sie oft gar nicht viel tun. Oft wissen sie nicht einmal genau, ob die Vorwürfe, die sie Ärzten machen, berechtigt sind. Ist der Kranke tatsächlich nicht ausreichend aufgeklärt worden? Oder hat er seinen Angehörigen wichtige Informationen verschwiegen?

Eine umfassende Aufklärung ist Dreh- und Angelpunkt: Patienten müssen wenigstens die Chance habe, realistisch einzuschätzen, wie ihre Krankheit erfahrungsgemäß verlaufen wird, welche Wirkungen belastende Behandlungen akut und langfristig haben und welche Alternativen es dazu gibt. Dazu sind Gespräche nötig, die der Tragweite der Entscheidungen angemessen sind und der psychischen Überforderung und der begrenzten Aufnahmefähigkeit der Patienten Rechnung tragen. Solchen Gesprächen aber gehen Ärzte oft aus dem Weg oder kürzen sie auf fragwürdige Weise ab. Dabei helfen ihnen standardisierte Aufklärungsbögen, die Patienten beispielsweise vor Operationen, Chemo- und Strahlentherapien lesen und unterschreiben müssen. Michael de Ridder beschreibt ein typisches Procedere so: »Die heute vor eingreifenden Behandlungen juristisch vorgeschriebene Aufklärung hat den für den Arzt nicht selten willkommenen Nebeneffekt der zeitlichen Entlastung wie auch den der Distanzierung von besonders ›schwierigen‹ oder aussichtslos kranken Patienten: ›Wenn Sie den Aufklärungsbogen gelesen haben und dann noch eine Frage haben sollten, bin ich gern für Sie da.‹ Vielfach verbirgt sich hinter solch einer freundlich klingenden Aufforderung eine Täuschung, denn dieser so konziliant erscheinende Satz signalisiert tatsächlich: ›Eigentlich enthält der Aufklärungsbogen alle für Sie nötigen Informationen; ich habe viel zu tun und es wäre schön, wenn Sie mich mit Fragen verschonen würden.‹«[40]

Die Psychologin Anja Hermann hat in einer Spezialklinik untersucht, wie die Kommunikation zwischen Ärzten, Patienten, Pflegepersonal und Angehörigen verläuft. In der Klinik für Sarkompatienten werde aktiv ein »Arrangement der Hoffnung« hergestellt, schreibt sie. Krebs wird dort als *akute* Erkrankung behandelt, das heißt, es wird nicht erörtert, »was die Behandlung für den zukünftigen Lebensalltag des Patienten bzw. der Patientin bedeutet«.[41] Hermann spricht von einer »kurativen Fiktion«, an der auch in solchen Fällen festgehalten wird, in denen »Kuration immer unwahrscheinlicher wird oder medizinisch bereits ausgeschlossen werden muss«.[42] In einem solchen Fall haben Kranke und Angehörige gar nicht die Möglichkeit, ihre Zukunftsaussichten realistisch einzuschätzen. »Die Entscheidungs- und Deutungsmacht liegt bei den ärztlichen Spezialisten.«[43] Die Ärzte selbst nehmen das jedoch gar nicht wahr: Sie gehen davon aus, dass es zwischen ihnen und ihren Patienten eine Übereinstimmung in der Einschätzung der medizinischen Lage gibt, während in Wirklichkeit gravierende Unterschiede bestehen. Das liegt auch daran, dass das mögliche oder wahrscheinliche Sterben des Patienten »ausgeblendet und tabuisiert«[44] wird – dafür gibt es im »Arrangement der Hoffnung« keinen Platz. Kranke werden »zunehmend ersetzt durch die Krankenakte«[45], schreibt Hermann. Unerreichbarkeit – im buchstäblichen und im übertragenen Sinn – und die ausschließliche Konzentration auf das medizinisch Machbare werden innerhalb der Ärzteschaft dieser Klinik »strukturell als Fähigkeit vorausgesetzt«.[46] Man könnte das so übersetzen: Eine enorme Distanz der Ärzte zur Lebenswirklichkeit ihrer Patienten wird zur grundlegenden Regel. Sie erlaubt es den Behandlern, ihre eigenen Emotionen angesichts des Leidens ihrer Patienten weitgehend zu kontrollieren. Solche Strukturen dürften kein Einzelfall sein. Nur wenige Patienten und Angehörige sind psychisch und sprachlich in der Lage, die ihnen von den Ärzten zugewiesene Rolle zu übernehmen, also aktiv zu erbitten, was keineswegs selbstverständlich ist. »Die Chirurgen [setzen] voraus, dass die Patientinnen und Patienten von sich aus einfordern, was sie sich genau an professioneller Betreuung, Information und Aufklärung wünschen, und dass sie signalisieren müssen, sie sind der Realität gewachsen.«[47] Ärzte erwarten also etwas als gegeben, was sie selbst zunächst mit herstellen müssten, denn: »›Wahrheit‹ am Krankenbett entsteht erst im Rahmen eines geduldigen Übersetzungs- und Verständigungsprozesses in einer Beziehung mit ständiger gegenseitiger Rückmeldung.«[48]

Hermanns Schlussfolgerung für Patienten der von ihr untersuchten Klinik und deren Angehörige lässt an Deutlichkeit nichts zu wünschen übrig: »Sie sollten nicht davon ausgehen, dass das medizinische Fachpersonal in ihrem Sinne handelt. Perspektivenwechsel und das Einbeziehen der Lebenswelt sind für die untersuchten Chirurgen nicht selbstverständlich. Sie gehen allein von medizinischen Parametern und von persönlichen Erfahrungen aus, ohne dieses Vorgehen in seinen Konsequenzen zu reflektieren.«[49]

Was bedeutet das für Patienten und Angehörige? Ihre Hoffnung, ihr Vertrauen, dass die Ärzte tun, was sie können, und dieses Tun sinnvoll begründet ist, aus Patientensicht sinnvoll begründet ist, diese Hoffnung soll fahrlässig sein?

Angehörige nehmen die Widersprüche im medizinischen Bereich häufig deutlich wahr, können aber nur die Informationen verarbeiten, die ihnen die Kranken zukommen lassen. Anja Hermann hat auch festgestellt, dass Kranke und Angehörige ihre Bedenken und Ängste voreinander verbergen. Beide konzentrieren sich auf das ärztliche Handeln, beide trauen sich oft nicht nachzufragen. Und Angehörige könnten das ja ohnehin nur tun, wenn ihr Kranker sie dazu aufgefordert hat oder es selbst nicht mehr kann.

Kranke neigen gerade dann, wenn sie Informationen über ihr Kranksein aus Angst kaum wirklich aufnehmen können, besonders stark dazu, diese zu verschweigen oder zu filtern, manchmal auch, um ihre Angehörigen zu schonen. Je hilfloser, je ausgelieferter sie sich fühlen, umso größer kann ihr

Bedürfnis sein, wenigstens Befunde für sich zu behalten und damit zu kontrollieren.

Alles in allem tragen also viele bei zu einem Teufelskreis, den Angehörige manchmal zwar erkennen, aber nur selten durchbrechen können. Werner Schneyder schlussfolgerte daraus: »Mir ist kein Vertrauen mehr möglich. Das ärmste Schwein ist der um den Patienten bangende Laie.«[50]

Es gibt Kliniken, Krankenhausabteilungen und onkologische Praxen, die vorbildlich arbeiten; auch davon ist immer wieder zu hören. Wohin man gerät, ist allerdings oft genug Glückssache. Klinik- und Praxenbewertungen durch Patienten im Internet – so zweischneidig sie sein mögen – werden dem womöglich ein wenig entgegenwirken.

Angehörigen fällt es leichter, quälende Therapien, von deren Nutzen sie nicht überzeugt sind, auch innerlich zu akzeptieren, wenn sie verstehen, dass körperliches Leid von den Kranken oft weit eher in Kauf genommen wird als die Aufgabe der Hoffnung auf Besserung, Zeitgewinn oder gar Heilung. Und schon sind wir wieder bei der Frage, wer trägt wofür Verantwortung? Angehörige fühlen sie womöglich, aber können sie nicht übernehmen. Und immer wieder gerät der Begriff Hoffnung selbst infrage.

Die Medizin trägt zu unserer Zerrissenheit angesichts des Sterbens bei, aber sie spiegelt sie auch: Wir delegieren Fragen an Mediziner, die Todkranke und ihre Angehörigen bedenken, erörtern und selbst beantworten müssten.

Auf die ärztliche Kunst, Symptome zu lindern, sind Krebspatienten nicht erst am Lebensende angewiesen. Gerade im Hinblick auf ihre Ängste brauchen sie oft auch direkt nach der Diagnose Hilfe, durch Gespräche und durch Medikamente.

Die Palliativmedizin ist eine noch junge Zunft. Sie entstand erst in der Folge der Hospizbewegung in den 1980er-Jahren.[51] Sie ist weit mehr als Schmerzmedizin. Sie befasst sich mit allen Symptomen, die Kranke (nicht nur Sterbende) belasten können. Dazu gehören unter anderen auch Unruhe, Ängste und Panik, Atemnot, Übelkeit, Juckreiz, Flüssigkeitseinlagerungen, Verdauungs- und Schluckbeschwerden.

Palliativmediziner begegnen ihren Patienten mit einem ganzheitlichen Blick, wollen deren gesamte Situation erfassen. Für sie steht nicht die Heilung der Krankheit, sondern das Befinden der Patienten im Vordergrund. Aufgabe der Palliativmediziner ist es, Wohlbefinden so weit wie möglich wieder herzustellen, zu erhalten und schließlich ein Sterben ohne Qualen zu ermöglichen.

Dieses umfangreiche Aufgabenfeld geht mit einer Haltung gegenüber Kranken einher, von der nicht nur der Arzt Michael de Ridder hofft, sie möge sich verbreiten. In anderen Fachrichtungen würde das jedoch für viele Ärzte einen Paradigmenwechsel einleiten: »Die Frage, die ärztliches Handeln zum Beispiel bei der Tumorbehandlung und in den Intensivstationen unserer Krankenhäuser leiten sollte, darf nicht lauten: *Dürfen wir eine Behandlung abbrechen?* Sie muss vielmehr, jeden Tag aufs Neue gestellt, lauten: *Dürfen wir noch weitermachen? Ist unsere Behandlung immer noch vom Willen des Patienten und dem Ziel, sein Wohl zu wahren, gedeckt?* Sich um die gewissenhafte Beantwortung dieser Frage zu bemühen, muss zur Selbstverständlichkeit werden wie die Händedesinfektion vor einer Operation! Sie sollte künftig ärztliches Handeln *von innen heraus leiten* – nach meinem Dafürhalten eine unverzichtbare Voraussetzung für eine wirklich menschliche Sterbekultur.«[52] Wichtig ist in diesem Zusammenhang auch de Ridders Hinweis darauf, dass ein Arzt sowohl aus rechtlicher als auch ethischer Sicht »nicht nur für das verantwortlich [ist], was er *beabsichtigt*, sondern auch für das, was er vernünftigerweise *voraussehen* kann«.[53]

Für die Angehörigen ist die Qualität der medizinischen Behandlung vor allem aus zwei Gründen so überaus wichtig: Zum einen ist es für sie unerträglich, wenn ihre Kranken unnötiges Leid ertragen müssen. Zum anderen möchten sie ihnen ein ruhiges Sterben ermöglichen. Das ist aber im Falle einer Krebserkrankung *gut vorbereitetes* Sterben. Es setzt voraus, dass der Kranke seine Situation erkennt und in der Lage ist, über sein Sterben zu sprechen, zumindest indirekt. Nur dann kann man sich rechtzeitig um palliative Versorgung zu Hause bemühen. Nur dann kann man sich rechtzeitig über die Möglichkeiten einer Unterbringung in einem Hospiz oder auf einer Palliativstation im Krankenhaus verständigen. Kranke und Angehörige können sich aufs Sterben nicht vorbereiten, wenn ihnen bis zum letzten Moment ärztlicherseits signalisiert wird: Wir können und wollen das Sterben verhindern. Nur wenn der Tod als Möglichkeit in Betracht gezogen werden kann, lässt sich gemeinsam abwägen, an welchem Ort die Kranken zum Schluss am besten aufgehoben sind. Zu solchen Klärungen können auch Mitarbeiterinnen der Hospizvereine erheblich beitragen. Sie kennen alle Möglichkeiten und sind geschult für solche Art Gespräche. Angehörige können die Unterstützung von Hospizmitarbeiterinnen für sich selbst erbitten, auch wenn ihr Kranker dort nicht Rat suchen will.

Oft möchten es die Angehörigen ihren Kranken ermöglichen, zu Hause zu sterben, und manche überfordern sich damit vollkommen, wenn sie nicht ausreichend unterstützt werden. Es ist zu bedenken, dass auch das Sterben in einem Hospiz oder auf einer palliativen Krankenhausstation meist so verläuft, dass die Angehörigen nachträglich froh darüber sind, dass die Sterbenden ein gutes und liebevolles Umfeld hatten, ein Umfeld zudem, das alle professionellen Möglichkeiten bietet und die Angehörigen weitgehend entlastet von pflegerischen Aufgaben, nicht zuletzt aber auch von der Angst befreit, in Situationen zu geraten, in denen sie sich womöglich nicht zu helfen wissen. Sie können sich ganz auf die Sterbenden und ihre eigenen Gefühle konzentrieren. Und sie können sich zeitweise zurückziehen, einen Spaziergang machen, nach Hause gehen, um ein paar Stunden in vertrauter

Umgebung zu schlafen, immer in dem unverzichtbaren Gefühl, dass die Sterbenden in jeder Hinsicht gut versorgt sind.

Wer sich auf sein Sterben mithilfe seiner Angehörigen und Ärzte einstellen kann, dem kommen die Segnungen der Palliativmedizin in vollem Umfang zugute. Deren Fortschritte sind enorm: Ein Palliativmediziner kann *jede* körperliche Qual und Angstzustände eines Sterbenden beantworten, mit Schmerz und Angst nehmenden Medikamenten, im äußersten Fall mit einer weitgehenden Sedierung. Deshalb kann man sagen: Es handelt sich nahezu immer um gravierende Behandlungsfehler, wenn Sterbende sich psychisch oder körperlich dauerhaft quälen.

Der Tierarzt Claas hatte entsetzliche Schmerzattacken zu durchleiden und seine Frau Paula mit ihm. Sie sagt, das sei mit Szenen verbunden gewesen, deren Bilder sie nicht mehr abrufen könne und wolle, weil sie nicht zu ertragen sind. Claas war sehr gut mit Medikamenten versorgt. Jederzeit konnten er selbst oder Paula Schmerzmittel verabreichen, aber all das half irgendwann nicht mehr, vor allem nicht in jener Nacht, die Paula nie vergessen wird, jener Nacht etwa zwei oder drei Monate vor dem Ende.

»Wir waren uns in unserem gesunden Leben einig gewesen, dass wir uns nicht vorstellen könnten, uns das Leben zu nehmen«, sagt Paula, »außer nach der Diagnose einer unheilbaren Krankheit mit schlechter Prognose und schlimmsten Schmerzen. Dann fanden wir es legitim und sogar richtig. Ich war also nicht überrascht, als das Thema anstand. Aber die Form, in der es kam, war entsetzlich. Das war ganz, ganz, ganz schlimm. Als mein Mann mir sagte, dass er sich damit auseinandersetzt, merkte ich, dass ich eine solche Entscheidung wider Erwarten überhaupt nicht hätte mittragen können. Ich fand die Vorstellung unendlich grausam. Ich wollte jede mögliche Minute mit ihm erleben. Und ich hätte einen Suizid als Ergebnis von zu wenig Liebe, zu wenig Pflege verstanden, als Schuldvorwurf. Ich sah auch nicht, wie ich den

Kindern hätte erklären sollen, dass ihr Vater auf die letzten Tage oder Wochen mit uns verzichtet hat. Ich hatte unglaubliche Angst. Als die ersten Schmerzattacken kamen, die uns an die Grenzen dessen trieben, was wir uns hatten vorstellen können, wollte er Schluss machen. In jener Nacht ging der Arzt im Stundentakt ein und aus, spritze was, dann ging es eine Viertelstunde, dann war es wieder unerträglich. Nach mehreren Stunden hat mein Mann, der vor Schmerzen nicht gehen konnte, mich darum gebeten, ihm ein Mittel aus der Praxis zu holen, mit dem er sich hätte suizidieren können. Tierärzte haben ja im Gegensatz zu anderen Professionen ein Tötungsmittel. Wir wussten, wenn das sauber intravenös läuft, bringt es einen schmerzlosen Tod, jedenfalls Tieren. Mein Mann hat mehrere Stunden darum gebettelt, dass ich ihm dieses Medikament hole. Es war ein unglaubliches Szenario: So viel Angst auf seiner Seite, und so viel Angst auf meiner Seite. Ich habe mich unendlich schlecht dabei gefühlt, es ihm nicht zu holen. Ich fand mich feige und habe mich entsetzlich geschämt, aber ich konnte es nicht. Ich wollte diese Verantwortung nicht übernehmen. Auf der anderen Seite sah und fühlte ich bei meinem Mann diese unglaubliche Angst, es nicht mehr aushalten zu können. Später hatte er noch weit schlimmere Schmerzen. Deshalb glaube ich, es waren nicht nur Schmerzen in dieser Nacht. Es waren vor allem Verzweiflung und Angst, es war Panik.

Ich weiß nicht, wie wir diese Nacht überstanden haben. Als die Sonne wieder aufging, waren die Schmerzattacken vorbei, und wir saßen draußen im Garten und haben lange miteinander sprechen können. Er hat erklärt, warum er sterben wollte. Ich habe erklärt, warum ich das Medikament nicht holen konnte. Ich habe ihm gesagt, wie unendlich traurig es für mich wäre, wenn sein Leben nun auch noch vorzeitig beendet würde, und dass ich mir wünsche, dass er bleibt, so lange es irgend geht. Ich habe ihm aber auch gesagt, dass ich ihn verstehe und nicht weiß, ob *ich* seine Situation ertragen könnte. Wir haben dann eine Art Pakt geschlossen: Wir haben das Tötungsmittel ins Haus geholt und an einen Platz gestellt, der ihm zugänglich war. Und wir haben abgemacht, dass er auf jeden Fall zu Hause bleibt, ohne Pflege von außen, mit mir an seiner Seite. Es war mir klar, dass der Gang ins Krankenhaus definitiv den Suizid bedeuten würde. Ein Ende im Krankenhaus, das wollte er nicht auch noch erdulden. Es war für ihn eine Frage der Würde und der Selbstbestimmung.«

Hat Paula sich nicht schrecklich unter Druck gesetzt gefühlt durch dieses Junktim? »Dadurch, dass wir darüber sprechen konnten, ließ der Druck ein wenig nach. Aber ich brauchte Hilfe, weil ich nicht wusste, wie ich mich verhalten sollte, und sprach mit unseren beiden Ärzten. Ich hatte gehofft, die Ärzte würden mit meinem Mann argumentieren und ihm gegenüber auch noch mal *meine* Angst und Not benennen. Aber das taten sie nicht. Vielleicht konnten sie aber auch gar nicht erkennen, in welcher Not wir tatsächlich waren, weil wir ein Höchstmaß an Haltung demonstriert haben. Hier wurde gelacht, hier wurde gespielt, Besucher kamen und gingen, es wurde geplaudert. Und all das war nicht aufgesetzt. Aber es gab eben auch ganz andere Stunden, nachts vor allem.

Ich glaube, dass sich jeder einigermaßen informierte, schwer krebskranke Mensch irgendwann mit Suizid auseinandersetzt. Davor schließt ein Teil der Hospizbewegung die Augen. Es wird nicht darüber debattiert, und deshalb ist man so völlig unvorbereitet, wenn der Erkrankte hochgradig suizidal ist. Die Rechtslage bremst zudem das Arzt-Patienten-Gespräch aus: Wenn ein Patient sagt, dass er suizidal ist, könnte ein Arzt sich verpflichtet fühlen, ihn in eine Psychiatrie einzuweisen. Ob er es tut, ist natürlich eine andere Frage und bei Krebskranken im Endstadium eher unwahrscheinlich. Aber ein rechtlich gebildeter Patient muss ein solches Gespräch als Wagnis ansehen. Es gibt weit mehr Suizide in solchen Situationen als statistisch erfasst werden. Die Ärzte wissen das. Aber keiner spricht darüber. Es ist ein Tabu.

Ein Jahr später habe ich mit beiden Ärzten noch einmal darüber gesprochen. Einer sagte, er habe diese Sterbebegleitung als so besonders nah, als so gut in die Familie eingebunden empfunden, dass er die Suizidalität nicht gesehen habe. Das konnte ich verstehen. Der andere Arzt hat mich auch beeindruckt. Der sagte, nein, er habe nicht mit meinem Mann gesprochen, aber er habe die Suizidalität hundertprozentig geglaubt. Wenn *er* in der Situation gewesen wäre, hätte er sich suizidiert. Genau so klar habe er das bei meinem Mann gesehen. Er sagte: ›Ich bin davon ausgegangen, dass er es tun wird. Ich habe aber nicht gewusst, was ich ihm dazu hätte sagen sollen.‹«

Paula und Claas waren ärztlich hervorragend betreut und medikamentös sehr gut versorgt, das betont Paula immer wieder. Aber im Hinblick auf ihre Angst, dass Claas seinem Leben selbst ein Ende setzen könnte, fühlte sich Paula sehr allein. Die Angst ließ nach, aber sie blieb. Und Claas' Schmerzen wurden immer schlimmer. Aber trotzdem stand das Paar die Krisen durch. »Die Ärzte haben dann auch viele Psychopharmaka mit eingesetzt. Allerdings war die Wirksamkeit für mich fraglich, weil Claas' Magen-Darm-Trakt ja extrem gestört war. Orale Medikation kann dann nicht wirklich funktionieren. Es gibt Medikamente, die nur in Tablettenform angeboten werden. Dann findet eine Aufnahme manchmal statt, manchmal nicht. Die Ärzte haben sich immer wieder von Palliativspezialisten beraten lassen und haben immer wieder nachgebessert.«

Wenn Paula erzählt, wird deutlich, dass Ärzte Patienten und Angehörigen Antworten auf entscheidende Fragen nicht abnehmen können, gerade dann, wenn die Patienten sich ihnen nicht rückhaltlos öffnen. »Haltung gibt Halt«, hatte Claas von Anfang an gesagt. Paula kommt immer wieder auf die Zwiespältigkeit dieses Satzes zu sprechen. Zum einen gibt Haltung tatsächlich Halt, sagt sie, zum andern wirkte sie auch wie eine Mauer nach außen. Claas wollte auch seinen Ärzten gegenüber Haltung bewahren. Er bat um Hilfe gegen seine Schmerzen, wollte aber keinesfalls »bedröhnt« werden. Claas wollte die Kontrolle über sich behalten, und das schränkte die Hilfsmöglichkeiten ein, machte die Verabreichung von Schmerzmitteln zu einer Gratwanderung auch für seinen Hausarzt, der mit diesen Widersprüchen sehr einfühlsam umgegangen sei, wie Paula sagt.

Das bevorstehende Ende beiseiteschieben, es möglichst verhindern oder selbst herbeiführen wollen – alles kann ein und denselben Patienten innerhalb kurzer Zeiträume bewegen und die Angehörigen umtreiben. Wer so etwas nicht selbst erlebt hat, macht sich keine Vorstellung von den damit verbundenen Gefühlen. Einerseits: aus Liebe weiterleben und trotz körperlicher Qualen auf keinen Tag der Gemeinsamkeit verzichten; andererseits: einen Kranken aus Liebe in den Freitod begleiten.

Von Letzterem hat Bartholomäus Grill bewegend erzählt: Zusammen mit seiner Schwester und einem Freund hat er seinen sechsundvierzigjährigen Bruder Urban nach Zürich begleitet. Dort suchte und fand Urban Sterbehilfe. Er litt an einem aussichtslosen Mundbodenkrebs. Operation, Strahlen- und Chemotherapie – alles hat er versucht, um gesund zu werden oder wenigstens eine akzeptable Lebensqualität zu erreichen. Er wird gut mit Schmerzmedikamenten versorgt, aber Urban sagt: »Das Geschwür foltert mich, (..) es wächst, es arbeitet, es frisst mich auf. (…) Ich vegetiere nur noch. Wie ein Stück verwundetes Vieh.«[54]

Urban will sterben, aber er »möchte kein Selbstmörder sein. Er wählt den Freitod.«[55] Die Mutter – eine gläubige Katholikin – und die Geschwister hoffen, dass Urban zu Hause stirbt, nicht nach Zürich muss. Aber sie verstehen seinen Entschluss, über den sie wieder und wieder sprechen, und unterstützen ihn. »Natürlich wollen sie, dass ihr Bruder lebt, gesund wird, wieder lacht. Sie wollen das, weil sie ihn lieben. Und weil sie ihn lieben, wünschen sie ihm einen schnellen

Tod. Urbans Schicksal hat die Familie zusammengeschweißt, die Mutter und ihre Kinder sind sich so nahe wie nie zuvor. Keiner empfindet die Intensivpflege als unzumutbare Last, sie ist beschwerlich und oft bedrückend, aber, sie wagen es kaum auszusprechen, auch beglückend.«[56]

Es war ein schwerer Weg, den die Familie ging, aber sie ging ihn in vollkommener Offenheit und gemeinsam. Der ausdrückliche Abschied von Freunden am Vorabend im Elternhaus beschreibt Barholomäus Grill so: »Die Freunde umlagern sein Bett, trinken Kaffee, hören Musik. Es wird viel gescherzt und gelacht, die Stimmung ist unbeschreiblich, eine Art traurige Fröhlichkeit.«[57] Am übernächsten Tag stirbt der Bruder nach einem langen Leidensweg kampflos und schnell in Zürich mithilfe eines durch eine Sterbehilfeorganisation zur Verfügung gestellten tödlich wirkenden Mittels: »Urban nimmt das Gefäß mit zitternder Hand, führt es zum Mund, leert es in drei, vier kräftigen Zügen und lehnt sich an die linke Schulter seiner Schwester.«[58] Zwei Minuten später ist er eingeschlafen. »Die Schwester legt ihn aufs Bett und hält seine Hand. Urbans Züge entspannen sich, er lächelt. (…) Er hat den Krebs besiegt. Er hat die Ketten seines Leidens gesprengt.«[59]

Die Debatte um aktive Sterbehilfe auch bei uns wird weitergehen, muss weitergehen. Das Ziel, Sterbende hervorragend palliativ zu versorgen, macht sie nicht, wie manche behaupten, überflüssig. Zum einen, weil es nicht möglich ist, für alle Sterbenskranke eine akzeptable Lebensqualität herzustellen, zum anderen, weil es Menschen gibt, die im Freitod *ihr* Ende in Würde und Selbstbestimmung sehen, diese Entscheidung aber nicht ohne Hilfe auf würdevolle Weise in die Tat umsetzen können. Ärzte praktizieren aktive Sterbehilfe, das wissen wir aus Befragungen. Inzwischen fordern Ärzte wie Michael de Ridder, darüber auch zu sprechen: »Die Bundesärztekammer hat in dieser Frage seit Jahren de facto ein Denk- und Redeverbot verhängt. Aber wir Ärzte brauchen eine offene Debatte über den ärztlich assistierten Suizid und die Probleme, die sich jenseits der Palliativmedizin auftun.«[60] Nicht nur Ärzte wollen diese Debatte, auch viele ihrer (potenziellen) Patienten.

Richtig ist: Je besser und selbstverständlicher die palliative Versorgung wird, umso seltener wird der Wunsch nach einem vorzeitigen Lebensende sein. Noch ist die aber längst nicht für alle Schwerstkranken gegeben. Immer noch gibt es Sterbende, deren Schmerzen nicht ausreichend gelindert werden. Michael de Ridder kann das beziffern: »Allein bei der Behandlung von Tumorschmerzpatienten mit Morphin erhalten 85 % der Patienten keine angemessene Dosis. Im Klartext heißt dies: Etwa 190 000 Patienten mit Tumorschmerzen werden in Deutschland nicht ausreichend versorgt.«[61]

Mehrere Gründe sind dafür ursächlich: Ärzte halten an einer aussichtslosen Heilbehandlung fest, anstatt zu einer palliativen Behandlung überzugehen. Ärzte sind nicht ausreichend aus- oder fortgebildet für palliative Maßnahmen. Michael de Ridder spricht in solchen Fällen von »verordnetem Leid« und vom »Fiasko der Schmerztherapie«.[62]

In solchen Situationen ist es unabweisbar auch die Aufgabe von Angehörigen, Hilfe zu fordern oder zu organisieren. Aber selbst in dieser Situation können sie noch einmal auf schreckliche Weise in ihren Bemühungen scheitern, nämlich dann, wenn die Kranken ihre Situation nicht realistisch einschätzen und akzeptieren können und deshalb palliative Behandlungen ablehnen. Ich war entsetzt darüber, dass meine Freundin Franziska schrecklich litt, vor allem unter nächtlichen Panikattacken und unter Atemnot, aber keine Hilfe annehmen konnte. Mein Versuch, über andere Freundinnen darauf Einfluss zu nehmen, half nicht. Im Gegenteil, er führte zu zusätzlichen Beziehungsbelastungen.

Beziehungskonflikte wirken weiter und verändern sich

Der Krebs veränderte alles: Er dirigierte uns auf verschiedene Bahnen, strapazierte unser gegenseitiges Verständnis aufs äußerste und brachte uns schließlich ganz und gar auseinander. Am Ende konnte ich sie nicht mehr erreichen, und mir kam das wie ein Versagen vor.
Matt Seaton[1]

Matt Seaton hat Mut bewiesen, als er die E-Mails, Tagebuchaufzeichnungen und Artikel seiner Frau Ruth Picardie mit etlichen Seiten eigener Kommentare versah und veröffentlichte. Knapp aber ungeschminkt beschreibt er, wie er und seine Frau sich in den Monaten der Krankheit verloren, zunächst durch Ruths Wut und Reizbarkeit, zum Schluss auch aus körperlichen Gründen, denn Picardie hatte Hirnmetastasen: »Da ich mittlerweile immer mehr Entscheidungen für sie treffen musste, denen sie nur zähneknirschend zustimmte, war ich oft ihr ›Kerkermeister‹. (…) Die Phantasievorstellung von *tendresse* der letzten Tage wollte sich also wieder einmal ganz und gar nicht erfüllen. So schwer es mir damals fiel, das zu akzeptieren, jetzt kann ich darin ein gewisses Verhaltensmuster finden, das sogar einleuchtend ist. Die Sterbende muss ihre Verbindungen zur Welt kappen, sich absondern: Das ist der Prozeß der Entfremdung, den ich noch immer bitterlich beklage, der aber auch ein notwendiger Teil des Loslassens ist.«[2]

Die Erkrankung und das bevorstehende Ende des Lebens intensivieren die Beziehungen – im Guten wie im Schlechten. Sie werden ganz nah oder führen zu einer vorzeitigen Verlassenheit. Konflikte zu erörtern oder gar zu klären ist oft unmöglich. Der Wunsch nach Harmonie, nach Übereinstimmung steht dem im Weg, die Angst, die Kranken zusätzlich zu belasten, aber auch die Ängste und Aggressionen der Kranken verhindern es.

Gute Beziehungen sind gekennzeichnet durch Gleichwertigkeit, Respekt, Flexibilität und Ausgeglichenheit im Geben und Nehmen. Krebs bricht oft wie ein Dritter in enge Beziehungen ein, greift deren Grundlagen an, und manchmal zerstört er sie.

Wenn Kranke nur noch von ihren Ängsten bestimmt werden, verlieren sie ihre Beziehungsfähigkeit, und die Leugnung der Wirklichkeit kommt einer Beziehungsverweigerung gleich. Wer zu sich selbst keine wahrhaftige Beziehung mehr hat, kann eine solche auch nicht mehr zu anderen unterhalten. Wenn Angehörige sich aber wahrhaftige Begegnungen wünschen, werden sie permanent enttäuscht und haben das Gefühl, nur noch Handlanger der Kranken zu sein. Man braucht viel Mut, um das anzusprechen, und ein beträchtliches Maß gefühlsmäßiger Unabhängigkeit.

Die Ich-Erzählerin in Helen Garners Roman »Das Zimmer« hat beides, und sie ist so wütend auf ihre kranke Freundin Nicola, dass sie sie nach einigen Tagen mit den Realitäten konfrontieren muss: »›Wir finden dich nicht mehr‹, sagte ich. ›Du fehlst uns. Wo bist du hin?‹ Sie schluchzte tief auf. ›Wir ertragen es nicht, was du durchmachen musst‹, sagte ich. ›Wir ertragen es nicht, wenn wir dich verlieren. Wir möchten auf dich aufpassen. Du bist uns so wichtig. Aber du reißt dich dauernd zusammen. Du hältst uns fern. Wir kommen nicht an dich ran. Du wehrst uns ab. Und du schaffst es, dass wir uns blöd vorkommen, wenn wir Angst kriegen.‹«[3]

In diesem Fall hilft die Konfrontation – wenn auch nur vorübergehend. Nicola nimmt das, was Freundin und Nichte ihr sagen, an. Die Verbindungen sind wieder hergestellt, die Helferinnen soweit entlastet, dass sie sich weiterhin um Nicola kümmern können.

Aber längst nicht immer sind die Konsequenzen positiv, wenn Angehörige eine Aussprache suchen. Oft genug erleben sie, dass die Erkrankung dauerhaft wie ein Beziehungskiller wirkt, der sie in zusätzliches Entsetzen schickt: Nun, wo Qualität und Tragfähigkeit der Beziehungen auf dem Prüfstand stehen, geschieht das Schlimmste, was sich angesichts der tödlichen Bedrohung denken lässt: Es finden schreckliche Verletzungen statt. Sie führen zu Starrheit oder Flucht, also zum vorzeitigen Ende der Beziehung.

Wenn Kranke und Angehörige dauerhaft von Angst und Verzweiflung regiert werden, ohne darüber sprechen zu können, gehen die Grundlagen für ein konstruktives Miteinander verloren. Vielleicht können sie sich noch aneinander klammern, aber begegnen können sie einander dann nicht mehr. Eine Distanzierung, womöglich sogar eine Trennung, in anderen Lebenssituationen eine denkbare Antwort, ist für Angehörige jetzt keine Option. Wer wollte eine Kranke, einen Sterbenden im Stich lassen? Die Distanzierung kann nur innerlich stattfinden und unterstreicht wiederum, wie schmerzlich Austausch und Nähe entbehrt werden. Ein Teufelskreis, der zu extremen psychischen Spannungen führt.

Marianne und ihre Tochter

»Sie war doch meine Tochter!«, sagt Marianne. Unvorstellbar, dass sie ihrem Kind in seiner Not etwas versagt hätte.

»Verena wollte immer viel, wollte immer alles und hat es nachher doch nicht so richtig hingekriegt. Sie hatte tausend Ideen, aber konnte sie dann nicht verwirklichen. Sie hat mich auch oft gebraucht, als sie noch nicht krank war. Sie ist nie so richtig klar gekommen.« So beschreibt Marianne ihre Tochter. »Wir hatten ein sehr inniges Verhältnis«, sagt sie und schildert Verena als lebhafte und sehr schöne junge Frau, deren Liebesleben kompliziert war. Von den Vätern ihrer beiden Kinder hatte sich Verena getrennt. Mit dem neuen Mann an ihrer Seite feierte sie Hochzeit, als sie bereits krank war.

Verena war strikte Nichtraucherin. Sie war sechsunddreißig Jahre alt, als ihr ein Lungenflügel entfernt und mitgeteilt wurde, sie würde nur noch wenige Monate leben können. Marianne war am Boden zerstört. »Nach der Diagnose Lungenkrebs war ich völlig verzweifelt, völlig kaputt«, sagt sie. Fast drei Jahre lang führte Marianne zwei Haushalte, die zwei Autostunden auseinander lagen, versorgte die Enkelkinder und ihre Tochter. »Für mich war das selbstverständlich!« Die Konstellation der früheren Beziehung blieb bestehen, spitzte sich jedoch dramatisch zu. Verenas Krankheit kettete Mutter und Tochter aneinander.

Auf dem Rückweg von Verena hielt Marianne manchmal an, weil sie vor Tränen nicht weiterfahren konnte. Das Unglück war unbeschreiblich, und die Tochter erlaubte ihr weder Tränen noch Momente gemeinsamer Entspannung. »Ich war ihr verlängerter Arm. Ich musste alles genau so machen, wie sie es wollte. Ich musste auch genau so kochen, wie sie es wollte. Sie hat sich immer beschwert, wenn es nicht so war, wie sie sich das vorstellte. Ich habe das alles gern getan. Ganz bestimmt. Aber den Druck habe ich immer weniger ausgehalten. Auch wenn ich sie gewaschen und eingecremt habe – ich hab alles verkehrt gemacht. Nicht da einreiben, sondern da! Und nicht so fest! Und nicht hier! Und das doch nicht da! Es war alles verkehrt. Ich mochte sie schon gar nicht mehr anfassen.«

Die Mutter sollte Verena ersetzen wie ein Double. Und ununterbrochen kontrollierte sie, wo die Mutter war und was sie tat. Sammelte Marianne im Garten Kräuter für die Tees, die die »Heilerin« verordnet hatte, rief Verena aus dem Fenster: »Mama, wo bleibst du denn?« War Marianne einkaufen, telefonierte Verena hinter ihr her. »Ich bin immer mit dem Fahrrad durch den Ort gehetzt und musste mein Handy anlassen, damit sie mich jederzeit erreichen konnte. ›Mama, wo bist du denn nun?‹, fragte sie. Ich durfte nur Bio-Sachen einkaufen. Einmal habe ich gedacht: Jetzt mit den voll gepackten Taschen noch zum Bio-Laden – ich hol das Brot im Supermarkt, da muss ich sowieso noch hin. Dann hab ich ihr das Brot aufgeschmiert, prompt kam von oben: ›Mama, wo hast du das Brot her?‹ Das hat sie sofort gemerkt und hat es nicht gegessen.« Marianne wurde immer unsicherer, konnte ihre Hilfsarbeit immer schlechter verrichten, weil sie jeden Augenblick damit rechnen musste, von ihrer Tochter gemaßregelt zu werden.

Je mehr Zeit verging, umso größer wurde die Sorge der übrigen Familienmitglieder auch um Marianne – ihr Mann, ihr Sohn, ihre Eltern fürchteten, Marianne selbst würde auf der Strecke bleiben. »Manche Bekannte haben mich in der Zeit nicht mehr erkannt, so kaputt war ich. So kaputt! ›Mama, man wächst mit seinen Aufgaben‹, sagte Verena immer. Es war sicher unbewusst, aber sie hat wahnsinnig viel Druck gemacht. Deshalb hatte ich auch immer Angst, wenn ich wieder zu ihr fuhr.«

Wenn Mutter und Mann Verenas Forderungen nicht haargenau erfüllten, war der Teufel los: »Dann fing sie an zu schreien, wurde fürchterlich hysterisch, drohte im letzten Jahr auch mit Selbstmord. Das hat sie oft gemacht. Sie hat uns beide wirklich in der Hand gehabt. Wir haben versucht mit ihr zu reden, aber es hat nicht geklappt. Auch die Freunde haben getan, was Verena wollte. Alle hatten Angst vor ihr.«

Marianne konnte das Unglück ihrer einzigen Tochter, das ja auch ihr eigenes Unglück war, nicht fassen. *Alles* wollte sie tun, um Verenas Wünsche zu erfüllen. »Plötzlich musste sie ein Krankenbett haben. Dann hat sie auf dem Stuhl gesessen und geheult wie ein junger Wolf. Es ging wieder bergab. Dann kriegte sie eine spezielle Matratze. Dann kam der Medizinische Dienst, um zu sehen, ob sie durchgelegen war. Als die

Schmerzen dann immer schlimmer wurden, hat die »Heilerin« sich nicht mehr blicken lassen. Verena hatte ja unendliche Schmerzen, fürchterliche Schmerzen durch Metastasen im Rückenmark. Das war alles ganz, ganz furchtbar. Und dass sie dann so reagierte, ich konnte das wirklich verstehen.«

Die Tochter kritisierte die Mutter ständig, aber auch die Mutter war nicht einverstanden mit dem, was ihre Tochter tat. Nur hielt die Mutter den Mund, obwohl sie es kaum aushielt zu sehen, wie groß Verenas Schmerzen waren und was die »Heilerin« dagegen unternahm.

»Als sonst nichts mehr half, hat sie das Morphium akzeptiert, das ihr ein befreundeter Arzt gab. Bei Morphium braucht man aber einen gewissen Pegel. Den hatte sie dann auch mal, und es ging ihr wieder gut. Sie fing an Plätzchen zu backen, ist einkaufen gegangen. Aber bald darauf hat sie gesagt: ›Ich brauche das nicht. Das sind keine Metastasen, das ist alles Quatsch. Das sind die Narbenschmerzen‹, und hat das Morphium abgesetzt. Die Schmerzen kamen wieder, nur viel, viel stärker. Dann hat sie wieder Morphium genommen, aber es dauerte entsetzlich lange, bis das erneut griff. Sie hat sich schrecklich gequält und uns auch.«

Verena verlangte von Mutter und Mann nicht nur, dass sie sämtliche Aufträge penibel erfüllten, sondern auch, dass sie ihren Glauben teilten. Ihren Glauben an ein Wunder und an die Künste der »Heilerin«: »Sie hatte am Hals ein Geschwür. ›Das ist eine geschwollene Drüse. Das ist kein Krebs‹, sagte Verena. Die Geschwulst wurde immer größer, und dann hat die »Heilerin« versucht, ihr das wegzukneten. Außerdem musste sie sich ein unbehandeltes Schafsfell um den Hals wickeln. Sie stank wie eine ganze Schafsherde. Es war ganz schwer dem zuzugucken. Für mich war das Firlefanz. Aber wenn jemand es wagte, das infrage zu stellen, ist sie schrecklich böse geworden. Verenas Mann musste das auch mitmachen, sonst hat sie total verrückt gespielt. Gehofft habe ich natürlich auch immer. Ich habe gedacht, vielleicht geschieht ja tatsächlich ein Wunder. Daran klammert man sich. Aber man sah ja, es ging immer weiter abwärts. Als sie lag und nicht mehr hochkam, da wusste ich, dass sie sterben wird, und auch sie selbst hat dann nicht mehr geglaubt, dass sie es schaffen kann, und hat ihre Beerdigung geregelt. Das war vierzehn Tage vor ihrem Tod. Und sie hat ihre Kinder vorbereitet, hat alles genau mit ihnen besprochen. Das hat sie sehr, sehr gut gemacht. Sie war eine unheimlich starke Frau.«

Marianne betont immer wieder, wie vieles sie selbst falsch gemacht habe und wie gut sie das Verhalten der Tochter versteht. Sie will, sie kann nur sich selbst Vorwürfe machen, nicht der Tochter. »Verena war teilweise dann wieder sehr lieb und dankbar. Aber ich konnte nicht vorhersehen, wann sie lieb und wann sie böse sein würde. Sie hat ihren Mann sehr geliebt, und auch mich hat sie sehr geliebt, aber wir beide waren eigentlich diejenigen, die das immer abbekamen.«

Es gab auch schöne Stunden, aber es ist bezeichnend, dass Marianne bei diesem Stichwort eine Situation einfällt, in der die Tochter schlief: »Sie hatte eine schreckliche Nacht verbracht und dachte, sie erstickt. Dann bekam sie das Sauerstoffgerät. Ich habe stundenlang an ihrem Bett gesessen, und das war schön. Ich saß da, und sie schlief ganz ruhig. Als sie wach wurde, hat sie sich gefreut, dass ich da saß.«

Der drohende Verlust der Tochter, die Sorge um die Enkelkinder, die Aggressionen, die Schmerzen, deren adäquate Behandlung Verena stets wieder unterbrach – die Pflege wurde emotional und physisch immer schwerer, schließlich war Verena auch noch halbseitig gelähmt. »Die letzten zwei, drei Monate hatte sie intensive Schmerzen. Das ist so schwer zu ertragen! Das mitzuerleben ist furchtbar! Und dann daneben die Kinder, die sich streiten, die schon gar nicht mehr reagiert haben, wenn Verena da lag und stöhnte.«

Die Hetzjagd durch den von der todkranken Tochter, zwei kleinen Kindern, zwei Haushalten und abstrusen Aufträgen der »Heilerin« bestimmten Alltag, den sie in vielen Einzelheiten schildert, der Kummer, der alles überschattete – je länger Marianne erzählt, umso erschöpfter und trauriger sieht sie aus.

»Eine Woche vor Verenas Tod habe ich gesagt: Ich kann nicht mehr! Ich war vollkommen ausgelaugt, völlig am Ende. Ich war zwar weiter da für sie, aber wir haben dann einen Pflegedienst in Anspruch genommen. Sie hat mir das immer wieder vorgehalten, hat gefragt, ob ich mich nicht schäme, dass sie von einer Frau in Leggings gewaschen werden muss. Ich wurde immer kleiner und habe tatsächlich gedacht, ich sei eine ganz schlechte Mutter. Aber ich hatte einfach keine Kraft mehr. Nun denke ich immer: Warum habe ich nicht durchgehalten bis zum Schluss? Das mache ich mir zum Vorwurf. Das werde ich nicht los. Aber ich wusste ja nicht, wie lange es noch so weitergehen würde.«

Viele haben geholfen, Nachbarn, Freunde, Familienmitglieder. Sonst wäre die lange Zeit überhaupt nicht zu meistern gewesen. Aber das Entscheidende musste Marianne selbst tragen, denn Verena wollte neben ihrem durch seine Berufstätigkeit oft abwesenden Mann nur ihre Mutter um sich haben, und sie wollte ihre Mutter immer um sich haben. »Einen so geliebten Menschen zu pflegen, das ist eine Überforderung für jeden. Ich glaube, man kann es gar nicht schaffen, weil man mit dem Gefühl so da drin steckt. Aber man wagt ja gar nicht zu sagen, wir schlimm das Los der Angehörigen ist.«

Mariannes Erschöpfung hatte viel auch damit zu tun, dass sie keinen Raum für ihre Gefühle hatte: »Ich war so fremdgesteuert, hab nur funktioniert. Von mir selbst war nicht viel übrig geblieben. Mein Mann war wie ein Fels in meinem Rücken, aber ich konnte ihm auch nicht alles erzählen, denn wenn er hörte, dass Verena mich quält, ist er wütend auf sie geworden. Und er kann mich nicht weinen sehen. Ich habe ganz, ganz viel geweint, wenn ich nach Hause gefahren bin. Das war wie eine Befreiung, besonders, wenn mein Vater mich fuhr. Das tat er oft, und dann konnte ich mich ein wenig entspannen. Wenn mein Enkel mit im Wagen saß und ich weinte, fragte er: ›Weinst du schon wieder wegen Mama?‹ Dann habe ich mir gesagt: Reiß dich zusammen!«

Marianne hat sich zusammengerissen. Sie hat ihre Gefühle kontrolliert, ihr eigenes Kranksein übergangen. Und sie hat gehofft und gebetet. Sie hat darum gebetet, dass die Tochter es tatsächlich schafft, und sie hat gehofft, dass die Beziehung zu ihr noch einmal so sein könnte, dass die Mutter nicht nur räumlich bei der Tochter ist, sondern auch innerlich. »Ich habe mir ein richtig gutes Gespräch gewünscht, in dem ich wagen kann, das zu sagen, was ich denke. Meine Gedanken durfte ich ja nicht aussprechen. Ich habe mir gewünscht, dass sie mich so sein lässt, wie ich bin, und mich handeln lässt, wie es mir entspricht, ohne alles zu kontrollieren.«

Saskia und ihre Mutter

Als ihr Bruder Saskia informiert hatte, dass die Mutter im Krankenhaus lag und vermutlich sterben würde, brach Saskia ihren Urlaub ab und eilte an das Bett ihrer Mutter. »Sie war nicht mehr richtig bei Bewusstsein. Ihr Gesicht war eingefallen. Man sah, dass sie litt. Besonders erschreckt war ich, als der Arzt mir sagte, dass meine Mutter bereits seit acht Jahren regelmäßig als Patientin in der Klinik gewesen sei und immer wieder ambulant gegen Lymphdrüsenkrebs behandelt worden war. Inzwischen war die Leber ganz stark betroffen. Alles war unglaublich schockierend.«

Saskia weiß nicht, ob die Mutter selbst dafür gesorgt hatte, dass ihre Familie über ihr Sterben informiert wurde oder ob es ihr lieber gewesen wäre, wenn sie erst von ihrem Tod erfahren hätte. Saskias Eltern lebten getrennt. Die Familie – Eltern und drei Kinder – hatte sich einen überaus zurückhaltenden Umgang miteinander angewöhnt, zum einen wegen der psychischen Labilität der Mutter, zum anderen wegen der Behinderung der jüngeren Tochter. Diese Tochter lebte in einem Heim, und der Vater machte gerade mit ihr Urlaub, als die Mutter zum Sterben ins Krankenhaus gefahren war.

»Meine Mutter hatte als junge Frau Brustkrebs gehabt. Sie ging immer mal wieder zu Check-ups. Vielleicht hat mein Vater ihre Krankenhausbesuche so eingeordnet. Jedenfalls hatte meine Mutter niemanden aus der Familie eingeweiht, wahrscheinlich sogar überhaupt niemanden. Das hat mir viele Rätsel aufgegeben. Ich dachte, wie kann man nur so einsam sein! Es ist unerträglich, mir vorzustellen, so eine schwere Lage mit niemandem zu teilen. Ich habe versucht, sie zu verstehen. Aber es ist für mich unbegreiflich, weil ich selbst zum Glück immer erfahren habe, dass ich ganz viel mit meinem Mann und mit Freunden teilen kann. Das ist meine Methode mit dem Leben umzugehen. Dass meine Mutter das in einer so extremen Situation nicht getan hat, finde ich unfassbar. Auch heute noch. Und obwohl die Beziehungen problematisch waren, hatte ich doch so ganz idealtypische Vorstellungen von einer guten Verabschiedung am Lebensende. Auch diese Diskrepanz hat mich lange beschäftigt. Ich fragte mich: Was ist falsch an mir, dass das so schrecklich gelaufen ist?«

Fünf Jahre liegt der Tod der Mutter zurück. Sie wurde sechsundsechzig Jahre alt, und Saskia war damals zweiundvierzig. Bei genauerer Betrachtung war der Abschied durchaus stimmig, passte zur Mutter, die nie in der Lage gewesen war, ihre Beziehungen offen und wahrhaftig zu gestalten. So lange Saskia denken kann, war das eine schreckliche Last: »Meine Mutter konnte sich nicht auf normale Art und Weise mitteilen. Sie hat natürlich etwas erzählt, aber alles war durchmischt von ihren Fantasien, Beschönigungen und Verzerrungen. Ich wusste schon als Kind, dass vieles, was sie sagte, nicht stimmte. Meine Mutter war als Persönlichkeit so wenig gefestigt, dass sie einen ehrlichen Dialog gar nicht ausgehalten hat. Sie war so hoch verletzlich, dass jedes Thema wie ein Feld voller Tretmienen war. Selbst wenn man irgendwas Belangloses erzählte, hörte sie das als Anschuldigung, und dann explodierte sie, und man wusste gar nicht, was los ist. Wir haben uns alle darauf eingestellt, nur möglichst schonend mit ihr zu sprechen. Die wahre Begegnung wurde vermieden. Insofern ist das immer mehr ein Theaterspiel geworden, oft bizarr, oft auch konfliktreich, denn es ging gar nicht, alles zu vermeiden, und deshalb gab es alle zwei, drei Tage irgendwelche Dramen oder Schwierigkeiten. Das Leben war eine Qual für meine Mutter, und sie hatte Angst, verrückt zu werden. Sie hatte auch fröhliche Tage, aber das kippte ganz schnell wieder. Dann war sie sehr unglücklich, dass das Schöne wieder verloren geht. In meiner Kindheit hat sie mehrere Suizidversuche unternommen, und als ich neun war, wäre sie tatsächlich fast gestorben. Sie hatte Tabletten genommen, und mein Vater hat sie erst im letzten Moment gefunden. Zwei Jahre später hatte sie dann Brustkrebs.«

Saskia hat als Älteste früh Verantwortung übernommen für das Wohlergehen ihrer Mutter – eine Verschiebung der Rollen, die zu großen Überforderungen führte. »Meine Mutter hat immer Angst vor Menschen gehabt, sie hat auch immer Angst vor mir gehabt. Kontakt war für sie oft Stress. Und je näher man ihr kam, desto größer wurde der Stress für sie. In meiner Teeniezeit habe ich ihr das Leben extrem schwer gemacht, weil ich sie dauernd kritisiert habe. Dem fühlte sie sich nicht gewachsen.

Ich erinnere, dass ich mir schon früh als Kind gewünscht hatte, meine Mutter sei tot. Es war alles so schwer mit ihr. Und meine kindliche Lösung war, wenn sie stirbt, dann bin ich davon erlöst. Ich hab mir vorgestellt, dass ich in einem roten, fröhlichen Kleid um das Grab tanze. Das war mein innerer Weg zu sagen, ich will sie loswerden. Ich will diese Schwierigkeiten loswerden. Als ich mit neunzehn ausgezogen war, habe ich den Kontakt vollständig abgebrochen und das Elternhaus über mehrere Jahre nicht mehr betreten. Und ich war nach Hamburg gezogen – weit weg von München. Ich musste meine Haut retten. Ich war am Rande meiner Kräfte, und hatte gedacht, wenn ich ausziehe, dann ist all diese Not weg. Aber ich merkte bald, ich hab alles in mir und schlepp es mit. Es kamen echt harte Jahre. Ich hatte Depressionen. Zum Glück gelang es mir, mich durch Psychotherapie nach und nach zu befreien und seelisch wieder gesund zu werden. Ich war überaus belastet gewesen und nicht mehr fähig, ein normales Leben zu führen. Ich habe meine Ausbildung hingekriegt, meinen Beruf, aber sonst hatte ich fast keinen Kontakt mehr zu anderen Menschen.«

Seit Saskia sich erholt hatte, besuchte sie ihre Eltern fünf-, sechsmal im Jahr, und einmal jährlich lud sie die Mutter für einige Tage zu sich ein. Die Gespräche blieben von äußerster Vorsicht gekennzeichnet. »Ich habe sie nie nach ihrem Befinden gefragt, weil ich wusste, ich bringe sie nur in eine Not, weil sie sich dann irgendwas ausdenken musste. Es war anstrengend, unverfängliche Themen zu finden.« Nie wurde über das gesprochen, was wirklich wesentlich war. Die schützenden Tabus wirkten sogar gegen unübersehbare Zeichen: »Meine Mutter trug ein paar Jahre zuvor zeitweise eine Perücke. Nach ihrem Tod dachte ich, warum habe ich mir damals nicht sofort mein Teil gedacht? Ich zweifelte wirklich an meiner Wahrnehmungsfähigkeit. Aber wir alle hatten ja jahrzehntelang trainiert, ihr gegenüber immer an der Oberfläche zu bleiben.«

Der Alleingang der Mutter durch ihre schwere Erkrankung und am Lebensende ist also durchaus schlüssig. »Sie kannte keinen anderen Weg. Und ich denke, dass der Aspekt der Schonung auch eine große Rolle spielte. Mich hat die Beziehung zu meiner Mutter häufig überfordert. Dann habe ich es geschafft, den Kontakt zu ihr so zu gestalten, dass es für mich einigermaßen zu machen war und ich ihr doch immer mal wieder eine Freude bereiten und ihr meine Liebe zeigen konnte. Das war mühevoll. Das war immer eine Arbeit. Es hätte mich komplett überfordert, wenn ich gewusst hätte, dass sie schwerkrank ist, und wenn meine Mutter gesagt hätte, ich brauche viel mehr von dir. Davor hat sie mich, davor hat sie uns bewahrt. Einerseits hat sie sich ihrem Muster entsprechend verhalten, aber andererseits war es vielleicht auch ein Geschenk an mich, mir nicht noch mehr zuzumuten. Ich denke, es war ihr bewusst, dass sie für die Familie eine wirklich hohe Belastung war. Wenn ich mir vorstelle, dass sie das nicht mehr sein wollte, liegt auch viel Selbstbestimmtheit und damit viel Würde in ihrem Verhalten.«

Vorwürfe hat Saskia ihrer Mutter gegenüber nicht. Aber es war und blieb lange ein großer Schmerz für sie, sich die Mutter vollkommen allein mit ihrer Krebserkrankung vorzustellen. In diesem Schmerz steckt auch der über die Beziehungseinschränkungen insgesamt. Aber in den letzten Lebenstagen der Mutter war in manchen Momenten ungewohnte Nähe möglich. »Sie konnte nur noch ganz schlecht sprechen. Aber sie hat ein paar überaus berührende Sätze gesagt. Wenn sie für kurze Zeit hell war, hat sie mir ganz, ganz liebevolle und sehr versöhnliche Dinge gesagt. Das war tief bewegend. Auch meinem Vater gegenüber gab es rührende Äußerungen. Das war echt groß.«

Saskias Mutter wurde im Krankenhaus gut gepflegt und versorgt. Das war für alle Familienmitglieder entlastend. Die Situation war mit dem Arzt klar und offen besprochen worden, und es wurden keine unnötigen Untersuchungen oder gar Therapieversuche veranstaltet.

Sepp und seine Frau

Familiäre Bindungen unterscheiden sich von unseren frei gewählten Beziehungen. Familie ist Schicksal, Liebesbeziehungen und Freundschaften hingegen sind selbst gesucht. Das führt zu anderen Wünschen, auch anderen Ansprüchen.

Wie Paare auf eine tödliche Krebserkrankung reagieren, wie sich ihre Beziehung verändert, ist so verschieden, wie die Betroffenen selbst es sind. Konflikte können bei Paaren auch deshalb auftreten, weil sich die bisherige Rollenverteilung nicht mehr aufrechterhalten lässt.

Bei Sepp und Lisa war das kein Problem, denn Lisa war schon seit drei Jahren krebskrank, als sie Sepp begegnete. »Als ich Lisa kennen lernte«, sagt Sepp, »war sie das blühende Leben, und ihre Krankheit wirkte auf mich nicht bedrohlich. Darüber habe ich allerdings gar nicht nachgedacht, weil Lisa es mir – auch später – immer sehr leicht gemacht hat: *Sie* hat ihr Leben bestimmt und hat nicht zugelassen, dass die Krankheit unser Leben beherrscht.«

Sport und Musik spielten für beide eine wichtige Rolle. Auch wenn es Lisas Ärzte bedenklich fanden, sie lief Ski – vorsichtshalber Langlauf –, das Paar spielte Tennis, wanderte. Lisa und Sepp reisten gern und gestalteten ihren Alltag bewusst und liebevoll. Den Haushalt versorgte Sepp, Lisa kochte abends, und immer wurde der Tisch schön gedeckt und eine Kerze angezündet. Wenn Sepp erzählt, spürt man, wie sehr er Lisa geliebt hat, wie glücklich er mit ihr war, wie sehr sie ihm fehlt.

Zweiundzwanzig Jahre hat Lisa mit ihrer Krebserkrankung gelebt und Sepp hat neunzehn davon mit ihr geteilt. »Sie war immer in Behandlung. Knochenmetastasen hat sie immer gehabt, aber sie haben sich über viele, viele Jahre überhaupt nicht verändert. Erst als sie Metastasen in der Leber hatte, war sie sich über ein nicht mehr so fernes Ende wohl im Klaren. Aber darüber haben wir nicht gesprochen.«

Sepp und Lisa waren ein lebensfrohes Paar, und wenn man Sepp zuhört, bekommt man den Eindruck, Lisas Krankheit habe die beiden enorm darin bestärkt, das Schöne im Leben zu sehen und es so gut wie möglich zu genießen, Alltagsbanalitäten als das zu nehmen, was sie sind: unwichtig. »Lisa hat sich, wenn überhaupt, zum Positiven hin verändert. Sie hatte kein Verständnis dafür, dass sich Menschen in unserem Alter bekämpfen. Am Schluss hat sie allerdings manches von Dritten nicht mehr akzeptiert, hat das dann gelegentlich auch extrem verbalisiert. Sie hat nicht mehr so viel geschluckt. Aber wir beide sind bis zuletzt auf einer guten Ebene geblieben. Wir haben uns nie beschimpfen müssen. Sie war nicht immer begeistert von meiner Schludrigkeit. In den ersten Jahren hat sie das nicht so ausgedrückt wie später, aber ich glaube, solche Ärgerlichkeiten waren eher der langen Zeit geschuldet als der Krankheit. Sie war nicht ungerecht und nicht nörgelig. Einmal war es in den letzten drei Monaten beim Sex nicht mehr so, wie wir uns das vorgestellt hatten. Da hat sie gesagt: ›Ich kann doch nichts dafür, dass ich krank bin.‹ Aber davon abgesehen hat sie sich auch auf der sexuellen Ebene nie verändert, sondern hat das immer mit Freude genossen.«

Über die Frage, was ihn besonders belastet habe, denkt Sepp eine Weile nach: »Es fällt mir schwer, überhaupt etwas zu finden. Im Nachhinein weiß ich, dass ich viel Kraft investiert habe. Jetzt hänge ich hier manchmal ein bisschen rum, lege auch gern mal die Füße auf den Tisch. Das hätte ich früher nicht gemacht, weil ich ja Verantwortung Lisa gegenüber hatte. Ich durfte ja keine Schwäche zeigen.«

Sepp war stark für Lisa, und Lisa war stark für Sepp. Sie waren ein verschworenes und verschwiegenes Duo; außer ihnen wusste in Familie und Freundeskreis niemand von Lisas Krebs. Es war den beiden wichtig, dass im privaten Umfeld niemand dem Paar das Thema Krebs aufdrängen konnte, Begegnungen davon unbeschwert blieben.

Sepp sagt: »Es hat meinem Leben viel Sinn gegeben, dazu beizutragen diese Zeit für Lisa schön zu machen, sie im Leben festzuhalten und ihr zur Seite zu stehen, und wenn sie aus gesundheitlichen Gründen mal zurückstecken musste, dann haben wir das gemeinsam getragen.« Über die Lebensbedrohlichkeit der Krankheit sprachen Lisa und Sepp kaum.

»Ich habe eigentlich nie daran gedacht, dass sie morgen sterben könnte. Wenn *sie* mal davon sprach, habe ich abgewiegelt.«

Das blieb auch so, als sich Lisa aufgrund der Lebermetastasen zu einer harten Chemotherapie entschloss. »Das war drei Jahre vor ihrem Tod. Sie war völlig verzweifelt. Sie musste eine Perücke tragen und wollte damit auch ins Bett gehen. Da habe ich gesagt: ›Ich liebe auch deinen Glatzkopf.‹ Ich habe ihr gesagt, dass sie mir das durchaus zumuten darf, auch wenn ich natürlich ihre Haare geliebt habe und das schon ein Kapitel für sich ist. Danach hat sie gesagt: ›Ich mach keine Therapie mehr.‹ Ich habe ihr dann klar zu machen versucht, dass wir zusammen schon noch ein bisschen kämpfen sollten.« Behandeln ließ sich Lisa bis fast zu ihrem Tod, aber das war mit keinen inakzeptablen Nebenwirkungen verbunden.

Dann wurde Lisa schwächer. »Im Mai, zwei Monate bevor sie starb, hat Lisa nicht mehr tanzen mögen. Sie war sonst immer die Letzte auf dem Tanzboden gewesen. Aber auf den Fotos sieht sie noch ganz blühend aus. Acht Wochen vor ihrem Tod fuhren wir zum letzten Mal zu Lisas Mutter. Kurz vor dem Ziel hat sie sich im Rasthaus geschminkt, um dann als strahlende Tochter auftreten zu können. Selbst ich hab in solchen Momenten gedacht, nein, diese Frau kann gar nicht krank sein.«

Wer mehr als zwanzig Jahre mit Krebs und schon über drei Jahre mit Lebermetastasen lebt, für den ist die Krebserkrankung Alltag. Für Lisa und Sepp war sie Normalität geworden, ebenso wie ihre Art, Ängste möglichst gar nicht aufkommen zu lassen, nicht auszusprechen. »Ich vermute, dass sie so stark war, dass sie es geschafft hat, ihre Angst vor mir zu verbergen, wovor ich natürlich auch irgendwo die Augen zugemacht habe. Ich glaube allerdings, dass das auch eine Hilfe war. Panikattacken sind bei ihr offensichtlich nicht vorgekommen, und ich war es gewohnt, über Dinge, die ich nicht freigeben wollte, auch nicht sprechen zu müssen.«

Er sei immer verschlossen gewesen, was den Ausdruck persönlicher Gefühle angeht, sagt Sepp. Erst die lebhafte Lisa habe ihn geöffnet. Mit ihr wurde er viel freier, aber eine Grenze blieb: Sepp und Lisa sprachen auch dann nicht über das bevorstehende Lebensende, als der Hausarzt Sepp fragte, ob er mit Lisa übers Sterben gesprochen habe, auch dann nicht, als der Tod unmittelbar bevorstand.

Franziska und ich

Wir waren fast dreißig Jahre engste Freundinnen, und das hatte besonderes Gewicht, weil wir beide keine Familie gegründet hatten und weil wir beide seit einigen Jahren allein lebten, als Franziska krank wurde. Sie hatte keine Verwandten in ihrer Nähe. Ich sah mich als ihre nächste Angehörige, und sie behandelte mich auch so. Über zwei Jahrzehnte waren Zuneigung, Loyalität, Vertrauen und Exklusivität zwischen uns fraglos gewesen und hatten in unser beider Gefühlsleben einen zentralen Platz.

Zweieinhalb Jahre vor Franziskas Diagnose hatte es einen Konflikt zwischen uns gegeben. Franziska hatte sich im Beisein anderer Gäste an meinem Geburtstag so abfällig über meine Gastgeberinnenqualitäten, die sie sonst besonders schätzte, geäußert, dass ich zu ihr sagte: »Ich habe das Gefühl, vollständig aus deinem Wohlwollen gefallen zu sein.« Ich besuchte sie kurz darauf an ihrem Urlaubsort, und zwei Tage lang versuchten wir, den Vorfall zu klären. Irgendwann sagte sie: »Kannst du mir das nicht einfach verzeihen?« Ich war überrascht. Natürlich konnte ich ihr verzeihen! Aber ich wollte verstehen, was sie zu ihren Attacken bewogen hatte. Sie konnte es mir nicht erklären, und ich war sehr traurig und blieb es etliche Monate. Äußerlich war alles wie immer, aber innerlich hatte sich etwas Wesentliches gewandelt. Wir standen uns nicht mehr so nah wie zuvor.

Franziska veränderte sich in ihren letzten Lebensjahren. Sie haderte mit dem Altern auf eine Weise, wie ich es bei keiner anderen Freundin erlebte. »Jetzt kann man nur noch dem Verfall zusehen«, sagte sie manchmal. Sie wirkte häufig deprimiert, ja resigniert, und ich ertappte mich dabei, ihr gegenüber positive Nachrichten aus meinem Leben zurückzuhalten, weil sie mir unpassend erschienen, wenn sie gerade über die andauernde Schwere ihres Alltags gesprochen hatte. Und das tat sie in den letzten Jahren zunehmend.

Wie soll sie sich aus einem Leben verabschieden, mit dem sie weitgehend unzufrieden ist? Das war eine der mich quälenden Fragen nach Franziskas Erkrankung. Und ich hoffte inständig, dass sie irgendwann in der Lage sein würde, auch das Gute zu sehen.

Franziskas Kindheit war belastet gewesen, vor allem durch eine lieblose und dominante Mutter. Aber Franziska hatte sich damit auseinandergesetzt in einer langen Therapie. Ich empfand ihren Umgang mit dieser Hypothek immer als tapfer und geradlinig. Sie wich nicht aus, sie hielt stand, und ich schätzte ihre Eigenwilligkeit, ihren Humor, ihre Fähigkeit zur Selbstironie. Manchmal war sie auf provokante Weise unangepasst. Eine freche Frau, sehr apart und sehr auf Unabhängigkeit bedacht. Sie meisterte ihr Leben, war im Beruf erfolgreich, hatte einen beständigen Freundeskreis, eine schöne Wohnung, die ihr viel bedeutete, und keine finanziellen Sorgen. Sie liebte Literatur, gutes Essen, Kunst und das Meer; sie reiste gern. Sie war eine Ästhetin durch und durch und dabei höchst individuell. Nur zufrieden war sie selten, war sie lange schon nicht mehr.

Franziskas Krankheit wischte Fragen über die Qualität unserer Freundschaft vollständig beiseite, rückte sie aber bald umso dramatischer in den Vordergrund. Von Woche zu Woche steigerten sich ihre Aggressionen, und ich fühlte mich ihr gegenüber vollkommen wehrlos. Was ich auch sagte, was ich auch tat – nichts war in Ordnung. Ob ich Auto fuhr, ob ich

Essen oder Tee kochte, ob ich sprach oder schwieg – alles war falsch. Sie kontrollierte mich, sie schurigelte mich, sie kritisierte mich ununterbrochen, wenn nicht mein Tun, dann meine Wortwahl.

»Vielleicht brauchst du doch eine Perücke, weil es sonst zu kalt wird«, sagte ich, als wir darüber sprachen, dass sie durch die Chemo womöglich ihre Haare verlieren würde.

»Sag mir nicht, was ich brauche!«, herrschte sie mich an.

Da ich miterlebt hatte, wie hundsmiserabel es ihr nach der ersten Chemo ging, war mir der Gedanke schrecklich, dass sie nach der zweiten allein sein wollte. Ich hatte Angst, sie könnte bewusstlos werden und nicht mehr in der Lage sein, Hilfe zu rufen.

»Bitte ruf mich an«, sagte ich. »Ich muss doch wissen, wie es dir geht.« »Du musst, du musst!« Sie schnappte nach Luft, weil ich wieder eines der Worte benutzte, die sie auf ihren Index gesetzt hatte. Neben »müssen« gehörten »sollen«, »dürfen«, »können« und »brauchen« dazu. Am kritischen Tag nach der Chemo rief sie mich zwar an, sagte aber nur »Alles im grünen Bereich« und beendete das Gespräch dann grußlos.

Sie war ununterbrochen wütend. Ich verstand, dass sie wütend war, aber ich verstand nicht, dass sie *mich* fortwährend verletzte, und konnte das nur ertragen, indem ich ihre Aggressionen als eine Prüfung ansah. Ich machte es mir zur Aufgabe, ihre Attacken, ihre Hysterie, ihre Gefühlsumschwünge und ihre Realitätsverzerrungen auszuhalten. Ich muss ihr beweisen, dass ich nicht einknicke, dachte ich, und sehnte mich nach Vertrautheit, Nähe und Entspannung. Und weil all das so lange zwischen uns bestimmend gewesen war, hielt ich trotz schlimmer Verletzungen und tiefster Schrecken an der Hoffnung fest, dass sie sich irgendwann beruhigen würde und wir dann so offen über alles sprechen könnten, so wie wir es einst gewohnt gewesen waren. Ich erhoffte eine gemeinsame Zeit, in der alles *erlaubt* und deshalb auch alles *möglich* sein würde – Schmerz *und* Freude, Angst *und* Entspanntheit, Trauer *und* Glück, Wut *und* Dankbarkeit, Entsetzen *und* Zuversicht, mit anderen Worten: Ich hoffte auf Lebendigkeit, Tag für Tag und bis zuletzt. Ich hoffte darauf, ihr auch am Ende helfen zu können, durch in jeder Hinsicht gute Versorgung und da sein. Und damit sich diese Hoffnungen erfüllen könnten, hoffte ich auf ihre Gespräche mit dem Psychoonkologen. Ich erhoffte sehr viel und konnte nicht erkennen, wie wenig all das Franziska entsprach.

Ich erfüllte ihre Wünsche und Forderungen, wurde dabei aber immer stiller, um ja nichts Falsches zu sagen. Aber es nützte nichts; wenn sie meine Wortwahl nicht bemängeln konnte, kritisierte sie meine Stimme, die sei so angespannt sagte sie. »Du klingst wie Ferkel«, blaffte sie zu Beginn unseres vorletzten Gesprächs. Es dauerte einen Moment, bis ich überhaupt begriff: Ich hatte ihr Kassetten von »Pu der Bär« mitgebracht zum Hören während der Chemo. Ferkel hat darin eine tragende Rolle und eine piepsige Stimme.

»Das liegt daran, dass ich völlig verunsichert bin, weil du mich dauernd anranzt«, sagte ich.

Endlich hatte ich es gewagt, ihr den Grund für meine zunehmende Sprachlosigkeit zu nennen. Sie wurde unglaublich wütend: Nicht sie sei unfreundlich, sondern ich überempfindlich. Franziska lag zur Chemo im Krankenhaus und ich fragte: »Wollen wir das wirklich jetzt besprechen?« »Wenn du sagst, ich ranze dich an, kann ich das doch nicht übergehen!« »Doch, natürlich kannst du das in dieser Situation«, antwortete ich, und bevor ich weitersprechen konnte, wurde das Gespräch unterbrochen. Eine technische Störung, dachte ich, aber sie hatte das Gespräch abgebrochen. Eine Stunde später war sie bereit es fortzusetzen, aber es endete in einem Desaster. Ich sollte erklären, warum ich wieder ein verbotenes Wort benutzt hatte, nämlich »du kannst« gesagt und sie damit für ihr Gefühl bevormundet hatte. Meine Erklärungsversuche besänftigten sie nicht. Schließlich brach sie in Tränen aus. Völlig verzweifelt flüsterte sie: »Ich kann mich nicht immer wieder erklären. Dazu habe ich keine Kraft. Meine Kraft brauche ich für mich, nur für mich.«

Es war entsetzlich, von ihr als Verursacherin ihres Leids angesehen zu werden. Es war schrecklich, ihr in ihre Verrücktheit nicht folgen, aber auch kein normales Gespräch mehr führen zu können. Ich war zutiefst erschüttert davon, hinter all der Abweisung, hinter all der Wut ein Wesen im vollständigen Unglück und am Ende seiner Möglichkeiten zu erleben. Absurderweise hauchte sie zum Schluss des Gesprächs: »Ich kann dir nicht helfen.«

Wie schon mehrmals zuvor dachte ich: Sie verwechselt mich mit ihrem Tumor oder mit ihrer bösen Mutter oder mit beidem. Sie ringt mit etwas Bedrohlichem in sich und projiziert es auf mich. Deshalb wirken ihre Angriffe auf mich wie Vernichtungsversuche. Erst hat sie mich mundtot gemacht und dann meine Stimme verhöhnt. Es herrscht pure Destruktion nach innen und außen. In mir war ein Entsetzen, das ich nie zuvor erlebt hatte.

Nach zwei Tagen Sendepause konstatierte Franziska sachlich, wir befänden uns in einer »ernsthaften Krise«, und bat um ein Gespräch von Angesicht zu Angesicht vier Tage später. Ich spürte, wie viel Angst ich vor ihr hatte. Ich hatte sogar Angst davor, dass sie mich schlagen könnte. Unvorstellbar! Aber so war es. Und ich glaube, dass diese Angst berechtigt war. Gut möglich, dass sie selbst sich vor vollständigem Kontrollverlust fürchtete. Jedenfalls sagte sie das Treffen ab. Sie möchte mir lieber schreiben, sagte sie.

»Darf ich das auch?«, frage ich. »Ja«, sagte sie und lachte leise.

Mir war übel. Ich zitterte am ganzen Körper. Alles ist vollkommen heillos, dachte ich immer wieder, heillos, heillos. Aber ich spürte auch, dass dieses Elend nicht zu vermeiden war, weil es um lauter Dinge ging, über die Franziska auf keinen Fall sprechen wollte, und weil sie mich zu einer Gegnerin gemacht hatte. Ich versuchte ihr in einem ausführlichen Brief zu erklären, warum ich immer hilfloser und stiller geworden sei und wie widersprüchlich ihre Botschaften auf mich gewirkt hatten. Sie antwortete nur mit wenigen Zeilen und dem nicht weiter begründeten Vorwurf, ich habe sie verletzt. Und sie verkündete, sie würde sich vorläufig zurückziehen.

Mein Entsetzen wich langsam, und ich wurde sehr wütend: Sie hat mich auf sadistische Weise gequält, indem sie mir Aufgaben gestellt hat, die ich in ihrer Widersprüchlichkeit gar nicht erfüllen konnte. Sie hat mich an einen Abgrund gezerrt und dann weggestoßen. Zunehmend fühlte ich mich auch erleichtert. Ich konnte endlich ein wenig zur Ruhe kommen und bemühte mich zu verstehen, was eigentlich geschehen war, zunächst mit dem sicheren Gefühl, dass es nach einer Weile eine Aussprache geben würde. Ab und zu schrieb ich Franziska eine Karte. Nach vier Monaten schrieb sie mir, dass sie noch nicht wisse, wie es mit uns weitergehen würde, und ich antwortete mit einem langen Brief, in dem ich über unsere Beziehung insgesamt nachdachte, über die Entwicklung in den letzten drei Jahren und nach der Diagnose. Sie ging nicht darauf ein.

Wenn es nach ihr gegangen wäre, hätte ich nichts mehr erfahren über ihr Befinden. Auch das kam mir unmenschlich vor. Aber ich hatte mir ein Herz gefasst und Kontakt zu einer anderen Freundin Franziskas aufgenommen. Ein schwerer Vertrauensbruch, der mir Knie und Stimme zittern ließ. Dieser Austausch tat jedoch nicht nur mir gut, denn auch die andere Freundin war sehr belastet durch Franziskas destruktives Verhalten und die Tabus, die sie errichtet hatte. Für mich waren diese Gespräche extrem wichtig, auch, weil ich so erfuhr, wie es Franziska ging, und sie wenigstens gedanklich ein wenig begleiten konnte und mich nicht mit Mutmaßungen über ihr Befinden quälen musste.

Anfang Dezember – inzwischen waren neun Monate vergangen – schickte sie mir meinen Haustürschlüssel und erbat ihren zurück. Ihre karge, kühle Karte enthielt nur wenige Sätze, aber zum Schluss zum ersten Mal gute Wünsche. Das ist ihr Abschied von mir, dachte ich und antwortete sofort. Ich habe mich bei ihr bedankt für ihre guten Wünsche und sie erwidert. Mehr war nicht möglich, denn es ging ihr schon sehr schlecht.

Fünf Wochen später starb sie, und wir hatten uns nie wiedergesehen. Das blieb auch für andere unfassbar. Es war ein Trost, als ich erfuhr, dass zwei Freundinnen Franziska auf ihrem Sterbebett gefragt hatten, ob sie mich rufen sollten. Es war keine Überraschung, dass sie beide Male vehement Nein gesagt hatte. Für Franziska wäre es vermutlich besser gewesen, sie hätten nicht gefragt, aber dass der Bruch zwischen uns bis zu ihrem letzten Tag eine Rolle spielte, war eben auch eine Tatsache.

Zwischen Franziska und mir hatte der Krebs nur zerstörerisch gewirkt. Diese Zerstörung hat mich erschüttert wie nichts zuvor. Sie war ein großes Unglück.

Paula und ihr Mann

Das Leben von Paula und Claas war turbulent. Claas war Tierarzt in der Lüneburger Heide. Die Praxis – oft wurde er auch nachts gerufen –, vier Kinder zwischen fünf und sechzehn, ein großes Haus mit vielen Tieren. Seit Paula studierte und Claas mehr Pflichten als Vater übernommen hatte, war das Paar von der Fülle der Aufgaben regelmäßig erschöpft. Es gab häufiger Krach als früher. In diese Situation platzte die Diagnose: Mesotheliom, aussichtslos, Lebenserwartung nur noch wenige Monate. Claas war achtundfünfzig, Paula dreiundvierzig Jahre alt. Verursacht worden war die seltene Krebserkrankung durch asbesthaltige Talkumprodukte, mit denen Claas als Veterinär in früheren Jahren viel in Berührung gekommen war.

»Wir waren zweiundzwanzig Jahre zusammen und hatten uns im Laufe der Zeit manchmal regelrecht verloren«, erzählt Paula. »Wir waren beide jähzornig und hatten viel und heftig miteinander gestritten. Aber nach der Diagnose haben wir das nie wieder getan. Es war, als ob ein Schalter umgelegt worden wäre. Schon wenige Tage später haben wir darüber gelacht, über was für lächerliche Fragen wir uns früher gestritten hatten. Uns ist schlagartig wieder bewusst geworden, was der andere uns bedeutet. Wir konnten uns nicht vorstellen, ohne den anderen zu sein.«

Claas sei ein Mensch mit sehr viel Kraft gewesen, sagt Paula, einer, der bockbeinig war, durchsetzungsstark und sehr eigensinnig. Er hatte schon früh klare Ziele, die eigentlich unerreichbar waren, und er hatte sie erreicht. Da Claas beide Eltern im Krieg verloren hatte, ist er bei seinen Großeltern aufgewachsen. Bei denen ging es sehr liebevoll zu. Und liebevoll war auch Claas: »Er hatte eine besondere Fähigkeit, Herzen zu gewinnen. Er war wie ein Licht, das die Motten anzieht und in dem alle sich wohlfühlen. Familie hatte für ihn, gerade weil er seine Mutter schon mit zwei Jahren verloren hatte, eine ganz, ganz hohe Bedeutung. Es war sein Liebstes, hier seine ganze Familie um sich zu versammeln. Er hatte schwere Ausgangsbedingungen, aber er hat auch unglaublich viel Stärke mitbekommen, vielleicht am Anfang durch die Mutter, das weiß ich nicht. Auf jeden Fall aber durch seine Großeltern. Es gab etwas, was ihm Halt gegeben hat bis zum Schluss.«

Nach der Diagnose fiel Streit nicht flach, weil Paula ihren Mann hätte schonen wollen oder er sie. »Das Bedürfnis nach *Nähe* war unglaublich groß. Es gibt kein Foto aus der Zeit, wo nicht einer von uns die Hand irgendwo auf oder an dem anderen hat. In dem halben Jahr, das uns noch blieb, konnten wir uns überhaupt nicht voneinander trennen. Für uns war das sehr schön, aber nachträglich sehe ich, dass es für andere problematisch war. Wir waren so verwachsen miteinander, da kam keiner rein, und da *durfte* auch keiner rein. Freunde und Verwandte haben mir später gesagt, dass sie es sehr bedauert haben, dass nur ganz normale Gespräche möglich waren. Das tut mir nachträglich ein wenig leid.«

Claas war tagsüber mit seinen Kindern zusammen, und Besucher kamen vorbei, aber wichtige Gespräche führte Claas nur mit Paula. Nacht für Nacht hockten die beiden zusammen und redeten über alles, was ihnen auf dem Herzen lag. Über fast alles. Paula sah finanzielle Probleme auf sich zukommen, von denen Claas nichts wusste. Darüber sprach sie nicht. Er hätte daran nichts mehr ändern können, und für sie war das in jener Zeit auch gar nicht so wichtig. Wichtig war das Zusammensein mit Claas, wichtig war sein Befinden.

»Haltung gibt Halt«, diese Maxime Claas' machten sich alle zu eigen. »Ich glaube nicht, dass ich allein für mich zu so einer Haltung gefunden hätte«, sagt Paula. »Aber mein Mann hat uns das mit seiner enormen Kraft vermittelt und das hat sich dann übertragen. Natürlich hatte er Schwächen, aber er war eine starke Persönlichkeit, und ich glaube, es wäre auch für die Kinder und mich kaum erträglich gewesen, wenn er dauernd verzweifelt oder in Tränen aufgelöst gewesen wäre. Da wäre vermutlich tatsächlich ganz viel eingebrochen. Als Eltern war es ja auch unsere Aufgabe, weiter Normalität zu leben. Das hat uns allen sehr geholfen. Heute sehe ich allerdings, dass unsere Haltung es unseren Kindern erschwert hat, Verzweiflung und Trauer auszudrücken.

Wir haben ganz viel gelacht. Täglich und am letzten Tag. Hier war ganz viel Leben in der Bude. Auch an dem Tag, an dem er starb, saßen hier noch mindestens drei andere Jugendliche mit am Tisch, auch als er schon eingeschlafen war und auch als mir schon die ersten Tränen liefen. Die Kinder und ihre Freunde gingen hier ein und aus. Manche Erwachsene hatten mit der Situation weit mehr Schwierigkeiten. Kinder sind da unbefangener. Wir waren unseren Kindern unendlich dankbar dafür, dass sie die Normalität im Haushalt aufrechterhalten haben. Das gelingt Erwachsenen so nicht.«

Am Tag lief das Familienleben weiter wie immer, aber in seiner Tierarztpraxis arbeiten konnte Claas nur noch selten für kurze Zeit. Schon bald konnte er weder liegen noch richtig schlafen. Deshalb verbrachte er die Nächte in seinem Sessel im Wohnzimmer.

»Ich habe meinen Mann in der ganzen Zeit nur zweimal weinen sehen. Er hat gesagt: ›Wenn ich anfange zu weinen, dann höre ich nicht wieder auf, und davor habe ich solche Angst.‹ Ich habe häufiger geweint. Wenn ich das zu lange tat, wenn es ihm zu viel wurde, hat er mich liebevoll aber mit großem Nachdruck ermahnt.

Unser Kleinster schlief noch ganz häufig mit in unserem Bett. Irgendwann machte mein Mann den Versuch, sich zu ihm zu kuscheln. Er konnte aber nicht liegen, weil er dann Luftnot bekam. Da hat er bitterlich geweint. Das war herzzerreißend. Das Allerschlimmste war für ihn zu wissen, dass er seine jüngeren Kinder nicht würde groß werden sehen. Und das war ein Schmerz, den ihm niemand nehmen konnte. Im Leben meines Mannes war Familie, waren Kinder das Größte und das Wichtigste. Er hatte ja selbst keine Erinnerungen an seine Mutter, und er hatte Angst davor, dass unser Jüngster sich irgendwann nicht mehr an ihn erinnern können würde. Das war ein unglaublicher Schmerz. Da ist kein Trost zu spenden. Das ist einfach bitter und bleibt bitter.«

Paula hatte lange über die schrecklichen Schmerzattacken ihres Mannes, über Nöte, Pein und Angst gesprochen (siehe Seite 127 ff.). Zu lange, findet sie. Die andere Seite der letzten Monate soll nicht zu kurz kommen: »Wir haben beide in diesem halben Jahr Unheimliches geleistet. Mein Mann, der Pflege nicht ertragen konnte, aber doch mehr und mehr zum Pflegefall wurde, hat das auf sich genommen und mir durch sein Weiterleben einen ganz großen Beweis seiner Liebe geschenkt und großes Verständnis für meine Wünsche. Und ich hatte hier in den letzten drei Monaten einen 24-Stunden-Job. Aber auch für mich wäre es gar nicht anders denkbar gewesen, als dass Claas zu Hause ist bis zum Ende.

Wir haben noch so unendlich viel voneinander gehabt. Wir haben ganz oft erlebt, dass jedem von uns ohne Worte völlig klar war, was der andere dachte. Aber wir konnten nicht nur die Gedanken des anderen ohne Fehler lesen, ich *fühlte* auch, was er fühlte, selbst dann, wenn das, was er gesagt hatte, meiner Haltung nicht entsprach. Das hat uns in einem Maße zusammengeschweißt, das wirklich auch unendlich beglückend war. So etwas hatte ich vorher noch nie erlebt und werde es vermutlich auch nie wieder erleben. Es war Liebe pur und ganz, ganz viel gegenseitige Hochachtung für die Leistung des anderen. Wir haben in dieser Zeit einen Zugang zueinander gefunden, der nahezu grenzenlos war. Wunderschön war auch das Gleichgewicht in der Beziehung. Trotz der sicher aufwändigen Pflege, die man auf der einen Seite sehen kann, hat Claas mir auf der anderen Seite sehr viel Stärke, sehr viel Halt gegeben. Es ist unglaublich, wie viel Kraft Claas und ich auseinander geschöpft haben. Mich hat unheimlich berührt, wie sehr ein Sterbender eben auch *mein* Verstärker sein konnte.

Sehr bedauert habe ich, dass wir keinen Sex mehr hatten, wobei das für mich ein weiter Begriff ist. Abgesehen davon, dass es mir extrem fehlte, hätte ich es mir für uns beide sehr gewünscht. Dass das nicht möglich war, darunter habe ich gelitten. Das kannte ich so auch nicht. Die Erotik hatten wir uns in unserer langen Ehe sehr schön bewahrt. Aber auf dem Gebiet haben wir keinen Abschied voneinander nehmen können. Mein Mann fand seinen Körper nach der Operation, bei der er ja einen künstlichen Darmausgang bekommen hatte, so ekelhaft, dass er nur sehr langsam und mit ganz viel Mühe zulassen konnte, dass ich ihn in den Arm nahm und dass ich ihn etwas näher wieder anfassen durfte. Mehr war für ihn nicht möglich. Ich habe mich nie vor seinem Körper geekelt, aber ich habe meinem Mann seinen Selbstekel nicht nehmen können. Das hat mich sehr traurig gemacht und ein Gefühl des Versagens ausgelöst. Ich habe mich aber auch für meine profanen Wünsche in dieser verzweifelten Lage sehr geschämt.«

Der Sommer, in dem Claas starb, liegt sieben Jahre zurück, und es war ein ungewöhnlich schöner Sommer. Die Nachtstunden verbrachten Claas und Paula meist in stundenlangen Gesprächen. Dann hatten sie Ruhe für sich, aber das Reden verringerte auch die Angst und ließ die Zeit vergehen. Immer war das Paar erleichtert, wenn die Sonne wieder aufging, die Dunkelheit auch im übertragenen Sinne gebannt war. Die Nächte zu durchstehen war für Claas, wie für so viele Sterbende, am schwersten.

»Ich habe noch sehr, sehr viel von ihm erfahren. Er hat viel aus seiner Kindheit erzählt. Wir haben über uns gesprochen, über die Kinder, über Alltagsthemen und immer wieder über seine Wünsche für unsere Zukunft ohne ihn. Das war ihm besonders wichtig. Er hat auch manches thematisiert, wovon ich bis dahin nichts gewusst hatte und was ihn belastete. Er hatte große Schuldgefühle wegen der Beendigung seiner ersten Ehe. Es war nicht möglich, deren Schwere zu mindern. Das erfüllt mich bis heute mit tiefer Trauer und seine erste Ehefrau auch.

Seine Angst vorm Sterben hat Claas kaum in Worte gefasst. Er war sehr bodenständig und hatte in anderen Zusammenhängen mal gesagt, man könne Wichtiges auch totreden. Ich glaube, wir haben trotzdem sehr gut gewusst, wo die Angst sitzt und wie alles zu sein hat. Wir mussten die Trauerfeier nicht besprechen. Das war nicht nötig. Dieses Gefühl des Einsseins sorgte dafür, dass ich wusste, wie er sich das vorstellte. Ich habe nicht das Gefühl, dass wir irgendetwas Wesentliches nicht besprochen haben. Ich vermisse nichts. Ich habe alle Fragen stellen können. Er hat alle Fragen stellen können. Einige Fragen haben wir nicht gestellt. Auch das war gut, denn auf manche Fragen gibt es keine Antworten.«

Claas wollte nur mit Paula über sich reden, aber Paula suchte auch Austausch mit einer unbefangenen Dritten. »Ich habe mit einer Frau vom Hospizverein Gespräche geführt und habe dann auch einen Kontakt zwischen ihr und den Kindern angebahnt. Das war eine große Hilfe, denn im Familien- und Freundeskreis haben ja alle persönlich mit gelitten und waren überfordert. Mein Mann hätte nicht mit Hospizleuten reden wollen, aber dass ich es tat, konnte er gut akzeptieren.

Claas hat immer wieder gesagt, dass er das Leben von Anfang bis Ende genossen hat. Wir haben sehr glücklich gelebt, auch, weil wir uns die Erfüllung unserer Träume nie aufgespart haben fürs Rentenalter. Wir haben intensiv gelebt, mit vielen Fehlern und viel Streit, aber eben sehr intensiv. Das war ein Glück. Und Claas hat mir in seinen letzten Monaten immer wieder vermittelt, wie sehr er sich wünscht, dass wir mit genau dieser Lebenslust weiterleben.

Einmal hat er mich dabei allerdings sprachlos gemacht. Plötzlich sagte er, ich solle ganz sicher sein, dass ich an keine Konvention, an kein Trauerjahr gebunden bin. Er wisse von sich selbst, *er* könnte eine solche Situation nur ertragen mit körperlicher Nähe zu jemand anders, und dass sei mir von Herzen vergönnt, auch schon drei Tage nach seinem Tod. Zu diesem Zeitpunkt dachte ich, das kommt nie wieder, und war völlig überfordert, mir das vorzustellen. Aber später habe ich gedacht, wie viel er mir doch mit auf den Weg gegeben hat an Kraft, dass ich wirklich alles entscheiden kann und darf. Er war unglaublich weitsichtig geworden, altersweise, altersmilde. Das war neu und hat mich fasziniert. Aber er ist auch darin ganz stimmig geblieben. Er war ganz so, wie ich es erwartet hätte, und blieb es bis zuletzt.«

Verbindende und trennende Gefühle

Mir klopfte das Herz so heftig, dass ich am Rand meines Sehfelds schwarze Punkte tanzen sah. (...) Die Scham nahm mir den Atem: (...) »Ich kann so nicht weitermachen«, sagte ich mit schriller Stimme. »Ich kann diese Verlogenheit nicht aushalten. Das macht mich krank. Ich dreh durch.«
Helen Garner[1]

Liebe, Loyalität und Mitgefühl sagen Angehörigen, wo ihr Platz ist: eindeutig an der Seite der Kranken, der Sterbenden. Beziehungsabbrüche, die von nahen Angehörigen ausgehen, sind äußerst selten, aber dass Kranke sich sogar von nächsten Menschen trennen, kommt häufiger vor.[2] Gar nicht so selten ziehen sich jedoch Freunde zurück, wenn sie sich von der Situation oder von der Art der Kommunikation überfordert fühlen; und die Kranken schränken ihre Kontakte häufig auf einen kleinen Kreis ein. Angehörige, zu denen schon vor der Erkrankung kein Kontakt mehr bestand, sollten nicht mit Versöhnungen in letzter Minute rechnen; die kommen nur ausnahmsweise vor.

Verbundenheit und Zuneigung machen das Unglück zu einem gemeinsamen: Schmerz, Verzweiflung und Trauer haben sowohl die Kranken als auch die Angehörigen und engen Freunde zu tragen, und es hilft sehr, wenn man zusammen weinen und sich dabei berühren, in den Armen liegen kann. Ich habe mir gewünscht und auch erwartet, dass das mit Franziska so sein würde, aber wenn wir uns trafen, war das ausgeschlossen. Franziska, deren Umarmungen zur Begrüßung und zum Abschied immer flüchtig, wie hingehaucht waren, machte auch durch Mimik und Gestik klar, dass Berührungen nicht infrage kamen. Sie schien zu sagen: Rühr mich nicht an. Rühr mich nicht.

Marianne erzählt: »Als Verena die Diagnose bekommen hatte, habe ich zwar die Versorgung der Enkelkinder hingekriegt, aber ich war völlig verzweifelt. Da hat mein Schwiegersohn zu mir gesagt: So was kann Verena jetzt im Krankenhaus nicht gebrauchen. Ich wusste, ich würde dort weinen. Deshalb habe ich sie die ersten zwei Tage nicht besucht, und das hat sie mir nachher auch vorgeworfen. Warum hätten wir nicht beide weinen dürfen? Das ist doch nicht schlimm. Es war ja nur zum Heulen.«

Liebe und Solidarität können die letzte Lebenszeit und den Abschied zu einem großen Zeugnis tragfähiger Gemeinschaft werden lassen. Von »Liebe pur« spricht Paula. C. S. Lewis schrieb nach dem Krebstod seiner jungen Frau: »Es ist nicht zu glauben, wie glücklich, ja wie fröhlich wir manchmal miteinander waren, nachdem schon keine Hoffnung mehr bestand. Wie lang, wie ruhig, wie stärkend das gemeinsame Gespräch an jenem letzten Abend!«[3]

Auch wenn das versöhnte und liebevoll begleitete Sterben keineswegs selbstverständlich ist, so gibt es doch, insbesondere unter Paaren, Nähe und Zärtlichkeit bis zum Schluss. Aber es gibt auch Momente, in denen spürbar wird, dass das Du für die Kranken nicht mehr im Zentrum ihrer Gefühle steht, am Ende auch nicht mehr stehen kann. Diese Momente sind für die Angehörigen sehr schmerzlich.

Wir haben Angst vor starken Emotionen. Wir fürchten in ihnen unterzugehen. Und wir wissen: Kranke dürfen klagen und weinen. Angehörige müssen stark sein. Tatsächlich können Kranke die Tränen anderer oft nicht ertragen. Petra Thorbrietz schreibt: »Am Abend nach der Diagnose sah János mir in die Augen und sagte: ›Weine nicht. Wenn Du weinst, dann muss ich das auch. Und das will ich nicht.‹ Also habe ich zum Weinen die Wohnung verlassen. Bin morgens durch die Flussauen gejoggt und habe geheult, bis ich nicht mehr konnte.«[4]

Es ist Angst, die vielen Gefühlen im Wege steht, viel Angst, vielfältige Angst. Angst vor Kontrollverlust, vor zu viel Nähe, vor Verzweiflung. »An Krebs zu denken ist, als wär man in einem dunklen Zimmer mit einem Mörder eingesperrt. Man weiß nicht, wo und wie und ob er angreifen wird!«[5], schrieb Maxie Wander. In äußerster Gefahr muss man sich kampfbereit halten, darf keine Schwäche zeigen. Wer Angst hat, Panik durchlebt, wird ganz still und starr oder er schreit. Weinen kann man dann nicht.

Angst, Angst, Angst – sie ist das bestimmende Gefühl. Und wenn sie nicht durchlebt, sondern abgewehrt wird, maskiert sie sich. Sie wird verborgen hinter abweisender Starrheit, in Aktionismus, oder zeigt sich in Aggressionen. Sowohl die Kranken als auch die Angehörigen durchleiden enorme Ängste, aber gerade die Angst trennt sie oft besonders stark, weil es schwer ist, sie direkt auszudrücken. Die Kranken versuchen womöglich, sich hinter Vorwürfen zu verstecken. So als hätten sie den Feind verwechselt, wüten manche gegen ihre Angehörigen, die sich weder durch Flucht in Sicherheit bringen können noch mit ihnen zu streiten wagen. Sie fühlen sich zutiefst verletzt und können nicht begreifen, dass ausgerechnet sie, die so tapfer standhalten und selbst so großes Leid tragen, von jenen angegriffen werden, denen sie sich bedingungslos zur Verfügung stellen.

Ich war auf solche Verletzungen nicht vorbereitet und konnte die Gefühle, die ihnen zugrunde lagen, nicht nachfühlen. Wie kann man sich in größter Not ausgerechnet gegen seine liebsten und nächsten Menschen wenden, ihnen zusätzlichen Schmerz aufbürden? Als ich meinem Bruder davon erzählte, dass Franziska mich wie einen Sündenbock beladen, beschimpft und in die Wüste geschickt hatte, mutmaßte er, dass sie mich in Wirklichkeit habe schützen wollen und deshalb weggeschickt habe. Immerhin war es ein Trost, dass auch er ihr Verhalten nicht verstand. Nachträglich war ich verwundert auch darüber, dass ich Franziskas Angriffe lange hingenommen hatte, sogar bewusst hinnehmen wollte. Ich bin sonst eine ziemlich wehrhafte Person.

Den immer wieder zu lesenden Rat, die Aggressionen der Kranken hinzunehmen, halte ich inzwischen für fragwürdig, wenn nicht gar falsch. Angehörige können sich nicht wie Therapeuten verhalten. Sie *werden* verletzt, auch wenn sie sich darum bemühen, den Kranken nicht böse zu sein. Willkür und Ungerechtigkeit sind beziehungsgefährdend, wenn die Kranken selbst sie nicht wenigstens manchmal erklären, sich nicht entschuldigen. Beziehungsgefährdend ist es aber auch, wenn Angehörige ihre Grenzen nicht mehr kenntlich machen. Die Kranken haben dann kein klares Gegenüber mehr. Wenn die Kranken Angst haben, sich völlig zu verlieren, verrückt zu werden, dann sind gerade Grenzziehungen wichtig – nicht nur für die Selbstachtung der Angehörigen. Ich glaube, dass in meiner Duldsamkeit ein Fehler lag, zumindest für mich. Sie hat mich in eine Hilflosigkeit geschickt, die ich in meinem Erwachsenenleben sonst niemals erlebt habe. Und sie hat in mir viel Wut auf Franziska wachsen lassen. Inzwischen glaube ich, dass ich ihre Bösartigkeit durch mein Stillhalten gefördert habe, auf jeden Fall habe ich sie ihr erlaubt.

Ich habe eine erfahrene Hospizhelferin gefragt, was sie tut, wenn ein Kranker ihr aggressiv begegnet: »Wenn ein Patient aggressiv wird, sage ich: ›Offenbar möchten Sie mich nicht hier haben. Offenbar kann ich Ihnen nicht helfen. Deshalb gehe ich jetzt. Möchten Sie, dass ich jemand anders schicke? Möchten Sie, dass ich an einem anderen Tag wiederkomme? Oder möchten Sie im Moment niemanden vom Hospizdienst sehen?‹«

Distanz herzustellen fällt Angehörigen schwer oder es ist gar kein Ziel für sie. Sie beantworten ihre Angst eher durch

Aktivität. Sie wollen unbedingt etwas tun, um dem Kranken und damit auch sich selbst zu helfen. Im Tun liegt eine riesige Entlastung, aber es gibt nicht immer etwas Sinnvolles zu tun. Und deshalb neigen Angehörige dazu, den Kranken Dinge abnehmen zu wollen, die sie sehr gut selbst machen können. Das sorgt auf der anderen Seite für das Gefühl, entmündigt oder hospitalisiert zu werden, was wiederum für Ärger sorgt, in diesem Fall berechtigten Ärger.

Auch die Angehörigen sind zornig, auf die Krankheit, auf das Schicksal, auf Gott, auf das, was nicht zu fassen ist. Auch sie hadern, auch sie möchten schimpfen, wollen schreien. Aber sie unterdrücken diese Gefühle, um nicht aus der Rolle zu fallen. Sie können sich höchstens Dritten gegenüber Luft verschaffen. Manchmal trifft das dann Ärzte oder Pflegepersonal, oft auch Unbeteiligte. Ich war in der Zeit mit der kranken Franziska sehr empfindlich gegen alles, was mir wie oberflächliches Gequatsche vorkam, und musste mich manchmal sehr zusammennehmen, um darauf nicht hässlich zu reagieren. Die meisten wussten ja gar nicht, was mich bewegte, dennoch war ich schnell ungeduldig und abweisend. Außer Nachrichten konnte ich fast kein Fernsehen ertragen: All dieses dumme Trallala! Krimis sind immer noch unmögliche Kost; ich ertrug und ertrage es nicht mehr, dass Sterben und Tod gespielt werden. Plötzlich wirkte das nur noch obszön.

Was hilft, ist körperliche Bewegung. Petra Thorbrietz ist gejoggt. Ich bin stramm spazieren gegangen und habe den Frühling mit seiner Gartenarbeit herbeigesehnt. Aufräumen, saubermachen, Sport – manuelle Tätigkeiten und Bewegung sind in Zeiten höchster Anspannung gut, um Spannungen loszuwerden. Meine intellektuellen Möglichkeiten und damit meine Arbeitsfähigkeit waren erheblich eingeschränkt, was mich zusätzlich ängstigte.

Angst, Verzweiflung und Entsetzen sind Gefühle, über die sich schwer sprechen lässt. »Starr vor Entsetzen«, »von Angst gelähmt« – unsere Redewendungen sagen es, und wir spüren es auch körperlich: Diese Gefühle nehmen uns völlig gefangen. Man kann sie nicht umgehen, sondern nur aushalten. Es gehört zu den offenen Geheimnissen, dass Angst, Verzweiflung und Entsetzen nachlassen, kleiner werden können, wenn man sie durchlebt, und schlimmer werden, wenn man sie abzuweisen sucht. Aber gerade Angehörige wollen so schnell wie möglich wieder handlungsfähig werden und es bleiben. Und wenn die Kranken selbst Angst, Verzweiflung und Entsetzen umgehen wollen, ist die Gefahr besonders groß, dass auch die Angehörigen diese Gefühle wegsperren und so selbst in einem emotionalen Gefängnis landen. David Rieff, der sich den Gedanken daran verbot, dass seine Mutter sterben könnte, schreibt, dass er »vor Angst selbst (...) in zunehmendem Maß verwirrt war«.[6]

Die Kranken leiden Todesangst, und je stärker die Identifikation mit ihnen ist, je mehr sich die Angehörigen mit den Kranken eins fühlen, umso größer ist auch ihre Angst. Die Angst vor dem drohenden Verlust kann sich verbinden mit eigenen Vernichtungsängsten und manchmal sogar in den Wunsch führen, stellvertretend für den Kranken sterben zu können. Wenn eine Mutter das schreckliche Los ihres Kindes auf sich nehmen möchte, so wie Marianne das ihrer Tochter Verena, dann steckt darin auch der Wunsch, die Ordnung wiederherzustellen, nach der Eltern vor ihren Kindern sterben.

David Rieff war offenbar so identifiziert mit seiner Mutter, dass er diesen Wunsch ebenfalls verspürte: »Es gibt Augenblicke, in denen ich mir wünsche, ich hätte an ihrer Stelle sterben können.«[7] Ich wäre gern von Franziska überlebt worden, aber ich hatte nicht den Wunsch, an ihrer Statt zu sterben, allerdings hatte ich die vermessene Fantasie, wenn ich selbst schwer krank wäre, könnte ich ihr zeigen, dass man sich durchaus anders verhalten kann, als sie es tat.

Aus Todesangst, aus übergroßen Belastungen können Todeswünsche werden. Man wünscht sich selbst den Tod, und viele Angehörige wünschen auch irgendwann, dass die Kranken nun endlich sterben mögen. Dahinter stecken Erlösungswünsche – nicht nur für die Kranken, sondern auch für die Angehörigen selbst, die sich endlich innere Ruhe, »ewige Ruhe« ersehnen. David Rieff schreibt: »»Was ihr (zu Recht) als ein rasches, schreckliches Abwärtsstrudeln erschien, ließ uns, die wir um sie waren, fast zu viel Zeit, uns auf die Endgültigkeit ihres Hinscheidens vorzubereiten.«[8]

Manchmal steckt aber auch tödliche Wut in solchen Wünschen. Helen Garner lässt ihre Ich-Erzählerin unverblümt davon sprechen: »Mir wurde ganz schlecht vor Wut. Ich hätte das Auto am liebsten gegen einen Pfeiler gefahren, aber so, dass nur sie starb – ich würde den Zündschlüssel stecken lassen, meinen Rucksack packen und um mein Leben rennen.«[9]

Nachdem ich oft das Gefühl gehabt hatte, von Franziska absichtlich gequält zu werden, und als sie schließlich sogar unsere Aussprache absagte und damit das einzige Versprechen brach, das wir uns je ausdrücklich gegeben hatten, dachte ich: »Dann krepier doch allein!« Und einmal habe ich den Satz sogar einer anderen Freundin gegenüber ausgesprochen. Wie gut das tat! Und wie schrecklich das war!

Das Gegenteil von Todeswünschen ist die Sehnsucht nach einem endlich einmal wieder unbeschwerten Lebensgefühl, der tiefe Wunsch nach Harmonie und Freude. Aber es gibt auch Augenblicke tatsächlich gesteigerter Lebenslust, womöglich trotzig überspitzt, wie die Romanheldin Helen sie bei einer Autofahrt erlebte: »Ich drehte auf volle Lautstärke und schrie die Worte mit. *I'm alive. I'm alive. I'm alive. I'm alive. I'm aliiiiiiiive.*«[10]

Nur ein möglichst offener Zugang zu unseren Gefühlen erlaubt uns, sie einigermaßen zu steuern. Aber für manche Gefühle schämt man sich. Und Scham ist ein überaus peinigendes Gefühl. Für Angehörige spielt es oft eine große Rolle. Sie schämen sich beispielsweise ihrer Wut auf die Kranken, ihrer Ausbruchsfantasien. Ich hatte das Gefühl, Franziska zu verraten, und schämte mich dieses Verrats, als ich nach einigen Wochen ihr Unglück für einige Minuten vergaß, als ich das erste Mal wieder lachte. Jede Art von eigenen Wünschen kann Angehörigen als egoistisch erscheinen und zu Schamgefühlen führen. Paula schämte sich für ihre erotischen Sehnsüchte.

Ich schäme mich manchmal auch für Franziska: wenn sie Kellner anherrschte oder Verkäuferinnen bestürzend unfreundlich behandelte, und als sie in einem Behandlungsraum, in dem wir auf den Arzt warteten, sämtliche Schränke öffnete und inspizierte, hätte ich mich am liebsten davongestohlen. Aber wirklich lastend waren Schamgefühle, für die ich selbst verantwortlich war: Als ich daran dachte, dass Franziskas Tod mir einen materiellen Vorteil bescheren würde, weil sie mir sicherlich etwas vererben würde, war allein die Tatsache, dass ich daran gedacht hatte, beschämend. Weit schlimmer, weil Franziska dabei war, war die folgende Situation: Sie erzählte, dass ein befreundetes Ehepaar sie von der Chemo abholen würde. Ich fragte erstaunt: »Das machen sie zusammen?« »Ja, das finden sie wohl richtig so«, antwortete Franziska. Unwillkürlich schossen mir Tränen in die Augen, denn ich fühlte urplötzlich schmerzlichste Einsamkeit: Mit wem sollte ich zukünftig in schweren Zeiten etwas gemeinsam tun, einfach weil das »richtig« ist? Die Scham trieb mich aus dem Zimmer und ich hoffte inständig, dass sie nicht realisieren möge, was mich eben gepackt hatte. Wie konnte ich in ihrer Gegenwart über meine Verlassenheit nach ihrem Tod weinen!

Angesichts des unvergleichlichen Unglücks eines Sterbenskranken an den eigenen Verlust zu denken, führt Angehörige regelmäßig in Scham. Und wir haben auch ein Wort für das, wofür wir uns dann schämen: Selbstmitleid. Es zeigt, wie verpönt es ist, auch das eigene Leid zu sehen. C. S. Lewis wirft sich das sogar *nach* dem Tod seiner Frau vor: »Der Rückfall wirft einen in Tränen und Pathos. In rührselige Tränen. Fast ziehe ich ihnen die quälenden Augenblicke vor. Die sind zumindest sauber und ehrlich. Das Bad von Selbstmitleid aber, das Suhlen, die ekelhafte, klebrig-süße Lust, sich darin zu ergehen, widern mich an.«[11]

Der abwertende Begriff Selbstmitleid ist oft völlig fehl am Platz. Angehörige von Schwerstkranken und Sterbenden tragen größtes Leid, und jeder erwartet – sie selbst eingeschlossen –, dass sie dieses Leid klaglos tragen, bis sie an der Reihe sind. Als Hinterbliebene wird ihnen Beileid bekundet. Mitgefühl brauchen sie aber schon vorher, in der Zeit der Krankheit und des Sterbens. Mitgefühl, emotionale und praktische Unterstützung richten sich aber immer fast ausschließlich auf die Kranken, als ob nicht für beide genug da wäre. Gut möglich, dass dabei – ebenso wie in der Heroisierung des Leidens – unsere christlich tradierten Vorstellungen nachwirken: Stummes Leid, Selbstaufgabe, Selbstaufopferung sind gottgefällig. Dabei wissen wir längst, in welch ausweglose und deshalb krank machende Situationen »Hilflose Helfer«[12] geraten können. Dieser von Wolfgang Schmidbauer geprägte Begriff passt auf Angehörige Schwerstkranker und Sterbender oft haargenau.

Die Kranken sind und bleiben die Hauptpersonen, aber das Beziehungsgeflecht, in dem sie leben, ist als Ganzes ge- und betroffen. Der Palliativmediziner Gian Domenico Borasio erklärt: »Studien zeigen, dass die Lebensqualität des Patienten mit der des Partners korreliert. Das bedeutet: Tun wir dem Partner oder der Familie etwas Gutes, helfen wir direkt dem Patienten selbst.«[13] Borasio spricht von ALS-Patienten und deren Angehörigen, aber seine Äußerungen dürften auch für Angehörige von Krebs-, MS- oder AIDS-Kranken gelten: »Angehörige können extrem belastet sein (…) und irgendwann mit ihren physischen und psychischen Ressourcen am Ende.«[14] Es ist eben keineswegs so, dass man unbegrenzt mit seinen Aufgaben wachsen kann. Dauerhafte Überforderungen erschöpfen und können krank machen.

Angehörige sprechen regelmäßig davon, »funktioniert« zu haben, und das ist eine treffende Beschreibung: Sie tun, was nötig ist, ohne Rücksicht auf sich selbst. Und mit einer niederschmetternden Perspektive: dem Tod. Wie soll das zu tragen sein? Paula hatte Angst, nach dem Tod von Claas zusammenzubrechen. Sie hatte Angst vor den emotionalen und finanziellen Problemen, die sie nach seinem Tod bewältigen musste – allein, erschöpft und in Trauer. Claas sprach immer wieder mit Paula über das weitere Leben der Familie. Er ermutigte seine Frau, und seine Fürsorge gab ihr viel Kraft. Wird die versiegen, wenn Claas nicht mehr da ist, fragte sich Paula manchmal voller Angst.

Das Leid der Angehörigen, ihr Schmerz ist immer eine Mischung aus mit leiden, mit trauern mit den Kranken und eigenem Leid, eigenem Schmerz, eigener Trauer. Die Gefühle und Bedürfnisse der Kranken stehen ganz selbstverständlich im Vordergrund, aber alle, die mit ihnen zu tun haben, sollten den Angehörigen signalisieren, dass auch sie gesehen werden in *ihrer* Not, und es ist wichtig, ihnen Unterstützung zu gewähren. Oft bitten die Kranken selbst darum, so wie Ruth Picardie. Ruth und ihr Mann konnten einander persönlich nicht mehr erreichen, dennoch hatten beide ihre Einfühlung in den anderen nicht verloren. Sieben Monate vor ihrem Tod schrieb Picardie an eine Freundin: »Matt gibt sich gleichmütig – Gott weiß, wie viel Angst und Kummer er verdrängen mag. Du kannst ihm helfen, indem Du in Verbindung bleibst, Dich erkundigst, wie's ihm geht – im Moment scheine nämlich ich alle Aufmerksamkeit gepachtet zu haben.«[15]

Wie groß Leid und Kummer von Matt Seaton waren, wird am deutlichsten, wenn er beschreibt, wie er in Anwesenheit seiner Frau drei Tage vor ihrem Tod ihre kleinen Kinder zu Bett bringt: »Nach ein paar Minuten kletterte Joe ganz einfach von Ruth' Schoß, kam herüber und legte sich zu mir und Lola aufs Bett. Nicht noch einmal im Leben möchte ich etwas so Trauriges sehen müssen wie die zusammengekauerte Silhouette der armen Ruth (...), wie sie flüsternd die letzten Zeilen unseres Lieds sang. In dem Moment wusste ich, dass sie wie Eurydike an die Unterwelt verloren war und dass Sterben in erster Linie absolute Einsamkeit bedeutet. Als die Kinder ihre Nachtruhe fanden, suchte ich bei Ruth nach Anzeichen für den bitteren Schmerz, den ich spürte. Ich fand keine; ich glaube, sie hatte mit alledem schon ihren Frieden gemacht.«[16]

Der absehbare Tod führt in Trauer. Die Kranken haben den Abschied vom Leben zu betrauern, den Verlust der Zukunft, das, was ihnen im Leben misslungen und nicht mehr zu ändern ist, das, was ihrem Leben gefehlt hat. Die Angehörigen trauern über den bevorstehenden Verlust der geliebten Person und wegen des baldigen Endes der Gemeinschaft. Es zeugt von unverstellter Liebe, wenn einige Aspekte dieser Trauer geteilt werden können.

Manche Angehörige sind auch deshalb traurig, weil sie das Gefühl haben, ihre Liebe sei gar nicht mehr willkommen oder nicht von der Bedeutung, die sie eigentlich doch haben sollte. Etwas, was schwer zu bekennen ist, aber schmerzlich empfunden wird. David Rieff schreibt, seine Mutter sei »unendlich dankbar« gewesen für die Liebe der ihr Nahestehenden. Aber: »Trotzdem verhielt es sich so, dass diese Liebe in ihrem verzweifelten Kampf um ihr Leben kein Trost für sie war.«[17]

Umgekehrt sprechen Angehörige davon, wie glücklich die Kranken sie gemacht haben, wenn sie ihre Hilfe auf gute Art annehmen konnten, wenn sie spürten, dass ihr Beistand wichtig war und zu intensivem Austausch führte, zu Nähe und Verbundenheit. Es ist ein Glück und später ein tragfähiger Trost, wenn Angehörige das Gefühl haben, das »Richtige« für ihren Kranken tun zu dürfen. Paula hat das ganz stark so empfunden. Sie sagt aber auch: »Wer wird eines Tages bei *mir* sein? Etwas Ähnliches kann ich für mich nicht erwarten.«

Wer trauern kann, kann auch dankbar sein. Dankbar für das Gute, das war. Es wird beim Abschied ja ebenso verewigt wie das Misslungene und das, was offen bleibt. Für mich waren die Gedanken an all das Schöne, was ich mit und durch Franziska erlebt, an all das, was ich ihr zu verdanken habe, der größte Trost, aber sie traten erst nach Franziskas Tod langsam wieder in den Vordergrund. Da sie in sich so wenig Grund für Dankbarkeit fand, war auch meine verstellt. Aber anderen gegenüber war sie da und groß: Die Menschen, die meine Offenheit vertrugen, die Menschen, die eine Weile ihre Alltagsprobleme zurückstellten, um meinen Schreckenserlebnissen Raum zu geben, die mir Korrektiv und Klagemauer, Ratgeberinnen und Unterstützer waren, denen fühlte ich mich dankbar und auf intensive Weise verbunden. Diese Verbundenheit war existenziell wichtig, denn Franziskas Destruktion zerstörte nicht nur unsere Beziehung, sondern griff auch mein Selbstgefühl als soziales Wesen an. Dass Beziehungen durch den Tod enden, ist nicht zu verhindern, aber wenn sie zuvor auf diabolisch wirkende Weise gesprengt werden, ist das mit einem Entsetzen verbunden, das ich mir nicht hätte vorstellen können. Es ist ein Angriff auf den Halt im Leben selbst, auf das Gemeinschaftsgefühl an sich. Dass ich während dieses Erlebens von anderen gehalten wurde und nicht allein damit war, habe ich als Glück im tiefen Unglück erlebt.

Hilflosigkeit und Ohnmachtsgefühle können angesichts einer todbringenden Krankheit ohnehin überwältigend sein. Beziehungskonflikte oder -probleme steigern sie zusätzlich. Nichts tun zu können, nicht genug tun zu können, um den Kranken gesunden zu lassen oder sein Los zu erleichtern, ist nicht nur fortwährend bedrückend, sondern kann in starke Unruhe führen. Solche Unruhe ruft nach dem Gegenteil: nach irgendeiner Form von Beruhigung. Kranken wird das Erlernen von Entspannungstechniken angeboten, und viele nutzen sie. Angehörige sollten es ihnen gleichtun. Meist nehmen sie sich dafür jedoch keine Zeit. Beruhigungsmedikamente, Alkohol sind schneller und müheloser zu haben. »Ich könnte mich betrinken bis zur Bewusstlosigkeit. Meine Entwicklung zur hilflosen Kreatur läuft – auf einer anderen Ebene – parallel zu ihrer«[18], schrieb Werner Schneyder.

Sich mithilfe eines Rausches für eine Nacht davonzustehlen ist nur eine kurzfristige Entlastung. Und wie jede Entlastung kann sie womöglich in ein anderes quälendes Gefühl führen: in Selbstvorwürfe, die wir Schuldgefühle nennen. Davon sprechen fast alle Angehörigen. Daran, dass vor allem jene sich Vorwürfe machen, die für ihre Kranken ganz besonders viel getan haben, wird klar, dass hier etwas ganz und gar nicht stimmt.

Marianne, die für ihre Tochter Verena ihr eigenes Leben und weitgehend sich selbst für lange Zeit aufgegeben hatte, sagt: »Ich hab so vieles falsch gemacht.« Und sie kann sich nicht verzeihen, dass sie zum Schluss die körperliche Pflege der Tochter an einen Pflegedienst delegierte, weil sie am Ende ihrer Kräfte war. »Warum habe ich nicht durchgehalten?«, fragt sie immer wieder.

Auch all jene, die Sterbende bis zum letzten Moment begleitet haben, stellen sich kritische Fragen: Warum bin ich in der letzten Nacht nicht bei ihm geblieben? Warum habe ich ihr nicht noch einen besonderen Liebesdienst erwiesen? Andere stellen fast ihr gesamtes Verhalten auf den Prüfstand, so wie David Rieff. Er wirft sich sein Verstummen der Mutter gegenüber, er wirft sich Mangel an Warmherzigkeit vor. Am meisten quält ihn immer wieder die Frage, ob er nicht hätte verhindern müssen, dass sie sich einer aussichtslosen Therapie unterzog, die schreckliches körperliches Leid verursachte und die ihr, wie er glaubt, ihre Würde nahm. »Es war bestimmt besser, hoffend zu sterben und nicht zusammengekauert vor lauter Angst und Schrecken, wie es, so fürchtete ich, bei ihr gewesen wäre. Trotzdem bin ich mir alles andere als sicher, dass ich das Richtige getan habe, und in meinen dunklen Augenblicken frage ich mich, ob ich für sie nicht sogar alles noch schlimmer gemacht habe, indem ich den vergifteten Kelch der Hoffnung immer wieder neu füllte.«[19]

Rieff weiß, dass er sich im umgekehrten Fall eine weit quälendere Fragen stellten müsste: Hätte seine Mutter mithilfe einer Therapie, von der er ihr abgeraten hatte, überleben können? Geradezu trotzig beharrt er darauf, dass Schuldgefühle unumgänglich seien. Je länger man seinen ausufernden Selbstbezichtigungen folgt, umso deutlicher wird ihr eigentlicher Grund: Er darf *seiner Mutter* keine Vorwürfe machen, er darf nicht wütend auf sie sein. Jeder Außenstehende erkennt, dass es auch empörend ist, jedenfalls für ihren Sohn, wenn eine intelligente Frau wie Susan Sontag es nicht schafft, der Realität ins Gesicht zu sehen, und deshalb auch ihn in trennende Unehrlichkeit nötigt.

Ich habe erlebt, dass es unmöglich ist, einem Kranken diese Unfähigkeit zum Vorwurf zu machen, aber ich habe diesen Vorwurf empfunden. Fortwährendes Leugnen ist mit großen Verlusten für die Angehörigen verbunden: Sie werden um das aufrichtige Miteinander gebracht, um Nähe und Verbundenheit. Sie werden um die Möglichkeit gebracht, für ein medizinisch gut begleitetes Sterben zu sorgen. Sie werden um den Trost gebracht, Krankheit und Sterben gemeinsam so gut wie möglich durchgestanden zu haben. Ich war enttäuscht darüber, meine Fähigkeiten nicht einsetzen zu dürfen, verunsichert, weil sie als bedrohlich abgewehrt, und empört, weil sie abgewertet wurden. Ich wäre gerne stolz auf uns gewesen, stattdessen musste ich mich mit niederschmetterndem Versagen auseinandersetzen – meinem, aber auch ihrem. Ich war Franziska böse, weil ich fand, dass sie ihrer Verantwortung sich selbst gegenüber nicht gerecht wurde, und ich fand, dass sie auch mir gegenüber Verantwortung hatte und sie nicht wahrnahm. Natürlich macht all das wütend, sehr wütend sogar. Und auch das nehmen wir übel: Wenn andere uns zwingen, uns so zu fühlen und zu verhalten, wie wir es nicht wollen, wenn wir ihnen beispielsweise zürnen, obwohl wir ihnen viel lieber unsere Liebe zeigen möchten.

David Rieff konnte auf seine Mutter ebenso wenig wütend werden wie Marianne auf ihre Tochter Verena. Ich konnte auf Franziska erst wütend werden, als wir uns nicht mehr trafen. Die verbotene Wut wird umgemünzt in Selbstbezichtigungen, in Schuldgefühle. Schuldgefühle können Angehörige lange gefangen halten und auch Trauerprozesse so erschweren, dass sie zu ernsthaften und dauerhaften psychischen Beeinträchtigungen führen.[20]

Ambivalente Haltungen Angehöriger, das hin- und hergerissen sein zwischen Zuwendung und Abgrenzung, komplizieren solche Fragen. Werner Schneyder, beruflich viel auf Reisen, schreibt: »Immer wieder die Ausbrüche des schlechten Gewissens, nicht bei ihr zu sein. Der Sohn sagt, das Gegenteil ist sinnvoller. Sie ist froh, dass du sie *so* nicht siehst.«[21]

Dass wir weiterleben, während andere sterben müssen, allein das gibt uns ein Gefühl von unverdientem Glück, das sich wie Schuld anfühlen kann, insbesondere wenn wir älter sind als die Todkranken. Dieter Wellershoff schreibt nach dem Besuch am Sterbebett des jüngeren Bruders: »Wir gingen. Wie immer mit dem Gefühl des Entkommens. Wie immer mit einem leisen Schuldgefühl.«[22]

Da wir soziale Wesen sind und in dem Gefühl leben, uns selbst und unsere Liebsten und Nächsten vor Unglück schützen zu müssen, berührt ihr Sterben *immer* unser Verantwortungsgefühl. Wenn ihnen etwas geschieht, sind wir unserer Aufgabe nicht gerecht geworden, haben uns nicht entschlossen genug vor sie geworfen und den Angreifer abgewehrt. Wir haben vermutlich immer ein archaisches Schuldgefühl, wenn jemand aus unserer Mitte gerissen wird, »vor der Zeit« stirbt. Unsere Gemeinschaft hat sich als nicht sicher genug erwiesen; sie hat nicht genug Schutz gewährt. Und zu dem Schmerz des Verlustes kommt das Gefühl, dass deshalb auch wir selbst gefährdet sind.

Es sind tief liegende Gefühle und deshalb oft unbewusste Fragen, die berührt werden. Wellershoff weiß sie subtil auszudrücken: »Bei Licht besehen hatte es nur ihn getroffen. Aber dass Glück und Unglück so zufällig verteilt waren und so dicht aneinandergrenzten, war ein anderer Schrecken, wie ein anhaltendes, leises Beben unter den Füßen. Die Welt des Zufalls war keine geheuere Welt. Doch es war eher noch schrecklicher, anzunehmen, dass alles einen verborgenen Sinn hatte. Dann wurde das Unglück auch noch zur Schuld.«[23]

Schuldgefühle können Selbstbestrafungswünsche auslösen. Wenn es eine Schuld gibt, muss sie abgetragen werden; wenn es ungerecht ist, dass man selbst am Leben bleibt, will man wenigstens Buße tun, vielleicht indem man selbst eine Krankheit durchleidet. Während sein Bruder im Sterben lag, löste sich die Netzhaut an Dieter Wellershoffs linkem Auge ab, und er musste sich operieren lassen. »Ruhe wurde mir empfohlen. Doch das war gar nicht nötig, denn ich war so ruhig, als wäre ich von allen inneren Spannungen befreit worden. Ich hatte mein Teil abbekommen, genug, um von der Last einer zu großen Begünstigung befreit zu sein.«[24]

Die Frage nach Schuld stellt sich noch ganz anders: Warum bekommt jemand Krebs? Wir haben das Bedürfnis, die wesentlichen Ereignisse unseres Lebens in Sinnzusammenhänge zu betten, und deshalb suchen Erkrankte Gründe dafür, warum sie an Krebs erkrankt sind, und ihre Angehörigen tun das auch.

Mariannes Tochter Verena machte ihren Ex-Mann für die Schwere ihrer Erkrankung verantwortlich. Er habe sie daran gehindert, rechtzeitig zum Arzt zu gehen, lautete ihr Vorwurf. Franziska sagte, die Arbeit habe sie krank gemacht; später äußerte sie aber auch, die Annahme, sie würde vom Rauchen keinen Krebs bekommen, sei hochmütig gewesen. Lisa hielt ihre Gene, aber auch frühere Beziehungen ursächlich für ihre Erkrankung. Susan Sontag, die mit ihrem Buch »Krankheit als Metapher« so entschieden gegen psychische Begründungen für Krebserkrankungen angeschrieben hatte, hielt sie in Wirklichkeit durchaus für plausibel, jedenfalls nach ihrer ersten, ihrer Brustkrebserkrankung. Da schrieb sie in ihr Tagebuch: »Ich bin für meinen Krebs selbst verantwortlich. Ich habe wie ein Feigling gelebt und mein Verlangen, meine Wut unterdrückt.«[25]

Wir ertragen es offenbar leichter, anderen oder uns selbst Schuld zu geben, als schwere Erkrankungen als zufällig, als schicksalhaft anzuerkennen. Und das führt zu einer Art von magischem Denken, die gerade auch den Angehörigen den Mund verschließt, wenn nicht sogar Gedanken und Gefühle zensiert, wie David Rieff schreibt: »Was wäre, wenn die Anhänger Wilhelm Reichs recht hatten und die eigenen Überlebenschancen auch davon abhingen, wie man selbst über diese Chancen dachte? Ich glaubte nicht daran (...), ebensowenig wie meine Mutter. Aber ich wollte kein Risiko eingehen.«[26]

Wer die Vorstellung teilt, dass tödliche Krankheiten ebenso wie Gesundheit und Gesundung psychisch (mit) verursacht werden, fühlt sich womöglich, als trüge er eine Waffe gegen sich selbst und andere in der Hand, von der er weiß, dass sie großen Schaden verursachen kann, von der er aber nicht weiß, wie er sie bedienen soll. Für Angehörige heißt das, sie müssen stillhalten, sie dürfen nichts riskieren, wie Rieff es nennt. Und sie werden bestärkt durch die bezeugten, wenn auch überaus seltenen Fälle von Spontanheilungen. Könnte es nicht sein, dass sie psychisch bedingt sind?

Wenn unsere Lebensweise, wenn unsere Gefühle unseren Körper krank machen können, dann können umgekehrt unsere Lebensweise und unsere Gefühle unseren Körper auch gesunden lassen. Wir sind also nicht völlig ohnmächtig. Sowohl Kranke als auch Angehörige wollen ihren Ohnmachtsgefühlen unbedingt entgehen. Allerdings führen sie in der Umkehr womöglich zu neuen Schrecken: Wir oder die Kranken waren nicht engagiert genug, sonst wäre er, sonst wäre sie nicht gestorben. Ob es um Fragen der medizinischen Behandlung, um die »richtige« Einstellung oder um Konfrontationen im Umgang miteinander geht: Angehörige fürchten sich davor, Schuld auf sich zu laden. Das schränkt sie ein, schützt sie aber nicht vor Schuldgefühlen.

Auch die Interpretation der Krebserkrankung kann zu Schuldgefühlen der Angehörigen führen. Werner Schneyder fragte sich, ob seine Konflikte mit dem gemeinsamen Sohn nicht zur Erkrankung seiner Frau beigetragen haben könnten. Ich habe mich gefragt, ob ich nicht mit viel größerem Nachdruck hätte versuchen müssen, mit Franziska in den drei oder vier Jahren vor ihrer Erkrankung über ihren Rückzug vom Leben zu sprechen, über ihre zunehmende Freudlosigkeit und Erstarrung. Diese Entwicklung hatte auch bei mir zu Interpretationen geführt, die ich am liebsten vor mir selbst verborgen hätte, weil sie eine Niederlage vorwegnahmen, die mir ungeheuerlich erschien und unerträglich: Sterben zu müssen, ohne im Großen und Ganzen, ohne wenigstens in Teilen einverstanden zu sein mit dem Leben, das nun nicht mehr lange währen kann. Dass Franziska ihr Leben insgesamt als unglücklich ansah, entsetzte mich manchmal mehr als ihr baldiges Sterben. Auch deshalb wollte ich mit all meinen Kräften dazu beitragen, wenigstens diese Art Niederlage abzuwenden. Ein klarer Fall von Hybris. Da mir das nicht gelingen konnte, habe ich Entlastung in dem Gedanken gesucht, dass man wohl in jedem Leben nachträglich psychische Gründe für eine schwere Erkrankung finden könnte.

Etwas Ähnliches mag in Dieter Wellershoff vorgegangen sein, als er über das Leben und die tödliche Erkrankung seines Bruders nachdachte, der in all seinen beruflichen Ambitionen, über die er sich definierte, immer wieder scheiterte: »Ich war gebannt von dem Gedanken, dass er sterben müsse. Vielleicht weil plötzlich, mit der geisterhaften Schnelligkeit einer Kristallisation, eine Ordnung für sein Leben gefunden schien. (…) Man war geneigt zu denken, dass dieses Ende, so widersinnig es ihm erscheinen musste, als Abschluss seines Lebens konsequent sei.«[27]

Auch für solche Gedanken kann man sich schuldig fühlen, insbesondere dann, wenn es wie bei den Wellershoff-Brüdern um eine Beziehung geht, in der Konkurrenz bis zum Schluss eine große Rolle spielte. Wellershoffs Analyse ist schonungslos auch sich selbst gegenüber und reicht tief: »Doch nicht Kain erschlug Abel aus Neid und Hass, sondern Abel tötete seinen Bruder Kain, indem er selbstzufrieden auf seine steigende Rauchsäule wies.«[28]

Die Gefühle der Angehörigen sind dramatisch, widersprüchlich, vielfältig und vielschichtig. Sie sind oft kaum zu ertragen, geschweige denn zu sortieren. Sie überlagern einander, und sie können allein durch diese Gleichzeitigkeit und ihre Wucht vollständig erschöpfen. Je stärker Angehörige unter Druck geraten, umso eher landen sie in Fühl- und Sprachlosigkeit, die sich erst später und nach und nach wieder lösen lässt.

Welche Gefühle Angehörige für sich behalten müssen, welche Gefühle sie nur in wenigen Fällen oder nie mit den Kranken teilen können, hängt natürlich auch von der individuellen Beziehung ab. Man spürt genau, dass ein gutes Schweigen Verbundenheit und Wahrhaftigkeit voraussetzt und ganz etwas anderes ist, als Wesentliches zu verschweigen. Das Verschweigen reicht jedoch meist viel weiter, als man sich in gesunden Tagen hätte vorstellen können. Diese Erfahrung verursacht selbst zusätzlichen Schmerz. Denn da beginnt und beweist sich die Einsamkeit, in die schon die Krankheit uns schicken kann. Und wie sollten wir die anders verstehen als als Ausdruck mangelnder Liebe.

Bedenkt man die oft buchstäblich unerträgliche Dramatik der Gefühle auf beiden Seiten und versteht, warum Tabus auf beiden Seiten errichtet werden, oft auch errichtet werden müssen, dann versteht man auch, dass viele Angehörige eine Art innere Reißleine ziehen und all jene Gefühle abweisen, die ihnen unpassend oder verboten erscheinen. Wir können unsere Gefühle aber nicht bloß zum Teil deckeln. Solche Versuche führen regelmäßig zu einem Verblassen oder Verschwinden auch der erwünschten Gefühle. David Rieff drückt das sehr poetisch aus: »Indem ich die Dunkelheit aus meinen Gedanken fernhielt, habe ich, so scheint es mir, die Kälte irgendwie eingelassen.«[29]

Das Risiko, dass der Kranke tatsächlich ins Bodenlose fällt, wenn die Angehörigen seine Vorgaben missachten, dass er in eine Psychose gerät oder völlig erstarrt, kann kein Angehöriger sehenden Auges eingehen. Dennoch bleibt regelmäßig die Hoffnung, Offenheit und Ehrlichkeit würden zu einer Katharsis führen. Angehörige behalten die große Aussprache oft als Ziel im Blick, und sie sind enttäuscht und von Versagensgefühlen geplagt, wenn es dazu nicht kommt. Wir wissen zwar, dass Ängste durch Verleugnung, durch Abwehr immer größer werden können, aber wir wissen nicht, wohin der Weg *durch* die Angst den Kranken führen würde und ob es einen solchen Weg überhaupt für ihn geben könnte. Angehörige spüren die Gefahr. Ich habe nach einiger Zeit gedacht, dass meine Freundin Franziska mit aller Kraft danach strebte, psychisch nicht dauerhaft zu dekompensieren und diesem Ziel alles andere unterordnen musste, nicht nur ihre Beziehungen, sondern auch ihr körperliches Wohl: Sie verzichtete auf ein Sauerstoffgerät, weil dafür ein kurzer Krankenhausaufenthalt nötig gewesen wäre; sie verzichtete auf Medikamente, die ihre körperlichen Symptome und ihre Ängste und Verzweiflungsgefühle hätten lindern können; sie verzichtete auf ambulante palliative Versorgung, die ihr ein Sterben in ihrer eigenen Wohnung erlaubt hätte.

Warum der Anfang des Lebens auch dessen Ende mitbestimmt

*Vielleicht ist die wesentlichste Geschichte
des Menschen als eine Geschichte
seiner Wiegenlieder gegen den Tod zu schreiben.*
Ludwig Marcuse[1]

Warum können manche Schwerkranke ihre Ängste bewältigen, während andere dauerhaft von ihnen regiert werden? Warum brechen manche Sterbende Brücken hinter sich ab, während andere Beziehungen noch einmal liebevoll intensivieren?

»Haltung gibt Halt«, war die Maxime von Claas. Ein guter, ein richtiger Satz, aber die tiefere Wahrheit liegt in seiner Umkehr: Halt erlaubt Haltung. Was aber gibt uns Halt am Lebensende? Das, was am Anfang war! Wer sich am Anfang seines Lebens geborgen und gehalten fühlen konnte, wer dadurch Vertrauen in andere Menschen und somit in sich selbst entwickelt hat, der kann auch am Ende darauf vertrauen, dass er nicht untergehen wird in all den dramatischen Gefühlen, die ihn erschüttern, und kann Vertrauen in die Menschen setzen, mit denen er verbunden ist.

Am Ende fühlen wir in besonderer Weise, was am Anfang war. Deshalb sprechen direkt oder indirekt wohl alle Menschen vor dem Ende von ihrer Kindheit und von ihren Eltern. Meine Großmutter sprach viel von ihrem Vater und fantasierte ihre Mutter an ihr Bett – mit gebuttertem Rosinenbrot; das hatte ihr ihre Mutter gebracht, wenn sie als Kind krank war. Auch Susan Sontag erwähnte in Selbstgesprächen in ihren letzten Stunden ihre Mutter und ihren Vater. Der Mann von Petra Thorbrietz schrie im Schmerz nach seiner Mutter.[2]

Religion übersetzt diese archaischen Gegebenheiten: Der »himmlische Vater«, die selbstlose Mutter Maria, die das Kind hält und später unter dem Kreuz des Sohnes steht und bei ihm bleibt, bis er ausgelitten hat, bilden frühes kindliches Erleben ab. Das Paradies, der Ort, an dem alle Wünsche befriedigt sind und reines Wohlgefühl herrscht, ist eine hoffnungsvolle Fantasie, in die das ozeanische Gefühl der Symbiose zwischen Mutter und Baby übertragen wurde.[3]

Wer zu früh aus dem Paradies der Symbiose vertrieben wurde, stürzt in die Ungeborgenheit, in eine frühe Hölle, in der Vernichtungsgefühle das Kind überschwemmen. Unsere Vorstellungen von Gut und Böse, vom Nichts, unsere transzendenten Gefühle, unsere Spiritualität, sind mit unseren frühesten Eindrücken verbunden, entsetzen oder stützen uns am Lebensende. »Wir können (…) den Gedanken an den Tod offenbar nur ertragen, wenn wir uns gleichzeitig vorstellen, dass der Tod uns mit etwas verschmelzen lässt, das uns übersteigt«[4], schreibt Verena Kast. Diesen Trost, diesen Halt suchen wir in Religion oder Philosophie. Ob, wie und wo wir ihn finden, hängt vor allem von unseren frühen Prägungen ab.

»In mir breitet sich etwas Schreckliches aus, es nimmt immer mehr Raum in mir und bedroht mich«, sagte Franziska panisch, als sie auf den Beginn ihrer Behandlung wartete. »Und dagegen soll endlich etwas unternommen werden.« Ich war zutiefst getroffen, weil sie zwanzig Jahre zuvor mit ganz ähnlichen und sonst für sie untypischen Worten beschrieben hatte, mit welchen Gefühlen sie auf den Tod ihrer Mutter reagiert hatte: »Durch ihren Tod ist meine Angst größer geworden, dass die Teile, die ich von ihr übernommen habe, in mir Raum nehmen. Ich möchte nichts von meiner Mutter haben. Die Ähnlichkeit mit ihr ist für mich bedrohlich. Je mehr ich das verleugnen möchte, umso lebendiger wird meine Mutter in mir. Der Hass, den ich gegen meine Mutter hatte, richtet sich jetzt zum Teil gegen mich selbst.«[5]

Nun nahm ein Tumor Raum in ihr, drohte ihr die Luft zum Atmen, drohte ihr das Leben zu nehmen. Ich sagte nichts und dachte: Sie hat sich immer von innen bedroht gefühlt, erst von dem verinnerlichten Mutterbild, jetzt von einer bösartigen Krankheit. Die Assoziation, die das Wort »Raum« bei mir ausgelöst hatte, war entsetzlich: Die böse Mutter, die sie in sich hatte unschädlich machen wollen, solange ich Franziska kannte, die böse Mutter, der sie ums Verrecken nicht hatte ähnlich sein wollen, schien nun, symbolisiert durch den Krebs, die Oberhand zu gewinnen. Dieser Gedanke war unerträglich, und schrecklich war auch, dass es schien, als sei dem nichts Gutes entgegenzusetzen. Unser letztes, sehr kurzes Gespräch über ihre Mutter lag vielleicht zwei Jahre zurück. Nein, hatte Franziska da gesagt, sie habe sich mit der Mutter nicht versöhnen können. Ich hoffte inständig, der kranken Franziska etwas Gutes, etwas Liebevolles geben, übertragen, einflößen, ihr tragfähige Verbundenheit beweisen zu können. Aber das gelang nicht. Das dünne Eis, auf dem sie ihr Leben lang gegangen war, erwies sich als weitaus brüchiger, als ich mir je hätte vorstellen können. Franziska führte einen Abwehrkampf in alle Richtungen: in sich und nach außen. In ihr gab es nicht genug Liebe und Vertrauen, nicht für sie selbst, nicht für andere. Zunächst bekämpfte sie mich, dann verließ sie wutentbrannt den behandelnden Chefarzt des Krankenhauses, nach ein paar Monaten und mit massiven Vorwürfen auch den Psychoonkologen. Ihre übrigen Freundinnen hielt sie gleichmäßig auf Abstand, und es gelang ihnen, sich Franziskas Bedürfnissen so weit anzupassen, dass sie ihr bis zum Schluss helfen konnten.

In dramatischen Situationen, in Lebenskrisen, können wir zurückfallen auf kindliche Entwicklungsstufen, in archaische Gefühlswelten, die unsere Fähigkeiten wahrzunehmen und uns selbst zu regulieren beeinträchtigen. Psychologen nennen das Regression. Die Diagnose einer tödlichen Krankheit katapultiert jeden noch nicht lebenssatten Menschen in eine Extremsituation. Das heißt, der absehbare Tod lässt allen Firnis schwinden, legt unsere Wurzeln bloß, das, was uns im Leben verankert, was uns Halt gibt, aber auch die grundlegenden Schrecken früher Halt*losigkeit*. Die Dämme, die wir gegen unsere frühen Ängste gebaut und als Erwachsene befestigt haben, können brechen und in vorübergehend unkontrollierbare Gefühlsstürme führen.

Am Lebensende werden wir bestimmt von den tiefsten Gefühlsschichten unseres Anfangs. Vertrauen oder Misstrauen; Liebe oder Hass; eine tragfähige innere Ordnung oder das drohende Nichts, die Bodenlosigkeit; Realitätssinn oder Realitätsflucht – wir werden bestimmt von der ganz individuellen Mischung aus all dem. Wer am Lebensanfang liebevoll gehalten wurde, kann auch als Sterbender vertrauen, sich hingeben. Wer früh ums Überleben kämpfen musste, wird womöglich auch am Schluss dauerhaft panisch, verzweifelt und untröstlich sein. Wie sich Todkranke am Lebensende fühlen und verhalten, wird vor allem von ihrer psychischen Verfasstheit bestimmt. Dieser entsprechend nutzen sie die Angebote von Medizin, Hospizdiensten und Palliativversorgung (vielleicht auch von Scharlatanen) und die Unterstützung von Angehörigen und Freunden. Und manchmal nutzen sie sie eben *nicht* beziehungsweise auf eine Weise, die nicht herausführen kann aus Angst und Verzweiflung, sondern in letzte Kämpfe zwingt, die nicht zu gewinnen sind. Daran muss ich seit Franziskas Tod denken, wenn ich in Traueranzeigen lese: »Gekämpft, gehofft und doch verloren.«

Das, was uns in Kranken unbekannt, fremd und befremdlich erscheint, ist das, was weit unter der Oberfläche liegt, das, was in gesunden Tagen so gut kompensiert werden konnte, dass es gar nicht, nur manchmal oder abgeschwächt zu erkennen war. David Rieff hat also recht, wenn er schreibt: »Obwohl es oft heißt, in Krisen wüchsen Menschen über sich hinaus, ist es, zumindest nach meiner Erfahrung, eher so, dass in solchen Situationen oft das zum Vorschein kommt, was sonst unterhalb der Wasserlinie liegt, bei der unser eigentliches Wesen beginnt.«[6]

Wie kommen wir zu unserem »eigentlichen Wesen«? Neugeborene bringen manches schon mit auf die Welt, vor allem aber bildet sich der Charakter im Dialog zwischen Mutter und Kind, Vater und Kind. Unsere Beziehungserfahrungen prägen uns, und inzwischen hat die Hirnforschung gezeigt, dass sich das physiologisch im Gehirn manifestiert. Jeder kindliche Entwicklungsschritt besteht in der Bewältigung Angst auslösender Aufgaben, und unsere Persönlichkeit wird dadurch grundlegend geformt, wie wir diese Ängste verarbeiten können. Fritz Riemann hat das in seinem Buch »Grundformen der Angst« sehr einleuchtend beschrieben. Auf jeder der vier kindlichen Entwicklungsstufen wird der Charakter auf dauerhafte Weise beeinflusst, und meistens gibt es auf ein oder zwei Stufen besondere Ausprägungen, die dann zu dominanten Wesenszügen führen.

Die schizoide Persönlichkeit

Das Neugeborene braucht die Symbiose mit der Mutter, das paradiesische Gefühl von Einssein und Geborgenheit. Wird es nicht ausreichend und zuverlässig versorgt mit Nahrung und Liebe, mit Wärme und Antworten auf seine Befindlichkeitsäußerungen, wird es unterversorgt oder überfremdet, hat es das Gefühl vernichtet zu werden. »Es wird dann bereits im ersten Ansatz seiner Weltzuwendung gestört und gleichsam auf sich selbst zurückgeworfen.«[7] Eine schizoid gefärbte Persönlichkeitsstruktur entsteht.

Die spätere Antwort auf frühe existenzielle Angst ist ein übermäßiges Unabhängigkeitsstreben. Nie wieder will man anderen Menschen so ausgeliefert sein, dass sie einen vernichten könnten. Schizoide Persönlichkeiten neigen dazu, für sich zu bleiben, keine engen emotionalen Bindungen einzugehen. Kommen andere ihnen zu nah, wehren oder werten sie sie ab. Nähe ist für sie so bedrohlich, dass sie zurückgewiesen werden muss. Mit zunehmendem Alter, besonders nach der Lebensmitte neigen solche Menschen dazu, sich immer stärker zu isolieren, und dadurch werden sie immer unsicherer anderen gegenüber. Je weniger sie in lebendigen Beziehungen ein Korrektiv erleben, umso größer wird ihr Misstrauen, ihre Selbstbezogenheit; umso geringer wird aber auch ihre Fähigkeit, sich in andere einzufühlen. Deshalb verstehen sie oft gar nicht, warum andere verletzt sind. Ein Teufelskreis, den Angehörige oft nicht durchbrechen können: »Vor allem die Angst verrückt zu werden, kann bei ihnen unerträgliche Grade annehmen – auch in ihr spiegelt sich das Erleben (...) der Ungeborgenheit in der Welt.«[8]

Solche Menschen sind nicht erreichbar für »offene« Gespräche. Im Gegenteil, in Krisensituation wächst die Gefahr, dass sie ihre unerträglichen Angstgefühle so gut wie möglich negieren und Hilfe abweisen, wodurch sich ihre Ängste bis zur Unerträglichkeit verstärken können. Sie leben in dem Gefühl, nur auf sie selbst sei Verlass. Das, was von außen, von anderen kommt, verstärke bloß die Gefahren. Ihnen ist nur aus gehörigem Abstand zu helfen.

Es ist nachvollziehbar, dass ein Mensch mit starken schizoiden Charakteranteilen in besonderer Weise psychisch gefährdet ist, wenn das Einzige, worauf er sich verlassen kann, nämlich er selbst, tödlich bedroht wird. Ein solcher Mensch steht dann buchstäblich vor dem Nichts. Er muss seine Ängste, seine Verzweiflung niederringen, denn er kann nicht daran glauben, dass andere ihm Halt und Schutz geben können. Andere Menschen erscheinen selbst als bedrohlich, werden dafür gehasst und weggestoßen. Eine ausweglose Situation, die in völligen Rückzug oder Destruktion führen kann: »Wenn es schon nicht möglich scheint, dass ich geliebt werden kann, zerstöre ich lieber selbst, was ich doch nicht halten kann – dann bin ich wenigstens der Handelnde und nicht nur der Erleidende.«[9]

Wenn man bedenkt, das Sterbenskranke sich in die Enge getrieben, existenziell bedroht fühlen, dann versteht man gerade vor diesem Erklärungshintergrund, warum bei ihnen enorme Aggressionen entstehen können. »Die Sehnsucht nach Hingabe, die ja auch zu unserem Wesen gehört, staut sich durch die Unterdrückung auf und verstärkt die Angst, so dass Hingabe dann nur noch als völliges Sichausliefern, als Ich-Aufgabe und Verschlungenwerden vom Du vorgestellt werden kann. Dadurch kommt es zur Dämonisierung des Partners, die nun rückwirkend wieder die Angst verstärkt und manche sonst unverständliche Verhaltensweisen schizoider Menschen verständlicher macht, vor allem ihren plötzlichen Hass, der aus dem Gefühl der Bedrohtheit durch ein übermächtiges Du entsteht, ohne dass sie erkennen, dass ihre eigene Projektion dem anderen erst solche Macht verleiht.«[10]

Die Sehnsucht nach Nähe und Verstandenwerden bleibt, aber sie kann sich nicht erfüllen. Es hat mich sehr berührt, als ich hörte, dass Franziska bei ihrem letzten Krankenhausaufenthalt ihre Sehnsucht auf einen Arzt richtete, der das Aufnahmegespräch mit ihr geführt hatte. Jeden Tag fragte sie nach ihm und hoffte, er würde wiederkommen. Aber er hatte Urlaub, und sie wartete vergebens.

Wer seine Ängste nicht mitteilen, nicht wenigstens zum Teil loswerden, wer sich nicht anvertrauen kann, droht von Panik überrollt, vielleicht sogar verrückt zu werden. Riemann beschreibt das »als letzten verzweifelten Versuch, der Angst zu entrinnen. Man wird ›verrückt‹, man ›ver-rückt‹ die realen Maßstäbe und rettet sich in eine irreale Welt, in der man selbst [psychisch] gesund und die Außenwelt krank erscheint (…). Man verlegt damit seine Ängste auf Objekte der Außenwelt, wo man sie leichter vermeiden, bekämpfen oder beseitigen kann; vor der Innenangst gibt es kein Entrinnen.«[11]

Viele Angehörige erleben bei den Kranken zeitweise oder

dauerhaft verrückte Vorstellungen und Aggressionen. Manchmal wirkt das nur irritierend, manchmal bedrohlich. Die Nachgiebigkeit Angehöriger dürfte in vielen Fällen damit zu tun haben, dass sie Angst haben, der oder die Kranke könnte dauerhaft verrückt werden. Ich hatte diese Angst, und sie wuchs, je weniger ich Franziska in ihrer Gefühlswelt erreichen konnte. Und was ich zunächst gar nicht verstand, war, dass sie dort auch auf keinen Fall erreicht werden *wollte*.

Für den Sohn und die Freunde von Susan Sontag war deren psychische Gesundheit ebenfalls ein beängstigendes Thema: »Einige meinten tatsächlich, sie sei verrückt geworden – worauf ich damals erwiderte, dass ich dies bezweifelte.«[12] Sicher war David Rieff hingegen, dass seine Mutter verrückt geworden wäre, wenn sie sich den Ärzten und ihren sowohl untauglichen als auch ungeheures körperliches Leid verursachenden Therapien nicht hätte anvertrauen können. Die Möglichkeit, dass Susan Sontag ihre existenziellen Ängste durch Gespräche und Medikamente hätte bewältigen können, hielt er offenbar für ausgeschlossen.

Susan Sontag war ebenso wie meine Freundin Franziska früh und grundlegend verstört worden. Beide konnten nur Halt finden, indem sie sich selbst das zu geben versuchten, was nötig ist, um am Leben zu bleiben, um ein Mindestmaß an Sicherheit zu entwickeln. Von beiden lässt sich sagen, dass ihre frühen Ängste es ihnen unmöglich machten, ihr Sterben zu akzeptieren. Rieff sagt sogar, seine Mutter habe den Tod grundsätzlich nicht akzeptieren können und zutiefst gehasst. Der Tod wurde mit dem Bösen an sich gleichgesetzt, gegen das es sich unbedingt zu wehren gilt. Sontag notierte in jungen Jahren: »›Mein frühester Entschluss als Kind: Bei Gott, die bekommen mich nicht!‹ Und das bedeutete für sie, wie sie hinzufügt, eine ›absolute Entschlossenheit, mich nicht kleinkriegen zu lassen‹. Dabei dachte sie offenbar nicht an eine Krankheit, (…) sondern an ihre Mutter, unter deren Kälte und Engherzigkeit (…) sie so sehr gelitten hatte.«[13]

Franziska konnte im Gegensatz zu Susan Sontag nicht einmal ihren Ärzten vertrauen. Und sie konnte sich nicht in die Geborgenheit ihrer liebsten und nächsten Menschen legen. Das aber ist wohl die Voraussetzung, um in innerer Ruhe sterben zu können: Die tief verinnerlichte frühe Erfahrung, gehalten, gesehen und ausreichend verstanden zu werden, wenn man selbst nichts tun kann. Todesangst ist eine Gegebenheit für uns alle, aber ob sie aufgeladen und verewigt wird durch frühe Vernichtungsängste, das ist eine Frage individuellen Schicksals.

Auch bei Angehörigen drohen die Dämme zu brechen, mit denen wir unsere frühen Ängste abwehren. Schizoid strukturierte Angehörige können die durch die Krankheit verstärkte Nähe womöglich nicht ertragen, distanzieren sich oder flüchten. In ihrem Verhalten vermisst man Einfühlung und Zartheit, liebevolle und geduldige Zuwendung. Sie fühlen sich hin- und hergerissen zwischen ihrem Eigensinn und der Aufgabe, bei dem Kranken zu sein.

Die depressive Persönlichkeit

Während die überwertig schizoid geprägte Persönlichkeit das Du als Bedrohung erlebt, ist das Du für die überwertig depressiv strukturierte Persönlichkeit die Rettung. Bei ihr wurde die erste Bindung nicht gravierend gestört und deshalb ist vertrauensvolle Hingabe gut möglich. Die Grundangst besteht hier darin, auf Halt verzichten zu müssen, um ein eigenständiger und unabhängiger Mensch zu werden. Gefürchtet wird Beziehungsverlust, Einsamkeit, die verzweifeln lässt. »Der Depressive versucht seiner Angst dadurch zu entgehen, dass er die ›Eigendrehung‹ aufgibt oder sie dem anderen nicht zugesteht. Er ist der Trabant eines anderen, oder er macht diesen zu seinem Trabanten.«[14]

Depressiv strukturierte Kranke haben immer auch die anderen im Sinn. Sie möchten niemanden belasten, sie möchten niemandem Kummer machen. Sie waren ja immer schon liebevoll, einfühlsam und nachgiebig, um eng verbunden zu sein. »Sie können nicht fordern, sich etwas nehmen; sie können nicht gesund aggressiv sein, und all das wirkt sich zusätzlich so aus, dass sie ein geringes Selbstwertgefühl entwickeln, das nun seinerseits wieder ihren Mut zum Fordern und Zupacken schwächt.«[15]

Depressiv Strukturierte sind also »ideale« Patienten. Sie sind rücksichtsvoll und dankbar allen gegenüber, die ihnen helfen, lösen aber auch besonders leicht Schuldgefühle aus, weil sie selbst ihre Bedürfnisse nicht gut ausdrücken können. Als Angehörige können sie »ideale« Begleiter sein: »Im [psychisch] gesunden Menschen mit depressiven Einschlägen liegt eine große Liebesfähigkeit, Hingabe- und Opferbereitschaft, die Fähigkeit auch Schweres mit dem Partner durchzutragen; er kann Geborgenheit geben, Gefühlsinnigkeit und Unbedingtheit der Zuwendung.«[16]

Dass Angehörige ihre depressiven Anteile aktivieren, liegt nahe. Sind die aber ohnehin stark ausgeprägt, neigen sie dazu, sich zu verausgaben, zu viel zu tun, die Kranken ärgerlich zu machen, weil sie ihnen auch das abnehmen wollen, was sie selbst noch können. Da sie sich nicht ausreichend abgrenzen und es sich nicht erlauben, Wut zu spüren, wenn sie überfordert werden, laufen sie Gefahr, auszubrennen, selbst krank zu werden. Und sie neigen in besonderer Weise zu Schuldgefühlen, weil sie mutmaßen, nicht gut genug gewesen zu sein, nicht genug getan zu haben. David Rieff erzählt solches von sich selbst, und es überrascht nicht, dass er schreibt, er sei nach dem Tod seiner Mutter zusammengebrochen. Es überrascht auch nicht, dass er das mit nur einem Satz erwähnt.

Das Kind einfühlsamer und liebevoller Eltern gewinnt unverzichtbaren Halt, aber es muss sich aus der Sicherheit spendenden Nähe nach und nach und für immer länger werdende

Zeitintervalle lösen, sonst wird aus der Nähe klebrige Enge. Wenn die Beziehung nicht verlässlich genug erscheint, um sich vorübergehend aus ihr zu verabschieden, oder wenn dafür eine Strafe droht, dann verzichtet das Kind sicherheitshalber auf Eigenständigkeit. Eine solche Überanpassung verbietet individuelle Zielstrebigkeit, nötigt das Kind, eigene Impulse zu unterdrücken. Es ist ängstlich besorgt um die Zufriedenheit der anderen, damit sie ihm zugetan und erhalten bleiben.

Wenn ein überwertig depressiv strukturierter Mensch an Krebs erkrankt, hat er womöglich das Gefühl, es gehe ungerecht zu im Leben, fragt sich, womit er das verdient haben könnte. Aber manche ziehen daraus auch einen gewissen Gewinn: »Solche Menschen können dann eine Krankheit und einen Krankenhausaufenthalt tief genießen – dann haben sie endlich auch einmal das Recht, andere für sich sorgen zu lassen und sich um nichts kümmern zu müssen – wenn sie es sich nicht auch noch übelnehmen und als Schuld erleben, dass sie überhaupt krank wurden und ›versagten‹.«[17]

Immer wieder ist von Menschen zu lesen, die eine schwere Krankheit als Anstoß für wichtige Lebensveränderungen verstehen. Depressiv strukturierte Menschen nutzen ihre letzte Lebenszeit manchmal dafür, sich unabhängiger zu machen, ihre eigenen Bedürfnisse mehr zu beachten, und sind dann sogar dankbar für ihre Erkrankung.

Die Fähigkeit, sich vertrauensvoll hinzugeben, Versorgung anzunehmen, Dankbarkeit dem Leben gegenüber zu empfinden und geduldig zu sein, macht es Menschen mit ausgeprägten depressiven Anteilen leichter als anderen, Patient zu sein. So war es wohl bei dem Bruder von Sherwin B. Nuland: »Die Krankheit hatte Harvey auf geheimnisvolle Weise die Unschuld und Zuversicht seiner frühen Jugend wiedergegeben. Mein großer Bruder, bei dem ich mir im Lauf meines Lebens so oft Rat und Hilfe geholt hatte, war wieder ein kleiner Junge.«[18]

Die zwanghafte Persönlichkeit

Wenn ein Kind nach dem zweiten Lebensjahr über das Du hinaus immer stärker die Umwelt realisiert, entscheidet sich, wie es diese Erweiterung erlebt und verarbeitet – begeistert oder beunruhigt. Zwanghafte Persönlichkeiten wünschen sich ein Leben in geordneten Bahnen, weil sie Angst vorm Chaos haben. Alles soll sein wie immer; darin liegt Verlässlichkeit. Nichts soll vergehen, alles bleiben wie gewohnt. Sie möchten sich selbst kontrollieren und andere gleich mit, damit es keine bösen Überraschungen gibt, und Überraschungen sind eigentlich immer böse, denn auf sie müsste man spontan reagieren können. Aber gerade das fällt zwanghaften Persönlichkeiten schwer. Da sie nicht zugeben können, dass sie andere um ihre Lebendigkeit und Lebensfreude beneiden, werten sie sie ab und versuchen Macht über andere zu gewinnen, damit sie verhindern können, dass irgendjemand aus der Reihe tanzt. Das hätten sie einst gern selbst getan. Aber es wurde ihnen so nachdrücklich verboten oder als so gefährlich dargestellt, dass Unbekümmertheit mit Ängsten gekoppelt wurde. Kinder, die sich beim Spielen nicht dreckig machen dürfen, die immerzu aufgefordert werden aufzupassen, damit sie nicht fallen, sich nicht wehtun, verinnerlichen solche Vorsichtsmaßnahmen womöglich und lernen, selbst dafür zu sorgen, dass sie nicht über die »Stränge schlagen«. Sie kontrollieren sich dann stark, damit nichts »Schlimmes« passiert. Je regider diese Selbstkontrolle wird, umso eingeschränkter sind ihre Gefühle. Sie spüren womöglich gar nicht mehr, wie gern sie auch mal unvernünftig wären, wie eng Spontaneität und Lebendigkeit zusammenhängen.

Jeder Mensch braucht eine gewisse Kontrolle über sich und sein Leben, aber entscheidende Ereignisse entziehen sich der Kontrolle: die Liebe und der Tod. Wenn es um starke Gefühle, um libidinöse Triebe und um Ängste geht, fühlt sich ein überwertig zwanghaft strukturierter Mensch hilflos. Und um der

Hilflosigkeit zu entgehen, verstärkt er seine Selbstbeherrschung und Kontrollbemühungen. Solchen Personen ist es »am wichtigsten, dass der Partner ›funktioniert‹ (...). Statt lebendigem Austausch, statt wechselseitigem Geben und Nehmen, gibt es dann nur noch Bedingungen und Vorschriften, wie sich der Partner zu verhalten habe.«[19]

Die Schwarze Pädagogik, deren Ziel es war, den Willen des Kindes – mit Hilfe von Strafen – zu brechen, es zu einem von außen steuerbaren braven Wesen zu machen, hat zu viel Zwanghaftigkeit geführt und damit zu viel Angst vor eigenen Impulsen, eigener Lebendigkeit. Aber auch das krasse Gegenteil kann zwanghaft machen: Wenn ein Kind zu wenig Ordnung erlebt, wenn es nicht weiß, woran es sich orientieren kann, kompensiert es das womöglich, indem es sich selbst strenge Regeln gibt. Die führen so oder so zu übergroßer Anpassung, manchmal auch zu dauerhaftem Trotz. Beides macht unfrei, weil beides dem Gefühl freier Selbstverantwortung im Wege steht. Beides macht Entscheidungen schwer und zweifelhaft. »Alle diese Zweifel lassen sich biographisch letztlich auf den Urzweifel zurückführen: Darf ich ich selbst sein und tun was ich will, oder muss ich gehorchen und auf meine Impulse verzichten?«[20]

Diejenigen, die sich hinter dauerhaftem Trotz verbarrikadieren, sind ebenfalls auf Zwanghaftigkeit festgelegt, obwohl sie ihr ja gerade entgehen wollen. »Das sind die schwierigen Menschen, die ihr Selbstgefühl aus ihrem Eigensinn beziehen, prinzipiell ›nein‹ zu allem sagen, querulatorisch an allem etwas auszusetzen haben, und so auf neurotische Weise das nachholen, was sie als Kind nicht durften.«[21]

Es gibt keinen dramatischeren Zwang, als den, sterben zu müssen. Gegen die Vergänglichkeit, gegen den Tod hilft kein Trotz, kein Widerstand, keine Ordnungsmaßnahme, und sei sie noch so ausgeklügelt. Psychologen sind sich einig darin, dass es für stark zwanghafte Menschen am schwersten ist, sich dem Tod beugen zu müssen.

Eine verhängnisvolle Diagnose ist immer mit der Drohung verbunden, die Kontrolle über sich, die Kontrolle überhaupt zu verlieren. Das ängstigt alle, aber zwanghafte Menschen kommen mit der Angst vor Kontrollverlust am schlechtesten zurecht. Da sie so wenig nachgeben können, ziehen sie die Zügel noch weiter an und quälen sich selbst, indem sie versuchen, durch stures Beharren dem Unausweichlichen zu entgehen. Sie halten beispielsweise Diagnosen geheim und behaupten, gar nicht krank zu sein. Sie beharren darauf, dass Ärzte oder Scharlatane »das Richtige« tun können, um ihnen zu helfen, und lassen sich womöglich bis zum letzten Moment auf quälende Weise therapieren, so wie Susan Sontag.

Sie belasten aber auch ihre Angehörigen durch fortwährende Kontrolle. Marianne sollte alles genau so machen, wie ihre Tochter es wollte. Franziska gab sogar die Wortwahl vor: »Müssen«, »können«, »sollen«, »dürfen« – Begriffe, die auch nur von Ferne mit Zwang assoziiert werden können, wollte sie nicht hören. Später durften auch die Worte »Hospiz«, »palliativ« und »Tod« nicht mehr erwähnt werden.

Angehörige können, selbst wenn sie sich die größte Mühe geben, den tyrannischen Forderungen zwanghaft strukturierter Kranker nicht entsprechen. Fritz Riemann spricht von der großen »Störbarkeit und Empfindlichkeit, mit der sie auf Kleinigkeiten reagieren – für sie kann eben bereits eine Kleinigkeit der ›Anfang vom Ende‹ sein, eine kleine Unregelmäßigkeit und ein kurzes Nachlassen der Aufmerksamkeit kann zum Durchbruch des Unterdrückten führen, zum letzten Schneepartikelchen werden, das die Lawine des Verdrängten unaufhaltbar ins Rollen bringt.«[22]

Der Durchbruch führt dann in Wut und tiefe Verzweiflung, weil sich das Schlimme eben trotz aller Anstrengungen nicht fernhalten, nicht abwenden lässt. Das im Zusammenhang mit dem Sterben so oft gebrauchte Wort vom Loslassen muss zwanghaften Menschen wie ein Hohn vorkommen. Sie können sich nicht loslassen, und wer ihnen mit einem solchen

Ansinnen begegnet, wird Hass ernten. Ihnen ist schwer zu helfen, auch am Ende: »Bei stark zwanghaften Zügen kann der starre Eigenwille das Sterben besonders quälend werden lassen, da er jedes Nachgeben als Schwäche ansieht, so dass es hier oft zu den härtesten Todeskämpfen kommt.«[23]

Stark zwanghaft geprägte Angehörige werden ebenfalls darauf setzen, dass Willenskraft und die »richtigen« Maßnahmen den Tod fernhalten können. Sie werden es unerträglich finden, wenn der Kranke nachgiebig wird, wenn er in ihren Augen keine ausreichenden Anstrengungen unternimmt, um sich dem Tod entgegenzustemmen. Und sie werden ihr Gefühl zu retten suchen, dass ihnen so etwas nicht passieren würde, gar nicht passieren kann, da sie ja immer alles »richtig« machen.

Die hysterische Persönlichkeit

Der Gegentypus zum besonders zwanghaft Geprägten nimmt das Leben leichter, als es ist. Er scheint es tatsächlich zu schaffen, die Welt so zu gestalten oder doch zumindest so zu sehen, wie er sie sich wünscht: bunt und schön, abwechslungsreich und vergnüglich. Überwertig hysterisch geprägte Menschen negieren ihre Verantwortung für die Konsequenzen ihres Handelns. Sie erfüllen sich ihre Wünsche und verdrängen die Folgen. Sie wirken wie Kinder, die immer nur spielen wollen, ohne an die Schularbeiten zu denken. Und sie können so charmant sein, so mitreißend in ihrer Lebenslust, dass man ihnen ihre Unzuverlässigkeit und ihre Egozentrik vergibt. Sie signalisieren, nie etwas böse zu meinen, sondern einfach nur impulsiv und nicht so spießig wie andere zu sein. Während der zwanghafte Mensch durch Beharrlichkeit und Ordnungsmaßnahmen mit der Angst vor der Endlichkeit zurechtzukommen sucht, verleugnet der hysterische Mensch die Endlichkeit schlichtweg. Vor etwas, was es nicht gibt, muss man sich auch nicht fürchten. Hysterisch strukturierte Persönlichkeiten sind wie Wasser, das sich immer einen Weg sucht und fast immer einen findet. »Sie können sich chamäleonartig jeder neuen Situation anpassen, entwickeln aber zu wenig von jener Ich-Kontinuität, die wir als Charakter zu bezeichnen pflegen. Sie erscheinen daher unberechenbar und sind schwer zu fassen. Da sie immer irgendeine Rolle spielen, die auf den jeweiligen Augenblick und seine Bedürfnisse, sowie auf die jeweilige Bezugsperson ausgerichtet ist, wissen sie zuletzt vor lauter Rollenspielen nicht mehr, wer sie selbst sind.«[24]

Läuft etwas schief, sind die anderen schuld. Um Ausreden sind sie jedenfalls nie verlegen und Selbstkritik ist ihnen fremd. Solche Menschen möchten bestätigt werden, immerfort bestätigt werden und haben Strategien entwickelt, mit denen sie das oft tatsächlich schaffen: Andere sind fasziniert von ihrer Lebendigkeit und ihrem Liebreiz, ihrer Lebensfreude und Leidenschaft. Mit ihnen zu feiern ist ein Vergnügen, sich in sie zu verlieben sensationell aufregend. Aber dann wird es bald sensationell anstrengend. Denn ein hysterisch strukturierter Mensch braucht fortwährend Bestätigung. Er ist so schillernd, damit er geliebt wird. Entsteht der Eindruck, dass seine »Lockmittel« versagen, wendet er sich anderen zu. Das Gegenüber wird als Tankstelle gesehen. Hat sich deren Reservoir an Bewunderung erschöpft, wird nach einer anderen Ausschau gehalten und dort über die Unzulänglichkeiten der letzten Station die Nase gerümpft. Das Nehmen ist wichtiger als das Geben, geliebt werden wichtiger als zu lieben.

Meine Großmutter war eine lupenreine Hysterikerin, die typischerweise gern Schauspielerin geworden wäre. Sie war eine Frau, die immer Rollen spielte und deshalb unfassbar war. Eine wirkliche Auseinandersetzung war mit ihr nicht möglich. Die Welt sollte so sein, wie sie sie haben wollte, und es machte sie schrecklich wütend, wenn das nicht klappte.

Aber immer blieb sie in der Lage, die enttäuschende Wirklichkeit auch wieder zu vergessen und sich in der Bewunderung anderer zu sonnen. Selbst im Sterben gelang ihr das noch.

Hysterische Personen wollen Kind bleiben, weil sie nur für ihre Kindlichkeit geliebt wurden oder weil ihnen ein verantwortliches Erwachsenenleben nicht erstrebenswert erschien. Die kranke Nicola in Helen Garners Roman »Das Zimmer« reagiert immer wieder mit Koketterie, mit kleinen spöttischen Bemerkungen, mit aberwitzigen Realitätsverzerrungen, die sie schließlich so erklärt: »Mein ganzes Leben war ich darauf bedacht, niemanden mit meiner Befindlichkeit zu langweilen.«[25] Als Kind hatte sie gelernt, eine Rolle zu spielen, die Rolle des entzückenden und glücklichen Mädchens, um das sich niemand ernsthaft kümmern muss, weil alles in schönster Ordnung ist.

Personen mit starken hysterischen Anteilen neigen dazu, ihre Krankheit zu negieren oder zu bagatellisieren, dazu, die Wirklichkeit durch ihre Fantasien und Wünsche zu ersetzen. Für Angehörige ist dieser Realitätsverlust ein großes Problem. Wenn sie allerdings ähnlich strukturiert sind, gelingt es ihnen manchmal ebenfalls, der Bedrohung bis zum letzten Moment auszuweichen.

Lorenz und seine Frau Alexa waren ein draufgängerisches Paar, das immer schon Dinge tat, die andere nie wagen würden. Sie segelten über den Atlantik, sie flogen in einer winzigen Maschine über Grönland. Sie waren Abenteurer, die Gefahren gar nicht sahen, vor denen andere zurückschrecken. Als die zweiundsechzigjährige Alexa schon sehr krank war, machte das Paar eine Reise nach Südamerika. Alexa hatte Blasenkrebs und invasive Behandlungen hinter sich, deren Folgen sie unbedingt für sich behalten wollte; und deshalb möchte Lorenz nicht darüber sprechen, nur so viel: Sie waren gravierend. Die Ärzte hatten dennoch keine Bedenken, aber andere wären in Alexas Situation sicher nicht um die halbe Welt gereist. Zwölf Tage nach ihrer Ankunft in Brasilien musste Alexa nach

Blutungen auf abenteuerlichen Wegen nach Rio de Janeiro in ein Krankenhaus gebracht werden. Dort starb sie.

»Es klingt, als sei Ihre Frau auf der Flucht gestorben«, sage ich zu Lorenz. »Sie sprechen aus, was ich auch schon mal gedacht habe, aber es ist vielschichtiger«, antwortet er. Ihm war zwar vor der Reise ein wenig mulmig gewesen, aber Alexa hatte für alle vorhersehbaren Situationen Medikamente besorgt, und sie wollte doch so gern in die Ferne und den Winter zu Hause hinter sich lassen. Alexa machte ihre letzte Reise zur Erfüllung eines Wunschtraums, aus dem aber für ihren Mann und ihre Kinder ein Alptraum wurde. Die Ärzte im Krankenhaus legten Alexa in ein künstliches Koma. Lorenz saß Tag für Tag an ihrem Bett. Dann kamen auch Sohn und Tochter nach Rio und blieben bei Alexa bis zu ihrem Tod. Alle waren erschüttert und sehr traurig, auch, weil es keinen bewussten Abschied hatte geben können. Aber wenigstens waren Lorenz und seine Kinder zusammen und hielten Alexas Hand, als sie an einem Vormittag starb. Den Nachmittag verbrachten Vater, Sohn und Tochter am Strand, weinend und schwimmend.

Angehörige, die starke hysterische Anteile haben, neigen dazu, die Ernsthaftigkeit der Erkrankung beiseitezuschieben. Sie realisieren oft gar nicht, was tatsächlich ist, oder verlassen sich darauf, dass alles schon wieder gut werden wird. Sie schaffen es, sich durch kleine oder längere Fluchten in schönere Lebensbereiche zu entlasten. Warum Trübsal blasen – damit ist doch niemandem geholfen, sagen sie. Ihnen entspricht die Aufforderung, man solle positiv denken. Für sie heißt das, sich von allem, was schwer ist, so bald wie möglich wieder abzuwenden.

Wir alle durchleben die von Riemann beschriebenen Entwicklungsstufen, und jede prägt uns mehr oder weniger stark. Psychisch gesund sind wir, wenn es in der Kindheit gelang (oder später, beispielsweise durch eine Therapie, nachgeholt werden konnte), entwicklungsbedingte Ängste so weit zu integrieren, dass wir liebes- und hingabefähig sind, uns aber auch abgrenzen können, um eigene Ziele zu verfolgen, dass wir realitätsgerecht und verantwortungsvoll handeln, das Leben jedoch durchaus genießen können.

Wir alle aber kennen auch die Ängste mehr oder weniger genau, die mit diesen positiven Fähigkeiten verbunden sind: Die Angst, uns in der Hingabe zu verlieren; die Angst durch übermäßige Abgrenzung einsam zu werden; die Angst vor Kontrollverlust durch Veränderungen und Vergänglichkeit; und schließlich die Angst vor Unfreiheit und Starrheit. Psychische Gesundheit zeigt sich auch darin, wie flexibel wir auf dramatische Ereignisse reagieren können. Und die todbringende Krankheit eines Angehörigen kann sich als dramatischstes Ereignis des gesamten Lebens erweisen.

Normalerweise leben wir ganz gut mit der einen oder anderen psychischen Einschränkung, jedenfalls haben wir uns daran gewöhnt, dass wir nicht alles gleich gut können. In schweren Krisen aber können auch die alten Ängste in uns aufstehen und die Angst grundieren, die mit einer lebensbedrohlichen Krankheit immer verbunden ist. Je ausgeprägter unsere Grundängste sind, umso wahrscheinlicher ist es, dass sie unter dem Druck der bedrängenden Realität die Abwehr durchbrechen und vorübergehend oder dauerhaft in den Vordergrund geraten. Das ist der tiefere Grund dafür, warum die Vorstellung naiv ist, man müsse nur die richtigen Mittel zur Verfügung stellen, man müsse sich den Kranken und ihren Bedürfnissen nur öffnen, dann würden sie selbst sich irgendwann klären und mitteilen, zu einer realistischen Sicht und zu innerer Ruhe gelangen.

Angehörige spüren manchmal, dass genau das Gegenteil geschieht, und machen intuitiv das, was auch Psychoonkologen tun: Sie versuchen, das Ich ihrer Kranken zu stärken, und vermeiden Konfrontationen, die die Angstabwehr zusätzlich ins Wanken bringen könnten. Und: Trotz aller Schwierigkeiten, die damit für sie verbunden sein können, überlassen sie den Kranken die Wahl der Themen, respektieren ihr Bestreben, sich vor unerträglichen Ängsten zu schützen.

Am Lebensende werden wir noch einmal mit unseren Grundängsten konfrontiert, und je konstruktiver wir sie am Lebensanfang unbewusst verarbeiten oder später bewusst integrieren konnten, umso besser und bewusster können wir in ihnen am Lebensende bestehen. Das ist im wahrsten Sinne des Wortes eine reife Leistung. Anders gesagt: Man muss sich zu einer reifen Persönlichkeit entwickelt haben, um die Ängste am Lebensende nicht abweisen zu müssen, sondern durchleben zu können. Wie reif wir im Laufe unseres Lebens werden, ist allerdings nur bedingt eine Frage der Entscheidung. Wir können unsere persönliche Entwicklung als Erwachsene reflektieren; wir können uns darum bemühen, unsere Schwachstellen zu erkennen und sie zu unterfüttern. Natürlich beeinflusst und verändert uns auch das Leben als Erwachsene, unsere Arbeit, vor allem aber unsere Beziehungen. Wenn wir auf dem Weg zur (utopischen) Ganzheit vorangekommen sind, wenn wir das Leben als beständige Entwicklungsaufgabe angenommen haben, werden wir womöglich auch die letzte Aufgabe einigermaßen bewusst bewältigen können und ohne Verwerfungen in unseren Beziehungen. Allerdings: Je gravierender die Verletzungen in der Kindheit waren, umso schwerer sind sie auszugleichen. Wir können Spitzen abbauen, können nachjustieren, aber wir können uns nicht von Grund auf ändern. Und in höchster Gefahr werden wir innerlich zurückgeworfen auf unsere frühesten Antworten auf Gefahrensituationen.

Die Liebe, die uns in die Welt getragen hat, trägt uns auch, wenn wir sie verlassen. »Von guten Mächten wunderbar geborgen, erwarten wir getrost, was kommen mag« – diese Zeilen von Dietrich Bonhoeffer werden bei protestantischen Beerdigungen oft gesungen, weil sie das benennen, worauf wir alle so sehr angewiesen sind. Vertrauen in »gute Mächte« göttlicher oder anderer Art fällt jedoch nicht vom Himmel, sondern wächst in Wiege und Kinderzimmer. Unser Ende erzählt immer auch von unserem Anfang, von seinem Glück, von seinem Unglück, manchmal auch von seiner Tragik: Nichts scheint die ganz frühe Verlorenheit aufheben zu können. Wenn in deren Licht alles Spätere Schall und Rauch ist, dann ist auch der Blick zurück mit versöhnlichen Gefühlen unmöglich.

Manche Menschen sind durch ihre psychischen Strukturen am Lebensende begünstigt: Jene, die vertrauen können und die Vergänglichkeit als Grundgegebenheit annehmen, können auch ihre Angst und manchmal sogar ihr Sterben als Grundgegebenheit akzeptieren. Manche Menschen mit starken hysterischen Anteilen gelingt es, die Realität und damit Ängste bis zum Schluss weitgehend auszublenden. Schwerer haben es jene mit starken schizoiden Anteilen. Am schwersten fällt das Sterben stark zwanghaften Personen.

Wie gesagt, wir alle durchleben sämtliche Entwicklungsstufen, und deshalb können sich die Probleme kombinieren, abschwächen – womöglich in einem depressiv-hysterischen Menschen –, aber auch verstärken – beispielsweise in einer schizoid-zwanghaften Charakterstruktur. Unsere psychische Entwicklung ist überaus komplex und konnte hier nur knapp umrissen werden. Wie vielschichtig und unterschiedlich wir alle sind und dass unsere Eigenschaften und Verhaltensweisen nicht mit einem einfachen Raster erklärt werden können, zeigt uns unsere Lebenserfahrung immerfort.

In schweren Krisen, unter starkem psychischen Druck, werden oft Regressions- und andere Abwehrphänome erkennbar. Deshalb erscheinen manche Schwerkranke unberechenbar, insbesondere dann, wenn diese Phänomene sprunghaft auftreten: In einem Moment sind sie die Erwachsenen, die wir kennen, im nächsten reagieren sie wie ein Kind in einer der frühen Entwicklungsphasen; urplötzlich werden sie wütend, dann womöglich klammern sie sich weinend fest, in einer anderen Situation gehen sie über eine ernste Frage mit unangemessen scheinender Leichtigkeit hinweg, wirken dann wieder ganz vernünftig – Gefühlslagen wechseln bei manchen wie Wolkenformationen bei Wind. Das, was uns in Kranken dann fremd erscheint, ist das, was sie sonst im Erwachsenenleben gut kompensieren und steuern konnten, was unter dem Belastungsdruck nun aber aufbricht.

Dazu gehört auch, dass das Gegenüber – unabhängig davon, wie es sich verhält – mit den in den Vordergrund gerückten Gefühlen betrachtet wird: beispielsweise als gänzlich versagend oder als mächtiger Helfer in der Not. Solche Phänomene der Übertragung sorgen gerade in engen Beziehungen für gravierende Verschiebungen, die Angehörige meist nicht ohne Weiteres verstehen können.

Menschen reagieren auf schwere Erkrankungen und ihr absehbares Sterben auf die für *sie* grundlegend bestimmende Weise. Je nach ihren Prägungen interpretieren sie ihre Krankheit als Schuld oder Schicksal, als zu bestehende Prüfung oder als gar nicht vorhanden, als Bedrohung von innen oder von außen. Je nach Eigenart bewerten sie auch ihr zurückliegendes Leben als Geschenk oder als Unglück, als weitgehend verfehlt oder als überwiegend erfüllt. All das ist von Angehörigen, selbst wenn sie den Kranken sehr nah stehen, nicht oder nur wenig zu beeinflussen. Deshalb ist es unangemessen, sich Vorwürfe zu machen, wenn man es nicht geschafft hat, den Sterbenden den vermeintlich »richtigen« Weg zu einem »guten« Sterben zu ebnen. Selbst wenn wir diesen Weg abstrakt beschreiben können, gibt es, so Gian Domenico Borasio, »nur den Tod, der diesem einen Menschen in seiner einzigartigen Lebenssituation angemessen ist«.[26]

Umgekehrt aber könnte in der Erkenntnis, dass unsere Gefühle am Lebensende vor allem von unseren psychischen Strukturen bestimmt werden, durchaus Hilfe liegen: Wenn wir uns in die grundlegenden Ängste der Sterbenden einfühlen und sie verstehen, können wir sie womöglich leichter beruhigen, indem wir unser Verhalten darauf einstellen – ganz individuell und nicht vermeintlich allgemeingültigen Merksätzen gemäß. Und wir können *uns* leichter beruhigen, indem wir nichts von ihnen erwarten, was sie nicht können.

Die Konflikte, die für Angehörige entstehen, lassen sich oft nicht lösen, sondern nur akzeptieren. Viele Angehörige tun das auch unbewusst. Sie spüren, dass sie die Bemühungen der Sterbenden Halt zu finden, auch dann nicht torpedieren dürfen, wenn sie ihnen nicht tauglich erscheinen. Sie halten still, selbst wenn sie dadurch – beispielsweise weil ihr Kranker die Tatsachen verleugnet – in schreckliche Situationen geraten. Sie wollen den Sterbenden stärken, nicht schwächen. In vielen Fällen bedeutet das, ihm nicht mehr wirklich begegnen zu können. Der damit verbundene Schmerz geht oft einher mit der Hoffnung auf letzte wahrhaftige Begegnungen, einen wirklichen Abschied. Diese Hoffnung erfüllt sich aber nur selten, wenn das Miteinander nicht schon in den Wochen und Monaten vor dem Tod von wahrhaftigem Austausch gekennzeichnet war. Dann liegt Trost im liebevollen Bedenken und im Verstehen der Problematik, vielleicht auch der Tragik des Lebens, das nun zu Ende geht, beendet wurde.

Angehörige können sich aber auch um Erkenntnis bemühen, mit welchen grundlegenden Ängsten sie selbst auf die Situation reagieren und was das für sie und die Kranken bedeutet. Dabei kann es überhaus hilfreich sein, sich Gesprächspartner von außen zu suchen. Das kann manches gerade dann erleichtern, wenn man spürt, dass man den Kranken mit dem, was einen selbst bewegt, nicht erreichen kann oder nur belasten würde. Die Ungleichheit, die im dritten Kapitel das Thema war, gilt es schließlich auch hinsichtlich der psychischen Strukturen zu akzeptieren. Eine letzte Zeit guter Gemeinsamkeit ist keine Selbstverständlichkeit, sondern ein besonderes Geschenk – ein Glücksfall, zu dem Menschen gehören, die in der Lage sind, auch tiefste Gefühle zu durchleben und dabei bei sich und bei einander zu bleiben.

Die letzten Stunden

> *Menschen sterben meistens, ohne es zu wissen.*
> *Wenn man sich das genau überlegt, fragt man sich,*
> *ob es überhaupt anders sein könnte. (...) Wir*
> *werden gestorben, und das ist schwer zu*
> *definieren. Am bildhaftesten ist: Ein Ringen am*
> *Ausgang, und danach wird man hindurchgelassen.*
> Bert Keizer[1]

Zu unseren Vorstellungen vom »guten« Sterben gehört ein ausdrücklicher Abschied. Wir sprechen vom Gehen statt vom Sterben und stellen uns vor, wir könnten zum Schluss unsere Liebe ausdrücken, die Hände der Sterbenden halten, Dank sagen und gute Wünsche und liebevolle Blicke auch empfangen – ganz so, als ginge es tatsächlich um den Abschied vor einer Reise, vor der letzten Reise, von der so oft die Rede ist. Reisende wissen, wann sie sich auf den Weg machen, wann sie das Haus verlassen und Lebwohl sagen müssen. Sterben jedoch ist etwas ganz anderes. Nur in Ausnahmefällen nehmen Sterbende bewusst wahr, dass die Stunde der endgültigen Trennung nun tatsächlich bevorsteht, und wenn die Angehörigen es realisieren, ist der Sterbende oft schon gar nicht mehr bei Bewusstsein, nicht mehr zu erreichen.

Nur Menschen, die Sterbende besuchen und wissen, dass es tatsächlich die letzte Begegnung sein wird, können sich ausdrücklich verabschieden. Angehörige, die Tag für Tag und oft auch Nacht für Nacht bei den Sterbenden sind, erleben selten einen ausdrücklichen gemeinsamen Abschieds*moment*. Sie durchleben eine Abschieds*zeit,* und meist wird ihnen erst nachträglich bewusst, dass es so war. Und manchmal wird ihnen auch erst nachträglich bewusst, dass es gar nicht anders hätte sein können, weil weder sie noch die Sterbenden darüber gesprochen haben, dass es aufs Ende zugeht. Und dennoch: Bis auf Paula haben mir alle meine Gesprächspartner gesagt, wie sehr es ihnen nachgeht, dass sie sich nicht »richtig« verabschieden konnten.

Kein Reisender verabschiedet sich, zieht dann den Mantel wieder aus und setzt sich noch einmal für ungewiss lange Zeit. Ein ausdrücklicher Abschied ist gebunden an einen bestimmbaren Zeitpunkt. Wann sich das Bewusstsein trübt, wann es für immer verloren geht, kann aber nur selten genau vorhergesagt werden.

Manchmal sind Menschen, die über lange Zeit krank waren, besser in der Lage, sich auf das Ende einzustellen und vorzubereiten, und manche haben sich beizeiten mit ihren Angehörigen und behandelnden Ärzten besprochen. Aber selbst dann ist es für die meisten Menschen so: Auch wenn der Tod schon ganz nah ist, bleibt es unvorstellbar, dass das Leben tatsächlich zu Ende geht und etwas anderes ist als ein Schlaf, dem man sich todmüde hingibt.

So oder so: Sterben ist ein Prozess, der bei einer Krebserkrankung meist Monate und Wochen dauert, um schließlich in die letzte Phase zu münden, in der die Körperfunktionen nach und nach aussetzen. Wann die letzte Sterbephase beginnt, ist eine Frage, die auch für erfahrene Fachleute manchmal schwer zu beantworten ist. »Im Begriff der Todesnähe und der Unumkehrbarkeit eines Krankheitsbildes versteckt sich (.) eine Zeitspanne bis zum Eintritt des Todes, der *grundsätzlich* eine hohe Unschärfe zukommt.«[2]

Das gilt insbesondere dann, wenn der Kranke aus der Behandlung im Krankenhaus heraus stirbt. Wie der Bruder von Dieter Wellershoff oder der Mann von Petra Thorbrietz, der von Schmerzen gepeinigt zwischen Onkologie und Palliativstation wechselte, zwischen Therapien und Schlafnarkose. Ein Arzt teilte Thorbrietz mit, dass ein Wirbelknochen zerfallen war.«»Wir können ihn zwar zementieren, aber danach müssen wir die benachbarte Region bestrahlen, um die Tumorzellen zu stoppen.‹ Pause. ›Das heißt, wir müssen die Chemotherapie unterbrechen.‹ Ich merkte, dass er auf eine Reaktion wartete. Doch ich hatte immer noch nicht verstanden. ›Ist das schlimm?‹ ›Wir müssen dann‹, antwortete er langsam, ›erst mal sehen, ob das Immunsystem danach noch eine weitere Behandlung aushält.‹ Plötzlich begriff ich, dass Du das Krankenhaus nie wieder verlassen würdest.«[3]

Vier Tage später starb ihr Mann auf der Palliativstation, auf der er sich so gut aufgehoben fühlte. Seine Haut hatte sich blaugrau marmoriert, und eine Ärztin erklärte Petra Thorbrietz, dass ihr Mann nun sterben würde. »Die Sterbenden brauchen Platz, hatten die Schwestern gesagt, man muss ihnen Raum lassen. Aber ich konnte Dich doch so nicht gehen lassen, alleine. Zerrte erneut an Dir, ohne eine Reaktion zu erhalten, küsste Dich, verzweifelt, und fand mich aufdringlich dabei. Aber als sich meine Lippen von Deinen lösten, vorsichtig, zögernd, hast Du einen tiefen Seufzer getan und warst still. Warst tot.«[4]

Ein dramatisches Hin und Her zwischen Behandlungsversuchen und Maßnahmen zur Symptomkontrolle im Krankenhaus, zwischen ihrem Zuhause und einem Hospiz durchlebte Ruth Picardie zum Schluss. Ihre letzten Tage waren gekennzeichnet durch zunehmende Verwirrung, verursacht durch Hirnmetastasen – zu Hause ein unhaltbarer Zustand wegen der zweijährigen Zwillinge des Paars: »Die Entscheidung, Ruth in das Hospiz zu ›geben‹, war absolut qualvoll«[5], schreibt ihr Mann Matt Seaton.

Ruth Picardie starb nachts in einem »morphiumschweren Schlaf«.[6] Ihre Mutter war bei ihr, ihr Mann zu Hause bei den Kindern. Ruth Picardie sah im Tod sehr jung und sehr friedlich aus, berichtet Seaton, aber ihr Sterben war entsetzlich: »Wenn ich etwas im Laufe von Ruth' letzten Wochen gelernt habe, dann, dass einem die Illusionen von einem friedlichen, würdevollen Tod und dem perfekten Familienabschied am Sterbebett mit ziemlicher Gewissheit geraubt werden. Wenn da noch irgendwelche Zipfel von Trost zu greifen sind, dann ist es ein überraschender Segen. Sterben ist gemein, hässlich und schmerzhaft; das ist ja auch eigentlich offenkundig, oder?«[7]

In Helen Garners Buch »Das Zimmer« stirbt Nicola in einem Hospiz. »Ich hätte mir allerdings denken können, dass sie sich gegen ein Hospiz wehren würde, bis ihr die Bestandteile ihrer Lunge aus Nase und Kehle zu schäumen begannen, bis alle um sie herum vor Erschöpfung, Wut und Verzweiflung völlig zerrüttet waren.«[8] Die sterbende Nicola ist längst wieder dazu übergegangen, die Realität auszublenden und zu ihrem typischen Plauderton: »Als ich auf Zehenspitzen ihr Zimmer im Hospiz betrat (…), krächzte [sie] unter der Kanüle der Sauerstoffmaske hervor: ›Bist du vom Festival ausgebüchst? Was gibt's für neuen Klatsch?‹«[9]

Krebskranke sterben selten überraschend und plötzlich, beispielsweise an Herzversagen. Meist ist ihr Sterben ein längerer Prozess. Woran erkennt man dessen Ende? Was geschieht in den letzten Stunden? Angehörige fragen sich das oft mit Bangigkeit und Angst vor krisenhaften Entwicklungen, denen sie hilflos ausgesetzt sein könnten. Es gibt etliche Anzeichen des bevorstehenden Todes, aber es gibt keine, die *immer* auftauchen.

Viele Krebskranke werden zunehmend schwächer, sind erschöpft und schlafbedürftig, manche magern ab, zehren aus. Bei manchen werden aber nur die Extremitäten dünn und der Leib schwillt an durch Flüssigkeitsansammlungen, und das Gesicht wirkt aufgedunsen durch Medikamente. Brüche, bedingt durch Knochenmetastasen, können zu längerer Bettlägerigkeit führen; viele Sterbende können jedoch bis wenige Tage vor ihrem Tod einige Schritte gehen.

In den letzten Stunden werden viele Sterbende unruhig, manche wollen fort, wollen flüchten. Manche greifen mit gestreckten Armen in die Luft oder bewegen immerfort die Hände auf der Bettdecke. Schließlich scheidet der Körper immer weniger Urin aus. Arme und Beine werden kühler und deren Haut marmoriert sich graublau. Das Bewusstsein trübt sich; die Sterbenden halluzinieren womöglich, fallen in ein Koma oder werden medikamentös in eine Bewusstlosigkeit versetzt. Die Atmung – zuvor ruhiger oder beschleunigt – setzt manchmal aus. Durch Sekretansammlungen, die nicht mehr abgehustet werden, kann das Atmen aber auch mit rasselnden, gurgelnden Geräuschen verbunden sein. Die Sterbenden werden davon nicht mehr gequält, aber die Angehörigen durchaus, wie der holländische Arzt Bert Keizer schreibt: »Häufig ist es unmöglich, lange bei einem Sterbenden zu sitzen, vor allem, wenn dieser mit dem großen Verschwinde-Trick hinter einem Vorhang aus Morphin beschäftigt ist. Das führt zu einer Atmung, die sich in Minutenabständen bis zum völligen Aussetzen verlangsamt. Stille. Du stehst erschreckt auf, schließt dein Buch, stellst die Kaffeetasse ab, drückst die heimlich angezündete Zigarette aus und beugst dich über den reglosen Körper: ›Sollte sie endlich …?‹ Aber nein. Ganz allmählich beginnt das Gerassel wieder. (…) Dies kann Stunden oder auch Tage so weitergehen (…). Mit dem Sterbenden selbst hat das alles jedoch nichts zu tun, denn der ist schon lange fort.«[10]

Bei guter palliativer Versorgung sind Sterbende durch entsprechende Medikation frei von Schmerzen und Ängsten und in ihren letzten Stunden meist nicht mehr bei Bewusstsein. Schließlich hören sie auf zu atmen, häufig, nachdem sie noch zwei- oder drei intensive Atemzüge rasch hintereinander getan haben.

Zu einer guten palliativen Betreuung gehört auch die Aufklärung über den zu erwartenden Verlauf des Sterbeprozesses – zumindest für die Angehörigen, die oft nicht zu fragen wagen. Sie sind entlastet von Angst und Sorge, wenn ihnen gesagt wird, was im Sterben geschieht, und wenn sie wissen, dass der Sterbende nicht mehr leidet. Sie sollten unbedingt auch – mental und praktisch – vorbereitet sein auf Begleiterscheinungen, die auf medizinische Laien erschreckend wirken. Es gibt Krankheitsverläufe, bei denen es zu starken Blutungen kommen kann, beispielsweise aus dem Mund.

Angehörige sollten auch wissen, dass Sterbende sich zurückziehen. Manchmal merkt man das schon in den letzten Tagen: Der Blick sucht das Gegenüber nicht mehr dauerhaft, geht aus dem Fenster oder in eine unbestimmte Ferne. Sterbende verlassen die Welt – mit allem und allen, die dazu gehören. Dass sie nichts mehr von der Welt hören wollen, auch nichts mehr hören sollten, wonach sie nicht fragen, wissen viele Angehörige nicht. Besonders bestürzt sind sie, wenn sie spüren, dass sie das letzte Stück des Weges nicht mehr so mitgehen können, wie sie es sich – unrealistischerweise – vorgestellt hatten. Realistisch ist: Sie können da sein, dabei sein, ihren Sterbenden beschützen vor Irritationen, vor Störungen von außen, aber: Sie müssen ihn freigeben in den Tod.

Der Psychotherapeut Hans Jellouschek, dessen vierundfünfzigjährige Frau sich nach Beratung mit ihrer Ärztin zu einer palliativen Sedierung im Krankenhaus entschlossen hatte, war getroffen, weil seine Frau sich schon zuvor innerlich von ihm abwandte. »Es steht nichts mehr zwischen uns! Es ist alles gut!«[11], hatte sie gesagt, aber sonst wollte sie nicht mehr viel reden. »Meine Person und meine Anwesenheit schien für Margarete unwichtiger zu werden. Es entstand eine Distanz zwischen uns, die ich nicht gut aushalten konnte.«[12]

Hans Jellouscheks Frau hatte sich gewünscht, zu Hause und bei möglichst klaren Sinnen zu sterben. Beides war nicht möglich, obwohl sie ihrem Ende ungewöhnlich bewusst und offen entgegenlebte. Die Patientin lag im Krankenhaus und war zu schwach für einen Transport nach Hause. Hans Jellouschek quartierte sich in den letzten drei Wochen mit im Krankhauszimmer seiner Frau ein. Die Ärztin hatte mit der Sterbenden darüber gesprochen, dass ihr vermutlich ein quälender Todeskampf bevorstehen würde. »Man könnte demgegenüber ja auch den Weg wählen, wenn die Schmerzen eskalieren, die bewusste Entscheidung zu treffen, die Schmerzmittel-Dosis zu erhöhen und dies dann als den Moment des Abschieds zu nehmen.«[13] So geschah es. Die Sterbende verabschiedete sich von allen Schwestern, Pflegern, Ärzten und Ärztinnen – und das war für sie alle außergewöhnlich und sehr bewegend –, und schließlich nahm sie Abschied von ihrem Mann. Sie wurde medikamentös in ein Koma versetzt und starb am Abend desselben Tages.

Die Vorstellung, dass Sterbende bis in den Tod gehalten werden wollen – auch das romantisiert den Sterbeprozess, der ja eine radikale Trennung herstellt von allem und jedem und schließlich von sich selbst. Angehörige sollten die Sterbenden nicht allein lassen, aber sie nicht fortwährend aus allernächster Nähe beobachten. Sie sollten in Rufweite bleiben, aber die Intimität des Sterbeprozesses respektieren und die dafür gewünschte Ruhe schützen. Manche Sterbende zeigen Unmut, wenn sie spüren, dass ihre Angehörigen sie immer noch halten, vielleicht immer noch bei sich behalten wollen. Oft geschieht es, dass Menschen eben in jenem Moment sterben, in dem Angehörige, die lange schon an ihrem Bett gesessen hatten, für kurze Zeit hinausgegangen waren.

Manche Sterbende empfinden Berührungen in den letzten Stunden nicht mehr als angenehm, letzte medizinische oder pflegerische Bemühungen sogar als deutlich unangenehm. Angehörige erleben das beispielsweise, wenn Sterbenden im Krankenhaus noch ein Blasenkatheter gelegt wird, überflüssigerweise, nämlich um dem Pflegepersonal die Arbeit zu erleichtern.

Der Bruder von Dieter Wellershoff reagierte darauf »mit einem wilden Ausbruch seiner letzten Kräfte«.[14] Der Bruder war schon nicht mehr bei Bewusstsein gewesen, kam aber wieder zu sich und wehrte sich vehement gegen letzte medizinische Zumutungen: »»Kommt gar nicht in Frage! Niemand wird ... nein ... nicht mit mir! Ich werfe Sie hinaus!‹ Er stieß die Schwester und die Ärztin beiseite und drohte sich den Venenkatheter herauszureißen. Die Schwester und die Ärztin rangen mit ihm, drückten ihn gewaltsam nieder, und sowohl er als auch die Ärztin riefen H. um Hilfe, die entsetzt dabeistand.«[15]

H., die Lebensgefährtin, versucht den Sterbenden zu beruhigen; die Ärztin verabreicht ihm eine Morphiumspritze. »Dann wurde der Atem immer flacher, und nach dem letzten reflexartigen Luftholen, das wir den letzten Seufzer nennen, hörte er auf.«[16]

Diese Szene zeigt, wie wichtig es ist, Sterbende nicht unnötig zu stören. Sie sollten geborgen sein in der Gewissheit, mit ihren Bedürfnissen gesehen und beantwortet zu werden, ohne dass sie selbst irgendwelche Erwartungen erfüllen, ohne dass sie selbst Rücksicht nehmen müssen. Sterbende sollen nicht mehr von sich selbst entfremdet werden – deshalb würden Palliativ-Pflegekräfte sie eher mit einer Vorlage versorgen als mit einem Katheter. Der Palliativmediziner Gian Domenico Borasio sagt: »In der Regel verläuft der Sterbevorgang gerade dann am friedlichsten, wenn man möglichst wenig eingreift. Es ist sehr wichtig, nicht in Aktionismus zu verfallen.«[17]

Ruhig werden, in Ruhe sterben zu können – das wünschen die Angehörigen ihren Sterbenden. Und es ist und bleibt ein Unglück für sie, wenn das nicht gelingt, weil die Sterbenden bis zuletzt kämpfen, weil nicht rechtzeitig über gute Sterbebedingungen gesprochen und sie deshalb nicht hergestellt werden konnten. Wenn die letzte bewusste Äußerung eines Sterbenden ein ultimativer Entlastungsangriff ist, kann das für Angehörige traumatisch sein. Es ist, als würde ihnen ein Fluch aufgebürdet, der nicht mehr zurückgenommen werden kann.

Je näher einem der Sterbende steht, umso schwerer ist es für Angehörige zu akzeptieren, dass für sie das Gleiche gilt wie für die Ärzte: Der Patient entscheidet, so lange er dazu in der Lage ist, und seine Entscheidungen sind auch dann zu akzeptieren, wenn sie unvernünftig erscheinen. Es ist mit einem schrecklichen Versagensgefühl verbunden, wenn die Selbstbestimmung am Ende nicht zu einem ruhigen Sterben führt, sondern in einen letzten Kampf. Es kann furchtbar sein, wenn Sterbende sich selbst Erleichterungen im Sterben verweigern und auch für Angehörige daran nichts zu ändern ist.

Für sie ist es unerträglich, wenn den Sterbenden keine ausreichende palliative Hilfe zuteil wird, zumal den Angehörigen am Ende – wenn die Sterbenden sich nicht mehr äußern können – zumindest eine Mitverantwortung dafür zuwächst. Wenn sie dieser nicht gerecht werden dürfen, führt sie das in tiefes Entsetzen. Auch wenn das, was am Ende körperlich geschieht, in vielen Fällen sehr ähnlich ist, sind doch die Bilder am Sterbebett für die Angehörigen sehr verschieden. Es können Bilder des Schreckens sein. Es können Bilder der Ruhe sein.

Wie Mariannes Tochter Verena starb

Marianne sagt: »Dieses Bild, wie sie da saß mit diesem schweißnassen Kopf, das war immer da, immer. Jetzt erst ist es ein bisschen weiter weg.«

Verena konsultierte in ihrer letzten Lebenszeit nur einen einzigen Arzt. Sie war mit ihm befreundet, und er versorgte sie mit Morphium und hatte ihr versprochen, ihr im Sterben beizustehen.

Marianne war zu Hause gewesen, hatte morgens mit der Tochter telefoniert und sich dann zu ihr auf den Weg gemacht. »Als ich kam, hatte sie von ihrem Arzt schon diese Medikamente bekommen. Ich bin vor vollendete Tatsachen gestellt worden und fühlte mich dadurch um den Abschied gebracht.«

Marianne hatte das Gefühl, man hätte auf sie warten müssen, auf sie, die die lange schwere Krankheit so aufopferungsvoll mitgetragen hatte. Kaum zu fassen ist für sie der Gedanke, die Tochter habe womöglich nicht auf die Mutter warten *wollen,* bevor sie sich sedieren ließ.

Verena konnte nicht mehr sprechen, als ihre Mutter kam. Marianne hatte jedoch den Eindruck, Verena *wollte* sich äußern. Sie sah Angst in Verenas Augen, und die Sterbende schwitzte fürchterlich. »Sie muss auf entsetzliche Weise in ihrem Körper eingesperrt gewesen sein. Sie konnte nichts mehr tun, aber sie war noch da. Sie war nicht bewusstlos, sondern wie gelähmt.« Marianne hat das Sterben ihrer Tochter als qualvoll erlebt. Und es hat lange gedauert, viele, viele Stunden. Die Medikamentengabe des Arztes erschien Marianne nicht ausreichend. »Das war keine Hilfe, und das hat mich unheimlich belastet.«

Im ersten Moment war Marianne erleichtert, als Verena gestorben war. Aber die Bilder der letzten Stunden, der fehlende Abschied – all das war und blieb alptraumhaft.

Wie Saskias Mutter starb

»Das Personal auf der Krankenhausstation war auf die Pflege Sterbender besonders gut eingestellt, vielleicht war es sogar eine Palliativstation. Meine Mutter ist in den frühen Morgenstunden gestorben, und keiner von uns Angehörigen war da. Eine ganz, ganz nette Schwester hat sich neben sie gesetzt und ist stundenlang bei ihr geblieben. Diese Schwester kam auch zur Trauerfeier. Das hat mich tief berührt. Es war wirklich sehr schön zu wissen, dass in ihren allerletzten Momenten ein Mensch an der Seite meiner Mutter war.«

Saskia weint. Sie weint, weil sie selbst nicht bei der Mutter sein konnte. Sie weint über die Einsamkeit, in der ihre Mutter immer gelebt hat und die für die Tochter mit so viel Mangel und Belastungen einhergegangen war.

Saskia lebte in jenen Tagen in einem absoluten Ausnahmezustand – emotional und praktisch.
»Ich hatte einen extrem schwierigen neuen Job. Alle zwei Tage bin ich nach Feierabend in den Flieger, war dann abends bei meiner Mutter, und morgens bin ich mit dem ersten Flieger wieder zurück. Am Wochenende war ich natürlich auch bei ihr. Ich bereue, dass ich mich nicht einfach habe krankschreiben lassen, weil ich mich meiner Chefin gegenüber mehr verpflichtet gefühlt habe als meiner sterbenden Mutter. Ich wusste ja, dass sie sterben würde, aber ich wusste nicht, wann. Das hätte ja auch Monate dauern können. Aber das war eine Lehre für mich: genau hinzugucken, was zählt jetzt wirklich. Denn diese Zeit ist unwiederbringlich. Ich kann nicht sagen: Jetzt warte mal, bis ich Zeit habe. Ich wäre gern mehr bei ihr gewesen. Es war eine Qual, so weit weg zu sein, und natürlich auch von der Beanspruchung her. Es brachte mich an den Rand meiner Kräfte, einerseits überhaupt der Tatsache ins Auge zu schauen, dass meine Mutter sterben würde, und andererseits gleichzeitig funktionieren zu müssen, Kunden anzurufen, Alltagskram zu regeln, die Hin- und Herreiserei zu organisieren. In mir tobte die Hölle.
An dem Morgen, an dem meine Mutter starb, war ich völlig außer mir. Ich war so erschöpft, so kaputt, dass ich in der Wohnung rumschrie: Ich kann nicht mehr! Ich kann nicht mehr! Es war Freitag, und ich packte meine Sachen, um nach der Arbeit wieder nach München zu fliegen und am Wochenende bei meiner Mutter zu sein. Ich lief verzweifelt schimpfend durch meine Wohnung, und das war dann genau die Stunde, in der meine Mutter starb. Nachher hatte ich schreckliche Schuldgefühle, weil ich statt liebevoll an sie zu denken, aufgebracht durch die Wohnung rannte, um alles zu packen und dann zur Arbeit zu fahren. Vom Kopf her verstehe ich, dass ich da an meine Grenzen gekommen war und meine Bedürfnisse gespürt hatte, aber es war schwer für mich, dazu zu stehen. Es war ein fürchterlicher Zwiespalt, zum einen für

meine Mutter da und bei ihr sein zu wollen und zum anderen mein Leben leben zu wollen und das nicht beides unter einen Hut zu kriegen.

Jetzt denke ich, wenn Beziehungen so schwierig sind, wie die zwischen meiner Mutter und den Menschen um sie herum, warum sollte beim Sterben dann plötzlich alles anders sein. Das ist eine Illusion, die nicht reflektiert wird. Aber ich hatte diese Illusion. Das führte zu einer großen Diskrepanz zwischen meinem Anspruch an mich selbst und der Wirklichkeit. Das beschäftigt mich immer noch. Auch wenn ich das Illusionäre erkenne und es schon einigermaßen ruhig in mir geworden ist, sagt eine Stimme in mir: So hätte es nicht gewesen sein dürfen.«

Wie Sepps Frau Lisa starb

Lisa hatte Tränen in den Augen, als sie ihre Wohnung zum letzten Mal verließ, aber niemand sprach darüber, dass sie zum Sterben in die Klinik kam, auch die Ärzte nicht. »Fünf Tage vor ihrem Tod kam der Hausarzt zu uns in die Wohnung und hat Lisa sofort ins Krankenhaus überwiesen. Sie wollte nicht mit einem Krankenwagen fahren, ich habe sie also hingebracht. Es war ein Samstag. Am Montag sagte sie: ›Ich weiß nicht, was ich machen soll.‹ Da habe ich dann in meiner manchmal etwas unsensiblen Art gesagt: ›Komm erst mal zur Ruhe.‹ Sie war in der Nacht nämlich sehr unruhig gewesen. Im Nachhinein denke ich, das war die Vorahnung des Todes. Am Montagabend hatte ich sie in die Dusche geführt. Sie war schon sehr schwach, konnte kaum noch gehen, hing auch dauernd am Tropf. Aber das waren für mich als Laie keine Anzeichen dafür, dass es zu Ende ging. Wir haben noch zusammen Abendbrot gegessen. Um halb neun habe ich mich verabschiedet.

Am nächsten Morgen kam ich in die Klinik, und da lag sie

schon im Koma. Der Oberarzt hatte für Mittwoch einen CT-Termin gemacht, der wurde dann abgesagt. Weder der Chef- noch der Oberarzt haben gesagt, ich müsse mich auf ihren Tod einstellen. Sollten sie das erkannt haben, hätte ich erwartet, dass sie mir das sagen.« Sepp fragte sich später, ob Medikamente der Grund dafür waren, dass Lisa am Dienstagmorgen nicht mehr ansprechbar war. »Eigentlich hätte ich mich beim Arzt erkundigen wollen, was für eine Infusion Lisa bekommen hatte«, sagt Sepp, »aber ich habe es dann doch nicht getan.«

Als Sepp am Dienstag in die Klinik kam, war er irritiert, weil Lisa nicht wach war, wollte dann aber noch schnell Obst für sie einkaufen gehen. »Eine der Schwestern sagte: ›Bleiben Sie heute mal hier.‹ Sie sagte auch: ›Sie können mit ihr reden, sie versteht Sie. Sie wird Ihnen aber nicht mehr antworten.‹ Dann saß ich an Lisas Bett. Ich habe ihr gedankt für die schöne Zeit. Um kurz vor elf ist sie gestorben.«

Sepp bedauert, dass er sich nicht »richtig« von Lisa verabschieden konnte. Und er denkt häufig an zwei Gesten Lisas ganz zum Schluss: »Am Vorabend ihres Sterbetages hat sie mir, aus meiner Sicht ganz bewusst, den Mund hingehalten. Das habe ich später als Abschiedskuss interpretiert. Wenn es so war, frage ich mich allerdings, warum sie mich nicht dazu eingeladen hat, die Nacht über bei ihr zu bleiben. Ich weiß nicht, ob sie mich nicht bei sich haben wollte oder ob sie gar nicht gespürt hat, wie nah sie dem Tod schon war.«

Als Sepp am nächsten Morgen in Lisas Zimmer kam, hing ihre Hand ein wenig aus dem Bett. »Als ich sie berührte, hatte ich das Gefühl, dass sie mir die Hand entzieht, und ich dachte hinterher, sie sei verärgert gewesen. Sie hatte einen Katheter bekommen und schrie zweimal auf, als der reingeschoben wurde. Ich fühlte mich schuldig, weil ich das Katheterisieren nicht verhindert, und in ihrer letzten Nacht nicht bei ihr war.«

Lisa und Sepp waren im Reinen miteinander, aber nach Lisas Tod war Sepp dann doch mit wichtigen Fragen ganz allein.

Niemand hatte Sepp gesagt, dass Sterbende sich zurückziehen in sich selbst, dass sie Berührungen womöglich als störend empfinden. Diese Information erleichterte ihn nun wenigstens nachträglich.

Wie meine Freundin Franziska starb

Am 26. Dezember war Franziska noch zu einer Freundin gefahren, um mit ihr Gänsebraten zu essen. Unbedingt sollte es Gans geben und das berührte mich, weil auch Franziska und ich in den letzten Jahren Weihnachten immer Gänsebraten gegessen hatten. »Sie hat eine ungeheure Gier nach Essen gehabt bis zum Schluss«, sagt die Freundin. Ich stelle mir vor, dass Franziska, die als Kind oft nicht satt wurde zu Hause, weil die Mutter am Essen sparte, womöglich daran glaubte, wenn sie nicht abmagern würde, würde sie nicht sterben müssen. Franziska war sehr schwach geworden in den vorangegangenen Wochen, konnte nur noch sehr langsam und mit schlimmer Atemnot Treppen bewältigen. Und sie muss entsetzliche Panikattacken durchlebt haben: In manchen Nächten wütete sie verzweifelt in ihrer Wohnung, warf Gegenstände durch die Gegend, brachte die Ordnung, die ihr so wichtig gewesen war, völlig durcheinander.

Am 27. Dezember sorgten Freunde dafür, dass Franziska, die sie bei einem Besuch in äußerst schlechter Verfassung vorgefunden hatten, in ein Krankenhaus kam. Dort wurde eine Lungenembolie diagnostiziert und behandelt. Das Angebot eines Arztes, sie auf die Palliativstation zu verlegen, lehnte sie entrüstet ab: »So weit bin ich noch nicht!« Franziska kam nicht zur Ruhe. Sie wollte wieder nach Hause, sprach davon, bald wieder zu arbeiten. Sie war völlig entkräftet, aber die Kontrolle über sich, über ihr Leben wollte sie um jeden Preis behalten.

Für ihre Freundinnen müssen diese letzten Tage kaum auszuhalten gewesen sein. Eine von ihnen verabschiedete sich innerlich zwei Tage vor Franziskas Tod. »Ich sah, dass sie starb, aber sie wollte es nicht wahrhaben. Ich konnte es nicht mehr ertragen, dass kein Wort darüber gesprochen werden durfte.« Zwei Tage später saß sie aber doch an Franziskas Bett. Morgens hatte Franziska sich so sehr mit einem Arzt gestritten, dass sie fast aus dem Bett gefallen wäre. Der Arzt spritze ihr ein Beruhigungsmittel; Franziska verlor das Bewusstsein. »Er hat sie zum Sterben gelegt«, dachte ich, als ich es hörte.

Alle Freundinnen, die Franziska durch ihre Krankheitszeit hindurch beigestanden hatten, kamen ins Krankenhaus und wechselten sich an ihrem Bett ab. Sie hielten ihre Hand, sprachen mit ihr, ohne zu wissen, was davon Franziska noch wahrnehmen konnte. Sie atmete röchelnd und rasselnd; das ängstigte die Anwesenden, bis ihnen eine Schwester, die sie um Hilfe gebeten hatten, sagte, dagegen müsse man nichts tun, weil es Franziska nicht mehr quälen würde. Manchmal schreckte Franziska kurz hoch und schaute mit angstgeweiteten Augen auf die Person an ihrem Bett, sank dann zurück. Am 4. Januar um 16 Uhr – fast genau ein Jahr nach ihrem ersten Krankenhausaufenthalt – starb Franziska, und im Tod entspannte sich ihr Gesicht vollkommen. Sie war erlöst, und so sah sie auch aus. Für alle, die bei ihr waren, war das tröstlich.

Wie Paulas Mann Claas starb

Einmal haben sich Paula und Claas bewusst voneinander verabschiedet – vor der lebensgefährlichen Operation in München. Paula ging mit bis zur Schleuse zum OP-Trakt und Claas sagte: »Es war doch so schön, nur viel zu kurz.«

Als Claas einige Monate später tatsächlich starb, gab es keinen ausdrücklichen Abschied: »Mein Mann hat Nacht für Nacht hier im Sessel verbracht. Nachts hatte er mehr Schmerzen, und deshalb hatte ich ein schlechtes Gewissen, wenn ich mich schlafen legte, aber ab und zu musste ich das für ein paar Stunden tun. Ich habe dann mein Bett so nahe an den Sessel gerückt, dass ich seine Hand halten konnte, wenn ich einschlief. Wenige Tage vor seinem Tod hatte er mir gesagt, es sei für ihn der Inbegriff der Gemütlichkeit, wenn ich bei ihm schlafen würde. Das hat mich beruhigt.

Am letzten Tag waren die Schmerzen so immens geworden, dass nichts mehr ging. Wir waren auf der einen Seite hausärztlich versorgt, und auf der anderen Seite mussten wir alle zwei Tage zur ambulanten Pleurapunktion ins Krankenhaus, waren also auch dort angebunden. Im Krankenhaus wurde uns immer wieder gesagt, wir dürften jederzeit kommen zur endgültigen Sedierung, aus der mein Mann – egal wie viele Tage es dauert – nicht wieder aufwachen würde. Das hat man uns immer wieder angeboten, aber nur unter Klinikbedingungen. Diese Entscheidung hätten wir jedoch nicht treffen können. Da hätte mein Mann mit Sicherheit eher selbst zur Spritze gegriffen.

Am letzten Morgen haben wir hier beide weinend gesessen, und Claas sagte, jetzt muss ich wohl doch ins Krankenhaus. In dem verheulten Gespräch stellte sich dann raus, dass er meinte, er könnte mir und vor allem auch den Kindern seinen Zustand nicht mehr zumuten. Ich habe gesagt, ich würde ihn nur ins Krankenhaus gehen lassen, wenn er sich davon irgendwelche Hilfe verspricht. Dann selbstverständlich, aber sonst nicht. Und damit war für uns die Entscheidung gefallen. Der Chefarzt des Krankenhauses hatte morgens nochmals die palliative Sedierung angeboten. Ich habe ihn dann angerufen und gesagt: ›Es geht nicht. Wir machen das nicht. Lassen Sie sich was einfallen.‹ Ich vermute, dass er und der Hausarzt sich dann miteinander beraten haben. Abends kam der Hausarzt und hat eine Infusion angehängt. Was da drin war, habe ich auch später nicht gefragt. Es war einfach richtig und gut so, und ich war und bin den Ärzten sehr dankbar.«

Paula beschreibt, warum weder Claas noch sie zu letzten Entscheidungen in der Lage waren: »Wir wussten, dass es nur noch eine Frage von Tagen war, aber man ist ja doch fern dieser Welt, hat Realitätsverluste. Zwischenzeitlich sprach Claas sogar davon, noch einmal eine Chemo machen zu wollen, und ich stimmte ihm hoffnungsfroh zu. Als das Ende kam, wollten wir es nicht glauben und dachten, es käme noch ein Tag und noch ein Tag. Wir hätten beide sehen müssen, dass es wirklich die letzten Stunden sind. Aber wir haben es nicht wahrhaben wollen.

Als er seine letzte Infusion bekam, hatten wir hier noch rumgeblödelt und er sagte: ›Zum ersten Mal ein Schmerzmittel, das wirklich wirkt. Warum haben Sie mir das nicht viel früher gegeben?‹ Ich musste dann rüber in die Praxis, und als ich wiederkam, schlief mein Mann schon. Ich habe ihm die Hand gedrückt, und er hat darauf reagiert, hat gemerkt, dass ich wieder da war. Erst im Lauf der nächsten zwei, drei Stunden wurde mir bewusst, dass er jetzt wirklich sterben würde. Die Atmung setzte zwischendurch immer schon mal aus. Ein paar Mal dachte ich, nun ist es so weit, aber jedes Mal, wenn ich ihn ansprach, setzte die Atmung wieder ein. So ging das über Stunden. Irgendwann habe ich mich dann daran erinnert, dass er mir gesagt hatte, dass es für ihn der Inbegriff der Gemütlichkeit sei, wenn ich neben ihm liege. Ich war auch so erschossen von der Situation, dass ich mir tatsächlich mein Bett hier neben seinen Sessel gerückt habe. Ich hab seine Hand genommen und bin eingeschlafen, und als ich nach einer halben Stunde wieder aufwachte, war er tot.«

Hat Paula einen ausdrücklichen Abschied vermisst? »Nein«, sagt sie. »Ich musste fast schmunzeln über das Ende. Wir hätten uns nicht verabschieden können, beziehungsweise wir hatten uns ein halbes Jahr lang verabschiedet, Tag für Tag und Nacht für Nacht. Es ist nichts offen geblieben. Da wäre nichts mehr zu sagen gewesen, aber loslassen konnten wir einander auch nicht. Das hatte ich in den Stunden davor ja erlebt. Wenn er aufhörte zu atmen und ich ihn angesprochen habe oder hingesprungen bin, fing er wieder an. Wir hätten uns gegenseitig noch drei Tage festgehalten, und es war Zeit zu gehen.

Ich habe in all den Monaten vor dem Sterben unheimlich viel Angst gehabt. Ich hatte noch nie einen Menschen sterben sehen und mich sehr gefürchtet vor dem, was da noch kommen könnte. In den letzten Stunden hatte ich aber keine Angst, denn ich sah ja, dass sein Sterben gut war. Hinterher war es ein seltener Friede, den ich nicht wirklich erklären kann. Natürlich ist es unheimlich traurig, aber es fällt auch ganz viel von einem ab, und alles war stimmig.« Paula sagt, es sei ein bisschen wie nach einer Geburt. Das dramatische Geschehen treibt auf den existenziellen, auf den erschütternden Moment des Geboren-worden-Seins oder des Gestorben-Seins zu. Und hinterher kehrt eine besondere Art von Ruhe ein.

»Der Hausarzt kam, die erste Frau meines Mannes, meine Mutter war hier, die Kinder, die aber zwischendurch auch mal wieder rausgingen. Wir haben hier noch ganz lange bei meinem Mann gesessen. Der Arzt und ich haben ihn zusammen vom Sessel rübergehoben auf mein Bett. Der Arzt hat dann ganz geschickt die Bettdecke so hochgezogen, dass es nicht nötig war, den Unterkiefer hochzubinden. Irgendwann sprangen die Hunde aufs Bett. Es war ein unglaublich friedvoller und schöner Anblick.«

Danach

Wer wollte leugnen, dass es im menschlichen Dasein Anlass zur Verzweiflung gibt? Das ist aber kein Grund, das Leben nicht mehr zu lieben, ganz im Gegenteil! Dass eine Reise irgendwann zu Ende geht, ist ja auch kein Grund, sie gar nicht erst anzutreten oder sie nicht zu genießen. Das wir nur ein einziges Leben haben – ist das ein Grund, es zu vergeuden?

André Comte-Sponville[1]

Der Tod und ganz besonders der vorzeitige Tod einer geliebten Person ist mit einem Schmerz verbunden, der in der Trauer nur langsam nachlässt, ein Verlust, der durch nichts wiedergutzumachen ist, sondern nur ertragen und ins Leben integriert werden kann. C. S. Lewis schrieb nach dem frühen Krebstod seiner Frau den bewegenden Satz: »Ihre Abwesenheit ist über alles gebreitet.«[2] Diese dramatische Abwesenheit macht uns das Weiterleben schwer. Diese schmerzliche Abwesenheit kann uns das Gefühl geben, selbst zu einem Teil gestorben zu sein, weil wir den Teil von uns verlieren, der durch das Du zu einem Wir geworden war.

Ein liebevoller Abschied führt in eine gesunde Trauer, das heißt, in eine Trauer, die nicht statisch ist, sondern sich verändert, uns verändert, aber nicht dauerhaft vom Leben trennt. Trauer ist ein langwieriger Prozess, der sich spiralförmig entwickelt. Im Zentrum steht der Schmerz, der nichts anderes zulässt. Aber je weiter sich die Spirale öffnet, umso weiter entfernen wir uns von dem akuten Schmerz. Er erfüllt uns nicht mehr vollständig, sondern lässt nach und nach Raum für anderes entstehen, gerade weil wir die Menschen, die wir geliebt, aber verloren haben, immer in uns tragen werden.

Die Schrecken eines sprachlosen, eines unversöhnlichen, eines qualvollen Sterbens erschweren hingegen die Trauer. Der Schmerz des Verlustes wird überlagert von Entsetzen und von Versagens- und Schuldgefühlen, bei deren Bewältigung Angehörige Hilfe in Anspruch nehmen sollten.

Sterben ist ein soziales Ereignis. Und wenn Menschen »vor der Zeit« sterben, trifft es eine größere Gruppe schwer. Der Abschied führt diese Menschen zusammen – in der Zeit der Krankheit, im Sterbeprozess oder auch erst bei der Abschiedsfeier. Der Wunsch nach Gemeinschaft kann sehr groß sein und Trost im Zusammensein, in Gesprächen und in der Gestaltung der Trauerfeier liegen. Gerade sie kann zum Abbild der zu Ende gegangenen Beziehungen werden.

Paula hat die Trauerfeier selbst gestaltet, und alle, die Claas besonders nahe gestanden hatten, waren aktiv daran beteiligt. Es gab viel Musik, und einiges davon dürfte für manche Gäste überraschend gewesen sein, beispielsweise der Schlager »Schön ist es, auf der Welt zu sein« oder das Lied »Alle, die mit uns auf Kaperfahrt waren«, das Claas oft mit seinem jüngsten Sohn gesungen hatte. Und Hermann van Veen war zu hören mit »Ich hab ein zärtliches Gefühl« – das hatte Claas sich selbst gewünscht. Darüber hinaus hatten Paula und Claas über die Trauerfeier nicht gesprochen, aber Paula war ja ohnehin sicher, was Claas schön und richtig gefunden hätte.

Ob sich ein schützender Kreis um den Sterbenden bilden konnte, ob der danach zu einem Schutzkreis auch für die Trauernden selbst wird und Raum gibt für Gespräche über das Erlebte, das erzählt viel über die beendeten und über die weiter bestehenden Beziehungen. Sterbende können über ihren Tod hinaus Verbindung und tröstlichen Zusammenhalt stiften, die heilend wirken auf die Gemeinschaft, die den Verlust eines Mitglieds betrauert. So habe ich es beim Abschied von meiner Großmutter erlebt, der die gesamte Familie stärkte.[3]

Sterbende können die Gruppe der Hinterbliebenen aber auch regelrecht sprengen. Nach Franziskas Tod stellte sich heraus, dass sich manche Freundinnen so stark mit ihr identifiziert hatten, dass sie von ihrem Tod überrascht waren oder sagten, sie sei gar nicht an Krebs gestorben, sondern an einer Embolie, so als ob das eine mit dem anderen nichts zu tun gehabt hätte. Die Gemeinsamkeit der Freundesgruppe endete am Sterbebett, und es kam mir nachträglich so vor, als sei Franziska wie eine Rakete davongezischt, die die Träger am Boden abgeworfen und versprengt hatte.

Über einen gemeinschaftlichen Abschied konnte man sich nicht einigen. Es gab Streit, böse Worte, Verletzungen und Tränen auch darüber – und schließlich vier Trauerfeiern. Auch das verursachte Unglück, und es erschien mir wie eine Folge dessen, was zuvor geschehen war. Gleichzeitig gab es aber auch viel tröstlichen Austausch über die Tabus und Verletzungen in Franziskas Sterbezeit, intensive Gespräche, in denen das erlebte Entsetzen offenbar und offenbart werden konnte. Durch all das wurde deutlich, wie tief ein schweres Sterben das Gemeinschaftsgefühl verletzt: Wir hatten Franziska nicht nur verloren, sondern mussten uns damit auseinandersetzen, dass sie in dem Schutzkreis, den wir alle unbedingt um sie bilden wollten, nicht hatte zur Ruhe kommen können. Wir waren dreifach geschlagen: traurig, entsetzt und auch anschließend ohne ausreichenden Zusammenhalt.

Nach dem Tod wird das, was nicht besprochen werden konnte, auch ganz praktisch noch einmal zur Last für manche Angehörige. Wo und wie sollen sie ihren Toten bestatten? Was soll mit ihrer Hinterlassenschaft geschehen? Gibt es darüber Streit, ist das besonders schrecklich. Vom Ende her gesehen, wird unabweisbar klar, welche zusätzlichen Bürden den Weiterlebenden aufgetragen werden, wenn Sterbende nicht dafür sorgen können, dass sich die Wunden, die ihr Tod reißt, auf verbindende Weise schließen können.

Manchmal sorgen die Sterbenden auf unvorhersehbare

Weise für nachträgliche Versöhnung. Helen Garner erzählt: »Ich hatte keine Ahnung, dass Nicola mir, bevor sie mein Haus verließ, einen Abschiedsbrief schreiben würde, der so voller Selbstvorwürfe, voller Zärtlichkeit und stiller Dankbarkeit war, dass ich, als ich ihn Monate später in seinem klug gewählten Versteck fand, vom Weinen geschüttelt wurde, von heftigen Schluchzern.«[4]

Auch mir wurde noch eine unerwartete Botschaft von Franziska zuteil: Drei Monate nach ihrem Tod wurde mir vom Amtsgericht eine Kopie ihres Testaments zugeschickt. Sie hatte mir Geld vermacht. Auch ich wurde von Schluchzen geschüttelt, als ich das las. Franziska hatte ihr Testament sechs Wochen nach unserem letzten Gespräch unterschrieben. Das bewegte mich vor allem, und deshalb war mir, als hätte sie sagen wollen: »Ich hinterlasse dir nicht nur Schrecken, und da ich dich kenne, vertraue ich darauf, dass du dir auf alles einen Reim machen wirst, der mir und dir gerecht wird.« Ich war und bin ihr sehr dankbar für diese Botschaft. In der folgenden Nacht träumte ich, dass ich Franziska sagte, ich wolle über die letzte Zeit ihres Lebens schreiben. »Mach das!«, antwortete sie knapp und mit der Andeutung ihres ironischen Lächelns, das ich so gut gekannt und so sehr gemocht hatte.

Dankbarkeit für einen guten Abschied, aber auch das Entsetzen über einen unversöhnlichen Tod und Querelen unter den Hinterbliebenen machen uns unabweisbar unsere Verantwortung für *unser* Leben und *unser* Sterben klar. Die Verantwortung für uns selbst kann uns niemand abnehmen, und wie schwer es ist, ihr am Lebensende tatsächlich gerecht zu werden, das wissen wir nun, und wir wissen auch, was das für die Angehörigen bedeutet. Das ist ganz etwas anderes als abstrakte Vorstellungen, die oft so unrealistisch, so beschönigend sind.

Nicht nur das Alltagsleben wird ein anderes, wenn wir einen uns nahen Menschen, unseren nächsten Menschen verlieren, auch wir sind andere geworden und stehen vor neuen Aufgaben. Angehörige haben ihre Sterbenden bis zum Ufer des Styx begleitet, haben ihnen nachgeblickt, als sie den Fluss ins Totenreich überquerten, und sind allein zurückgekehrt. Auf diesen Wegen haben sie etwas gesehen, was jenen, die nicht mitgekommen sind, verborgen bleibt. Sie fühlen sich anschließend fremd und einsam. So wie die Sterbenden zuvor nicht glauben können, dass sie tatsächlich im Totenreich ankommen werden, können ihre Angehörigen manchmal nicht glauben, dass sie wieder ganz heimisch werden können unter den Lebenden.

»Geh schon mal vor. Ich komme bald nach«, sagte Lorenz oft zu seiner Frau, wenn sie abends vor dem Fernseher saßen und Alexa müde war und zu Bett wollte. Daran denkt Lorenz häufig, auch im übertragenen Sinn.

Ja, wir kommen bald nach. Aber bis dahin haben wir zum Glück noch Zeit. Diese Zeit ist mitbestimmt von dem Verlust, den wir erfahren haben. Ihn konstruktiv zu verarbeiten und uns dem Leben nicht zu verschließen, das ist die Aufgabe, von der wir jetzt mehr wissen, die wir jetzt mit anderen Gefühlen ausloten und dabei in Tiefen geraten, die wir vorher vielleicht nicht einmal erahnen konnten. Die Sterbenden haben uns etwas gelehrt, was wir nur von ihnen lernen können.

Ein Aspekt dieser Aufgabe ist die Dankbarkeit dafür, wie die Person, deren Verlust wir beklagen, unsere Vergangenheit und damit unser *ganzes* Leben bereichert hat. Ein anderer Aspekt ist, dass nur das Leben in der Gegenwart uns ein volles Leben gibt. *Jetzt* leben wir, *jetzt* lieben wir, *jetzt* hören, riechen, schmecken, denken und fühlen wir. *Jetzt* sind wir noch da. Und mit uns auch unsere liebsten und nächsten Menschen, die wir in uns tragen und die sich uns im Abschied noch einmal so unverstellt gezeigt haben wie nie zuvor. Auch darauf konzentrieren wir uns in unseren vielschichtigen Trauergefühlen. Je offener wir uns auch der Ambivalenz unserer Gefühle klar werden können – und alle wesentlichen

Beziehungen sind mehr oder weniger ambivalent –, je wahrhaftiger wir uns dabei selbst begegnen, umso lebendiger sind und bleiben wir.

Und lebendig zu sein, das ist ja das Glück auch im Unglück.

Anmerkungen

Mottogedicht: Peter Rühmkorf, All dein Glück wie nie gewesen, aus: Peter Rühmkorf, Gedichte – Werke 1, Copyright © 2000 by Rowohlt Verlag GmbH, Reinbek bei Hamburg, hrsg. von Bernd Rauschenbach, S. 383

Vorwort
1 Meine Gesprächspartner haben sich überwiegend für ein Pseudonym entschieden.

Was ist ein guter Abschied vom Leben? Fantasien, Idealvorstellungen und die Wirklichkeit
1 Tiziano Terzani: Das Ende ist mein Anfang. Ein Vater, ein Sohn und die große Reise des Lebens, S. 364
2 Elisabeth Kübler-Ross: Interviews mit Sterbenden
3 Es kann Gründe geben, die es ratsam machen, einen Leichnam rasch in einen Sarg zu betten und vom Bestatter abholen zu lassen (beispielsweise postmortale Ausscheidungen von Exkrementen oder Blut). Bei Rotraud gab es solche Gründe aber nicht.
4 Elisabeth Kübler-Ross' unhaltbare Heilserwartungen verbanden sich später mit wahnhaften Zügen. Sie idealisierte das Lebensende zunehmend und verstieg sich sogar dazu, den Tod für nicht existent zu erklären und das Sterben zur schönsten Erfahrung des Lebens zu stilisieren.
5 Beispielsweise Epikur: Über das Glück
6 Urs Widmer: Das Geld, die Arbeit, die Angst, das Glück; S. 80
7 Ruth Picardie, mit Matt Seaton und Justine Picardie: Es wird mir fehlen, das Leben, S. 82
8 Kübler-Ross: a.a.O., S. 36
9 Kübler-Ross: a.a.O., S. 105
10 Picardie: a.a.O., S. 19
11 Picardie: a.a.O., S. 131
12 Michael de Ridder: Wie wollen wir sterben? Ein ärztliches Plädoyer für eine neue Sterbekultur in Zeiten der Hochleistungsmedizin, S. 288
13 Sherwin B. Nuland: Wie wir sterben. Ein Ende in Würde?, S. 31
14 Ueli Oswald: Ausgang. Das letzte Jahr mit meinem Vater
15 Bert Keizer: Das ist das Letzte! Erfahrungen eines Arztes mit Sterben und Tod, S. 250
16 Nuland: a.a.O., S. 337
17 Keizer: a.a.O., S. 28
18 Beate Lakotta und Walter Schels: Noch mal leben vor dem Tod. Wenn Menschen sterben, S. 11
19 Terzani: a.a.O.

Katastrophale Diagnosen und ihre Wirkungen
1 David Rieff: Tod einer Untröstlichen. Die letzten Tage von Susan Sontag, S.47
2 Dieter Wellershoff: Blick auf einen fernen Berg, S. 74
3 Wellershoff: a.a.O., S. 75f.
4 Picardie: a.a.O., S. 157
5 Rieff: a.a.O., S. 15
6 Rieff: a.a.O., S. 17
7 Rieff: a.a.O., S. 17f.
8 Wellershoff: a.a.O., S. 94
9 Susan Sontag: Krankheit als Metapher, S. 5
10 Rieff: a.a.O., S. 31
11 Petra Thorbrietz: Leben bis zum Schluss. Abschiednehmen und würdevolles Sterben – eine persönliche Streitschrift, S. 13
12 Wellershoff: a.a.O., S. 78
13 Annette Rexrodt von Fircks: Ich brauche euch zum Leben. Krebs – wie Familie und Freunde helfen können, S. 65ff.
14 Rexrodt von Fircks weist darauf hin: a.a.O., S. 206
15 Thorbrietz: a.a.O., S. 64
16 Carson McCullers: Uhr ohne Zeiger, S. 13
17 Bärbel Schäfer und Monika Schuck: Ich wollte mein Leben zurück. Menschen erzählen von ihren Erfahrungen mit Krebs, S. 244
18 Frauke Teegen: Wenn die Seele vereist. Traumatische Erfahrungen verstehen und überwinden, S. 75
19 Jonathan Rees und andere: Quality of life: impact of chronic illness on the partner; Journal of Royal Medicine, Volume 94, November 2001, S. 563
20 Picardie: a.a.O., S. 35
21 Keizer: a.a.O., S. 160
22 Sontag: a.a.O., S. 69

Ungleichheit und Ungleichzeitigkeit
1 Wellershoff: a.a.O., S. 134f.
2 Wellershoff: a.a.O., S. 146
3 Picardie: a.a.O., S. 17
4 Rieff: a.a.O., S. 92
5 Fred Wander: Das gute Leben. Erinnerungen, S. 332
6 Maxie Wander: Tagebücher und Briefe, S. 23
7 Rieff: a.a.O., S. 99
8 Rieff: a.a.O., S. 113
9 Rieff: a.a.O., S. 43f.
10 Wellershoff: a.a.O., S. 76
11 Christoph Schlingensief: So schön wie hier kann's im Himmel gar nicht sein! Tagebuch einer Krebserkrankung
12 Rieff: a.a.O., S. 145
13 Picardie: a.a.O., S. 30f.

14 Picardie: a.a.O., S. 33
15 Picardie: a.a.O., S. 26f.
16 Fred Wander: a.a.O., S. 320
17 Maxie Wander: a.a.O., S. 224
18 Maxie Wander: a.a.O., S. 242
19 Maxie Wander: a.a.O., S. 31
20 Picardie: a.a.O., S. 115
21 Keizer: a.a.O., S. 98
22 Keizer: a.a.O., S. 99
23 Wellershoff: a.a.O., S. 169
24 H. Gündel und andere,: Psychoedukative Patientengruppen – Angloamerikanische Konzepte und ihre Umsetzung in Deutschland; in: Sellschopp, A. und andere (Hrsg.): Psychoonkologie, S. 148
25 H.K. Theml: Beratung von Patienten mit komplementären alternativen Behandlungsmethoden (CAM); in: Sellschopp: a.a.O., S. 98
26 Rieff: a.a.O., S. 119
27 Rieff: a.a.O., S. 121
28 Verena Kast erörtert das differenziert in: Trauern. Phasen und Chancen des psychischen Prozesses, S. 158ff.
29 Helen Garner: Das Zimmer, S. 120f.
30 Garner: a.a.O., S. 81f.
31 Ingeborg Bachmann: Alle Tage; Werke, Erster Band, S. 46
32 Werner Schneyder: Krebs. Eine Nacherzählung, S. 94
33 Schneyder: a.a.O., S. 96
34 Schneyder: a.a.O., S. 145
35 Schneyder: a.a.O., S. 152
36 Garner: a.a.O., S. 84
37 Garner: a.a.O., S. 120
38 Thorbrietz: a.a.O., S. 87
39 Thorbrietz: a.a.O., S. 87

Medizin als unhaltbares Versprechen oder Kunst der Linderung
1 Schneyder: a.a.O., S. 79f.
2 Rieff: a.a.O., S. 46
3 Rieff: a.a.O., S. 100
4 Rieff: a.a.O., S. 103
5 Rieff: a.a.O., S. 104
6 Keizer: a.a.O., S. 109
7 »Überspitzt formuliert, doch im Kern zutreffend, stellt sich die Situation heute so dar, dass viele Kliniken in Deutschland einen verzweifelten Kampf um *ihr Überleben* führen – nicht selten auf Kosten des *Überlebens ihrer Patienten«*, schreibt der Krankenhausarzt Michael de Ridder: a.a.O., S. 128
8 Rieff: a.a.O., S. 62
9 Thorbrietz: a.a.O., S. 20
10 Thorbrietz: a.a.O., S. 70

11 Thorbrietz: a.a.O., S. 61
12 Thorbrietz: a.a.O., S. 61
13 Thorbrietz: a.a.O., S. 58
14 Thorbrietz: a.a.O., S. 51
15 Thorbrietz: a.a.O., S. 82f.
16 Thorbrietz: a.a.O., S. 37
17 Hans Jellouschek: Bis zuletzt die Liebe. Als Paar von einer schweren Krankheit herausgefordert, S. 137
18 Wellershoff: a.a.O., S. 92
19 Wellershoff: a.a.O., S. 159
20 Schneyder: a.a.O., S. 81
21 Schneyder: a.a.O., S. 116f.
22 Schneyder: a.a.O., S. 146
23 Schneyder: a.a.O., S. 104
24 Schneyder: a.a.O., S. 156
25 Thorbrietz: a.a.O., S. 21
26 Rieff: a.a.O., S. 121
27 Nuland: a.a.O., S. 390f.
28 Keizer: a.a.O., S. 158f.
29 de Ridder: a.a.O., S. 19
30 Quintessenz des Artikels ist: Neue Krebsmedikamente mit zweifelhaftem Nutzen werden in den Markt gepresst. Die Kosten dafür sind gigantisch: Sie machen »nur zwei Prozent aller Verschreibungen aus – sie verursachen jedoch heute schon mehr als 25 Prozent der gesamten Arzneimittelkosten der Krankenkassen«. Wenn es so weitergeht, könnte diese Entwicklung das Gesundheitssystem sprengen. Der Spiegel 20/2010, S. 166ff.
31 Kürzlich erzählte mir eine Frau, sie habe ihre vierundachtzigjährige Mutter mit starken Schmerzen in ein Krankenhaus gebracht. Dort wurden drei Krankheiten diagnostiziert, die alle in Kürze zum Tod der alten Dame führen mussten, unter anderen Krebs in einem weit fortgeschrittenen Stadium. Die Ärzte wollten sofort mit einer Chemotherapie beginnen. Die Tochter nahm die Kranke wieder mit und brachte sie in einem Hospiz unter. Dort starb die Mutter schmerzfrei und friedlich nach drei Wochen.
32 Wie berechtigt solche Fragen sein können, zeigt schon die inflationäre Implantation von Magensonden in der Geriatrie, der Patienten oder Angehörige häufig nur deshalb zustimmen, weil sie falsch informiert werden: Man sagt ihnen, anderenfalls würden sie oder ihr Angehöriger verhungern und verdursten. Michael de Ridder kritisiert diese gängige Praxis in dem Kapitel »Künstliche Ernährung am Lebensende«: a.a.O., S. 59–74
33 Nuland: a.a.O., S. 379
34 de Ridder: a.a.O., S. 224
35 de Ridder: a.a.O., S. 224
36 de Ridder: a.a.O., S. 225

37 Nuland: a.a.O., S. 339
38 Nuland: a.a.O., S. 339
39 Nuland: a.a.O., S. 339
40 de Ridder: a.a.O., S. 72
41 Anja Hermann: Das Arrangement der Hoffnung. Kommunikation und Interaktion in einer onkologischen Spezialklinik während der chirurgischen Behandlung von Knochen- und Weichgewebesarkomen, S. 375f.
42 Hermann: a.a.O., S. 374
43 Hermann: a.a.O., S. 376
44 Hermann: a.a.O., S. 370
45 Hermann: a.a.O., S. 313
46 Hermann: a.a.O., S. 383
47 Hermann: a.a.O., S. 385
48 H. K. Theml: Aufklärungsprozess in den Phasen des Diagnose- und Krankheitsweges; in: Sellschopp: a.a.O., S. 24
49 Hermann: a.a.O., S. 386
50 Schneyder: a.a.O., S. 129
51 »Als eigenes medizinisches Fachgebiet existiert die Palliativmedizin erst seit 1987«, schreibt de Ridder: a.a.O., S. 232
52 de Ridder: a.a.O., S. 287
53 de Ridder: a.a.O., S. 260
54 Bartholomäus Grill: Ich will nur fröhliche Musik; in: Die Zeit 50/2005
55 Grill: a.a.O.
56 Grill: a.a.O.
57 Grill: a.a.O.
58 Grill: a.a.O.
59 Grill: a.a.O.
60 de Ridder: Was ist so schlimm am Sterben?; in: Der Spiegel 12/2010, S. 168 ff.
61 de Ridder: a.a.O., S. 98
62 de Ridder: a.a.O., S. 93

Beziehungskonflikte wirken weiter und verändern sich
1 Picardie: a.a.O., S. 156
2 Picardie: a.a.O., S. 171
3 Garner: a.a.O., S. 127

Verbindende und trennende Gefühle
1 Garner: a.a.O., S. 125f.
2 Darauf weist unter anderen Rexrodt von Fircks hin: a.a.O., S. 73 und S. 176f.
3 C.S. Lewis: Über die Trauer, S. 32
4 Thorbrietz: a.a.O., S. 20f.
5 Maxie Wander: a.a.O., S. 16

6 Rieff: a.a.O., S. 13
7 Rieff: a.a.O., S. 143
8 Rieff: a.a.O., S. 145
9 Garner: a.a.O., S. 164
10 Garner: a.a.O., S. 138
11 Lewis: a.a.O., S. 25f.
12 Wolfgang Schmidbauer: Die hilflosen Helfer. Über die seelische Problematik der helfenden Berufe
13 Gian Domenico Borasio: Das Leben vom Tod her verstehen; in: Psychologie Heute, April 2010, S. 40
14 Borasio: a.a.O., S. 40
15 Picardie: a.a.O., S. 29
16 Picardie: a.a.O., S. 172
17 Rieff: a.a.O., S. 122
18 Schneyder: a.a.O., S. 119
19 Rieff: a.a.O., S. 151f.
20 Auf die vielschichtigen Gründe und Wirkungen von Schuldgefühlen nach dem Tod der Eltern habe ich in »Wenn die alten Eltern sterben. Das endgültige Ende der Kindheit« hingewiesen: S. 110–122
21 Schneyder: a.a.O., S. 149
22 Wellershoff: a.a.O., S. 177
23 Wellershoff: a.a.O., S. 99
24 Wellershoff: a.a.O., S. 198
25 Sontag: a.a.O., S. 38
26 Rieff: a.a.O., S. 44
27 Wellershoff: a.a.O., S. 76f.
28 Wellershoff: a.a.O., S. 116
29 Rieff: a.a.O., S. 91

Warum der Anfang des Lebens auch dessen Ende mitbestimmt
1 Ludwig Marcuse: Denken mit Ludwig Marcuse. Ein Wörterbuch für Zeitgenossen, S. 175
2 Thorbrietz: a.a.O., S. 43
3 Verena Kast weist darauf hin, »dass unsere kollektiven Jenseitsvorstellungen sehr nahe bei unseren Symbiosevorstellungen liegen«: a.a.O., S. 126
4 Kast: a.a.O., S. 126
5 Dobrick: a.a.O., S. 119
6 Rieff: a.a.O., S. 12
7 Fritz Riemann: Grundformen der Angst. Eine tiefenpsychologische Studie, S. 37
8 Riemann: a.a.O., S. 48
9 Riemann: a.a.O., S. 29
10 Riemann: a.a.O., S. 29
11 Riemann: a.a.O., S. 48
12 Rieff: a.a.O., S. 74

13 Rieff: a.a.O., S. 27
14 Riemann: a.a.O., S. 61
15 Riemann: a.a.O., S. 63
16 Riemann: a.a.O., S. 67
17 Riemann: a.a.O., S. 99
18 Nuland: a.a.O., S. 335
19 Riemann: a.a.O., S. 120
20 Riemann: a.a.O., S. 136
21 Riemann: a.a.O., S. 143
22 Riemann: a.a.O., S. 147
23 Riemann: a.a.O., S. 154
24 Riemann: a.a.O., S. 163
25 Garner: a.a.O., S. 128
26 Borasio: a.a.O., S. 41

Die letzten Stunden
1 Keizer: a.a.O., S. 27
2 de Ridder: a.a.O., S. 206f.
3 Thorbrietz: a.a.O., S. 164
4 Thorbrietz: a.a.O., S. 88
5 Picardie: a.a.O., S. 167
6 Picardie: a.a.O., S. 173
7 Picardie: a.a.O., S. 151f.
8 Garner: a.a.O., S. 170
9 Garner: a.a.O., S. 171
10 Keizer: a.a.O., S. 23f.
11 Jellouschek: a.a.O., S. 139
12 Jellouschek: a.a.O., S. 140
13 Jellouschek: a.a.O., S. 141
14 Wellershoff: a.a.O., S. 203
15 Wellershoff: a.a.O., S. 203
16 Wellershoff: a.a.O., S. 203f.
17 Borasio: a.a.O., S. 41

Danach
1 André Comte-Sponville: Woran glaubt ein Atheist? Spiritualität ohne Gott, S. 71
2 Lewis: a.a.O., S. 31
3 Dobrick: a.a.O., S. 190f.
4 Garner: a.a.O., S. 172

Literaturverzeichnis

Bachmann, Ingeborg: Werke, Erster Band; R. Piper & Co. Verlag, 1978
Borasio, Gian Domenico: Das Leben vom Tod her verstehen; in: Psychologie Heute, April 2010
Comte-Sponville, André: Woran glaubt ein Atheist? Spiritualität ohne Gott; Diogenes Verlag, 2009
Dobrick, Barbara: Wenn die alten Eltern sterben. Das endgültige Ende der Kindheit; Kreuz Verlag, 2007
Epikur: Über das Glück. Aus dem Altgriechischen und hrsg. von Séverine Gindro und David Vitali; Diogenes Verlag, 1995
Garner, Helen: Das Zimmer. Roman. Aus dem Englischen von Nora Matocza und Gerhard Falkner; Berlin Verlag, 2009
Grill, Bartholomäus: Ich will nur fröhliche Musik; in: Die Zeit 50/2005
Hermann, Anja: Das Arrangement der Hoffnung. Kommunikation und Interaktion in einer onkologischen Spezialklinik während der chirurgischen Behandlung von Knochen- und Weichgewebesarkomen; Mabuse Verlag, 2005
Jellouschek, Hans: Bis zuletzt die Liebe. Als Paar von einer schweren Krankheit herausgefordert; Verlag Herder, 2004
Kast, Verena: Trauern. Phasen und Chancen des psychischen Prozesses; Kreuz Verlag, 1987
Keizer, Bert: Das ist das Letzte! Erfahrungen eines Arztes mit Sterben und Tod. Aus dem Niederländischen von Steffen Haselbach; Piper Verlag, 1997
Kübler-Ross, Elisabeth: Interviews mit Sterbenden. Aus dem Amerikanischen von Ulla Leippe; Kreuz Verlag, 1977
Lakotta, Beate und Schels, Walter: Noch mal leben vor dem Tod. Wenn Menschen sterben; Deutsche Verlags-Anstalt, 2004
Lewis, C.S.: Über die Trauer. Aus dem Englischen von Alfred Kuoni; Insel Verlag, 2009
Marcuse, Ludwig: Denken mit Ludwig Marcuse. Ein Wörterbuch für Zeitgenossen; Diogenes Verlag, 1984
McCullers, Carson: Uhr ohne Zeiger. Roman. Aus dem Amerikanischen von Elisabeth Schnack; Diogenes Verlag, 1974
Nuland, Sherwin B.: Wie wir sterben. Ein Ende in Würde? Aus dem Amerikanischen von Enrico Heinemann und Reinhard Tiffert; Kindler Verlag, 1994
Oswald, Ueli: Ausgang. Das letzte Jahr mit meinem Vater; Edition Epoca, 2009
Picardie, Ruth, mit Seaton, Matt und Picardie, Justine: Es wird mir fehlen, das Leben. Deutsch von Kim Schwaner; Rowohlt Taschenbuch Verlag, 2007
Rees, Jonathan und andere: Quality of life: impact of chronic illness on the partner; Journal of Royal Medicine, Volume 94, November 2001

Rexrodt von Fircks, Annette: Ich brauche euch zum Leben. Krebs – wie Familie und Freunde helfen können; Rowohlt Taschenbuch Verlag, 2004

de Ridder, Michael: Wie wollen wir sterben? Ein ärztliches Plädoyer für eine neue Sterbekultur in Zeiten der Hochleistungsmedizin; Deutsche Verlags-Anstalt, 2010

de Ridder, Michael: Was ist so schlimm am Sterben?; in: Der Spiegel 12/2010

Rieff, David: Tod einer Untröstlichen. Die letzten Tage von Susan Sontag. Aus dem Englischen von Reinhard Kaiser; Carl Hanser Verlag, 2009

Riemann, Fritz: Grundformen der Angst. Eine tiefenpsychologische Studie; Ernst Reinhardt Verlag, 1982

Rühmkorf, Peter: Gedichte – Werke 1. Hrsg. von Bernd Rauschenbach; Rowohlt Verlag, 2000

Schäfer, Bärbel und Schuck, Monika: Ich wollte mein Leben zurück. Menschen erzählen von ihren Erfahrungen mit Krebs; Verlag Rütten & Loening, 2006

Schlingensief, Christoph: So schön wie hier kann's im Himmel gar nicht sein! Tagebuch einer Krebserkrankung; Verlag Kiepenheuer & Witsch, 2009

Schmidbauer, Wolfgang: Die hilflosen Helfer. Über die seelische Problematik der helfenden Berufe; Rowohlt Verlag, 1977

Schneyder, Werner: Krebs. Eine Nacherzählung; Piper Verlag, 2010

Sellschopp, A. und andere (Hrsg.): Psychoonkologie; W. Zuckschwerdt Verlag, 2005

Sontag, Susan: Krankheit als Metapher. Aus dem Amerikanischen von Karin Kersten und Caroline Neubaur; Fischer Taschenbuch Verlag, 1981

Teegen, Frauke: Wenn die Seele vereist. Traumatische Erfahrungen verstehen und überwinden; Kreuz Verlag, 2008

Terzani, Tiziano: Das Ende ist mein Anfang. Ein Vater, ein Sohn und die große Reise des Lebens. Hrsg. von Folco Terzani; Wilhelm Goldmann Verlag, 2008

Thorbrietz, Petra: Leben bis zum Schluss. Abschiednehmen und würdevolles Sterben – eine persönliche Streitschrift; ZS Verlag Zabert Sandmann, 2007

Wander, Fred: Das gute Leben. Erinnerungen; Carl Hanser Verlag, 1996

Wander, Maxie: Tagebücher und Briefe. Hrsg. von Fred Wander; Buchverlag Der Morgen, 1979

Wellershoff, Dieter: Blick auf einen fernen Berg; Verlag Kiepenheuer & Witsch, 2006

Widmer, Urs: Das Geld, die Arbeit, die Angst, das Glück; Diogenes Verlag, 2002

Für Töchter und Söhne, die Abschied nehmen mussten

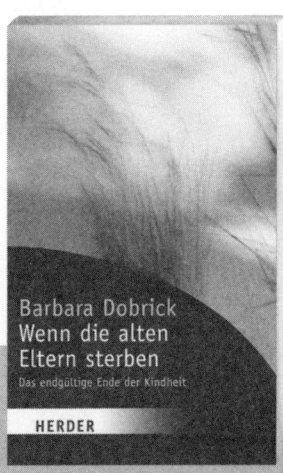

Für alle Frauen und Männer ist der Tod ihres Vaters und ihrer Mutter mit unerwarteten und sehr starken Gefühlen verbunden. Barbara Dobrick führte zahlreiche Gespräche mit Töchtern und Söhnen, die von einem Elternteil Abschied nehmen mussten.

Barbara Dobrick
Wenn die alten Eltern sterben
Das endgültige Ende der Kindheit
208 Seiten | Paperback
ISBN 978-3-451-06261-2

In jeder Buchhandlung oder unter www.herder.de

HERDER
Lesen ist Leben

Meiner Lektorin Imke Rötger danke ich sehr für ihr intensives Interesse, für ihre grundlegenden Anregungen und für ihre nachhaltigen Ermutigungen!

© KREUZ VERLAG
in der Verlag Herder GmbH, Freiburg im Breisgau 2010
Alle Rechte vorbehalten
www.kreuz-verlag.de

Umschlaggestaltung: [rincón]² medien gmbh, Köln
Umschlagmotiv: © Shutterstock
Autorinnenfoto: © Britta Henningsen

Satz: de·te·pe, Aalen
Herstellung: fgb · freiburger graphische betriebe
www.fgb.de

Gedruckt auf umweltfreundlichem, chlorfrei gebleichtem Papier
Printed in Germany

ISBN 978-3-7831-3497-1